应用型本科规划教材

U0692367

应用统计实验

Applied Statistics Experiments

◆ 主　编　胡卫中

◆ 副主编　吴步昶　袁　静　孙　钰

ZHEJIANG UNIVERSITY PRESS
浙江大学出版社

内容提要

本书是应用统计实验课程的教材,包括软件介绍、上机指导、综合实验及统计案例等内容。教材首先指导学生熟悉 Excel 和 SPSS 软件的基本统计功能;然后详细介绍了描述统计、统计推断、方差分析、回归分析和时间序列分析等统计功能的软件操作方法;最后展示了从数据获取到调查报告撰写的统计分析全过程,并提供示范案例供学生模仿学习。本实验教材旨在培养学生的统计思维能力、统计软件操作能力及运用统计工具解决实际问题的能力。

图书在版编目（CIP）数据

应用统计实验 / 胡卫中主编. —杭州：浙江大学
出版社，2012.6（2016.2 重印）
ISBN 978-7-308-09940-0

Ⅰ.①应… Ⅱ.①胡… Ⅲ.①应用统计学－实验－高
等学校－教材 Ⅳ.①C8－33

中国版本图书馆 CIP 数据核字（2012）第 084341 号

应用统计实验

主　编　胡卫中
副主编　吴步昶　袁　静　孙　钰

责任编辑　朱　玲
封面设计　联合视务
出版发行　浙江大学出版社
　　　　　（杭州市天目山路 148 号　邮政编码 310007）
　　　　　（网址：http://www.zjupress.com）
排　　版　杭州中大图文设计有限公司
印　　刷　浙江省良渚印刷厂
开　　本　710mm×960mm　1/16
印　　张　19.5
字　　数　370 千
版 印 次　2012 年 6 月第 1 版　2016 年 2 月第 3 次印刷
书　　号　ISBN 978-7-308-09940-0
定　　价　36.00 元

前　言

　　统计学是收集、处理、分析、解释数据并从数据中得出结论的科学。统计学为理、工、医、经、管等众多学科提供解决现实问题的数据分析方法,是这些专业学生的必修课程。

　　在信息社会,统计分析工作主要依靠计算机软件完成,统计软件的熟练运用是学好统计学课程的前提条件。目前常见的统计软件包括 SAS、SPSS、Minitab、Stata 和 R 软件等。其中 SPSS 因其直观友好的图形化界面、强大的统计分析功能和容易上手的对话框操作方式而受到学术界和实务界的广泛欢迎,成为最为流行的专业统计分析软件。而微软公司的电子表格软件 Excel 也因为其在"数据分析"菜单下提供的大量统计分析功能,成为普遍使用的一种统计分析工具。Excel 和 SPSS 也是我国高等院校统计学教学的常用软件。

　　教材以 Excel 和 SPSS 为工具,对比介绍了 Excel 和 SPSS 软件的操作方法。本教材的特色在于以软件操作为核心,由浅入深地介绍 Excel 和 SPSS 的统计分析功能,图文并茂,步骤清晰,为统计学初学者提供贴心指导。同时,为训练学生综合运用统计工具解决实际问题的能力,教材还专门设计了"统计综合实验"和"统计分析案例"内容。本教材可作为高等院校经济管理类专业本科生应用统计课程的实验教材,对广大实际工作者也具有参考价值。

　　本教材是浙江大学城市学院的重点规划教材项目的研究成果。教材的编写大纲由胡卫中和吴步昶共同商定,袁静和孙钰负责了教材的通稿工作,吴奕立老师为本教材的编写贡献了非常有价值的意见和建议。本书编写分工如下:实验一、实验二、实验七、实验九和附录三由胡卫中完成;实验三、实验六和附录一由孙钰完成;实验四、实验八和附录二由袁静完成;实验五由吴步昶完成。

　　由于作者水平有限,书中不足之处在所难免,殷切期望有关专家和广大读者批评指正。

编　者

2012 年 5 月

目　录

第一篇
统计软件实验

实验一　Excel 统计功能的演示与操作

实验目的

1. 熟悉 Excel 软件的操作界面。
2. 了解 Excel 软件的基本统计功能,掌握使用 Excel 软件进行简单数据处理的技能。

一、启动 Excel

　　绝大多数的统计分析功能都需要 Excel 的"分析工具库"宏来实现,部分 Office 的"分析工具库"宏并未自动安装,需要先加载。具体方法如下:点击菜单"工具"→"加载宏",弹出图 1-1 所示的对话框,选择"分析工具库",单击"确定"按钮,即可启动。

　　如果以前并未安装该工具库,系统会自动提示插入安装盘,运行安装程序即可加载"分析工具库"。

　　启动 Excel,出现图 1-2 所示的应用程序界面,主要包括标题栏、菜单栏、工具栏、编辑栏、工作表、工作表标签、滚动栏和状态栏等内容。

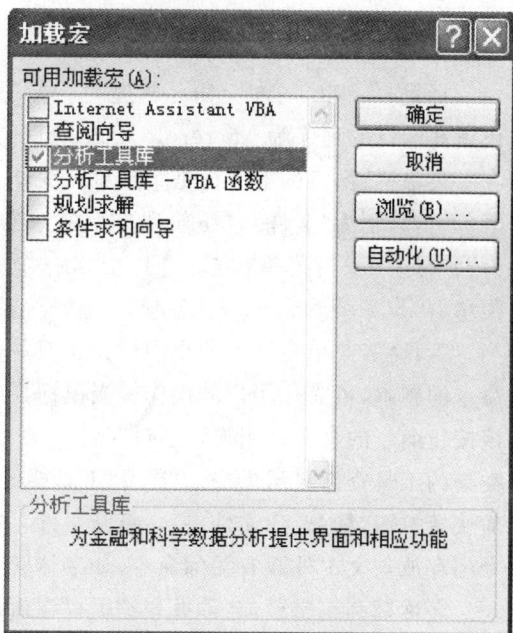

图 1-1　"加载宏"对话框

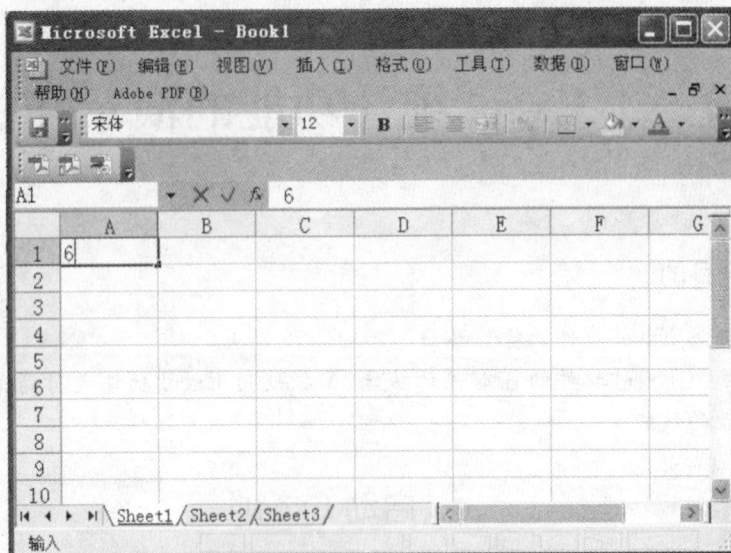

图 1-2 Excel 工作界面

标题栏：窗口的左上角是标题栏。标题栏"Microsoft Excel-Book1"告诉用户正在运行的程序为 Microsoft Excel，打开文件名为 Book1.xls。

菜单栏：窗口的第 2 行是菜单栏。菜单栏按功能能把 Excel 命令分成不同的菜单组，分别为"文件"、"编辑"、"视图"、"插入"、"格式"、"工具"、"数据"、"窗口"、"帮助"。当菜单被选中时，引出一个下拉式菜单，可从中选取相应的子菜单。

工具栏：菜单栏下方的小图标是工具栏。工具栏中的按钮都是菜单中常用命令的副本，可简化用户的操作。当鼠标指向某一按钮后，按钮的右下方会显示该按钮命令的含义。用户可通过"视图"菜单中的"工具栏"子菜单，选择将不同类型的工具全部显示出来。"常用"工具栏为用户准备了访问 Excel 最常用命令的快捷按钮，如"新建文件夹"、"打开文件"、"保存文件"等按钮。"格式"工具栏专门存放与文本外观有关的命令，如字体、字号、对齐方式等选项。

名称框和编辑栏：名称框和编辑栏在窗口的第 5 行，向用户提供活动单元格的信息。在编辑栏中用户可以进行输入和编辑，左边是"名称框"，显示活动单元格的坐标。"名称框"右边有三个按钮，分别是"×"（取消）、"√"（输入）、和"f_x"（插入函数）按钮。只有当使用编辑栏输入数据或编辑活动单元格的内容时，取消和输入按钮才会出现。通常 Excel 在工作区中显示编辑栏。"视图"菜单中的

"编辑栏"命令是一个开关命令,可以显示或隐藏编辑栏。

工作表:新的工作簿默认包含三个工作表,Sheet1、Sheet2、Sheet3,其中当前工作表为 Sheet1。工作表是一个由行和列组成的表格,行号与列号分别用字母和数字标注。每一行及列所指定的位置称为单元格。在单元格中,用户可以键入符合、数字、公式及其他内容。

工作表标签:工作表标签在窗口的左下角,通常用"Sheet1"的形式来表示。右击鼠标,弹出"重命名"菜单,可修改标签名。Excel 一般同时显示工作表队列中的前 3 个标签。使用标签队列左边的一组标签滚动按钮可显示队列中后续工作表的标签。

滚动栏:当工作表较大时,可以使用工作簿窗口右边及下边的滚动栏移动表格。也可修改"常用"工具栏中"显示比例框"的参数来扩大整个工作表的显示范围。

状态栏:窗口的底部是状态栏,它的左端是信息区,右端是键盘状态区。信息区显示 Excel 当前的工作状态。例如,工作表准备接受命令或数据时,信息区显示"就绪"。键盘状态区显示若干个按钮的开关状态。例如,大写状态时,专题栏显示"CAPS"。

二、输入数据

在 Excel 中直接输入数据,一般要先选择单元格,然后输入数据并按回车键。输入的数据同时显示在相应的单元格和编辑栏上。如果要编辑已经输入的数据,就可单击编辑栏进行编辑。Excel 单元格中可以输入以下内容的信息。

1.数值。可以是整数、小数、分数或以科学计数法表示的数字。可以在数字中使用一些数学符号,包括加(＋)、减(－)、百分号(％)、分号(/)、指数符号(E)和货币符号。

2.文本。可以是任意文字、数字和字符的组合。在数字前加一个单引号,可将数值、日期一类的数字保存为文本。

3.日期和时间。要在单元格中保存日期和时间,必须使用预定义的日期和时间格式,如"2011 年 8 月"、"2011-08-08"或"8:00AM"。具体见 Excel 帮助。

4.公式。包括数字、数学运算符、单元格引用和 Excel 自带的函数。

5.到 Internet 站点或其他文档的超链接、批注、图片等。

Excel 还是一个强大的数据转换工具,能够打开多种格式的文件,如网页、文本文件、Access 数据库文件等。使用 Windows 的剪贴板也可直接将其他软件中的数据复制到 Excel 中。

三、编辑工作表

(一)选定单元格和区域

使用鼠标选择一定区域的单元格,可以先单击要选定的第一个单元格,然后按下鼠标左键,拖过选定区后放开鼠标左键。被选定的单元格以淡蓝色突出显示,其外边框加粗,如图 1-3 所示。如果需要选择不相邻的单元格区域,可在上述操作结束后,按住 Ctrl 键,然后重复操作。选定后,放开 Ctrl 键。

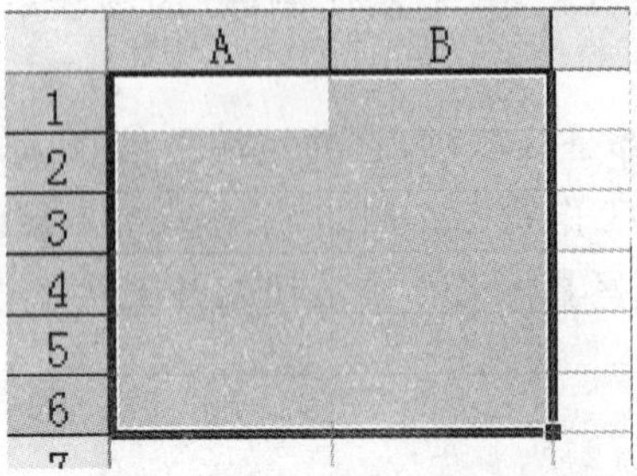

图 1-3　选定的单元格区域

上述操作也可通过"Shift"键来完成。鼠标点击要选定区域的第一个单元格,然后按住"Shift"键,鼠标单击区域的最后一个单元格,相应区域就被选定。

也可以通过单击要选择行的行标,选定一行单元格,或通过单击要选择列的列标,选定一列单元格。然后按下鼠标左键,并拖曳鼠标指针经过希望选定的列或行,则可选定多个行或列。

如果点击左上角行标与列标交叉区域的"全选"按钮,则工作表中的所有单元格都被选中。

(二)清除单元格内容

要清除活动单元格的内容,按 Delete 键,或者鼠标右击单元格,从弹出的菜单中选择"清除内容"即可。同样方法,可清除选定区域的内容。需要注意的是,清除单元格内容后,单元格格式仍被保留。

(三)插入和删除单元格

选定要插入新单元格位置相邻的单元格区域,点击菜单"插入",然后选择"行"、"列"或"单元格",选择"单元格"子菜单,则弹出"插入"对话框,可选择单元格插入方式,如图 1-4 所示。鼠标右击单元格,从弹出的菜单中选择"插入"命名,Excel 也弹出图 1-4 的对话框。

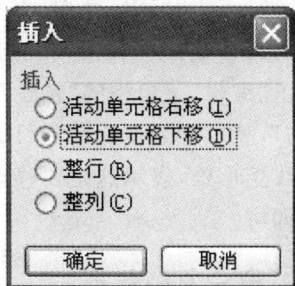

图 1-4 "插入"对话框

删除单元格区域的情况与插入单元格类似。鼠标右击,弹出图 1-5 所示的删除对话框。删除时,可选择单元格左移或上移,或者删除整行或整列。如果在选择删除或插入命名前选定了一行或多行(列),则 Excel 则自动向前执行所需操作而不会进行额外提示。

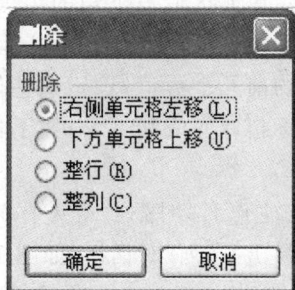

图 1-5 "删除"对话框

(四)撤销、回复和重复命令

如果不小心实施了错误的操作,可以通过"编辑"菜单的"撤销"命令来恢复工作表的原样。

使用"编辑"菜单下的"重复"命令,可在工作表的其他位置重发刚才执行的命令。例如,刚在 A3 单元格前插入一列,选定 B7 单元格,执行"重复"命令,可在 B7 单元格前插入一列。使用"撤销"命令后,"编辑"菜单中的"重复"命令更改为"恢复",可以再次运行上一个命令。"恢复"命令与"撤销"命令的功能相反。

(五)使用"剪切"和"粘贴"命令移动数据

选择要移动的单元格区域,点击"编辑"菜单,在下拉菜单中选择"剪切",或在常用工具栏中选择"剪切"按钮,或鼠标右击,在弹出菜单中选择"剪切";然后移动数据的目标单元格,点击"编辑"菜单中的"粘贴",或常用工具栏中的"粘贴"按钮,或鼠标右键中的"粘贴",就把数据移动到目标位置。当剪切某个单元格区域时,该区域周围显示点线矩形框,表示这是要移动的单元格。如果出现矩形框后要取消移动,按 Esc 键即可。

(六)使用"复制"和"粘贴"命令复制数据

如果需要复制工作表中单元格区域而不是移动数据,可用"复制"命令代替"剪切"命令,按上节操作步骤完成数据的复制。

(七)填充功能

使用"填充柄"功能可方便地将公式或数据复制到临近的单元格内。"填充柄"是位于活动单元格或选定单元区域右下角的小黑框。当鼠标停留在填充柄上时,指针形状变成"+"号,"填充柄"功能启动。自动填充功能可按下列步骤进行:在电子表格中输入序列的前几个数值;选定这些值所在的单元格;将鼠标移到选定区域的填充柄上,鼠标指针变成"+"号;按下鼠标左键,拖到填充柄覆盖希望填充的单元格区域。

使用"序列"命令可实现生产日期序列、等差序列、等比序列等。点击菜单"编辑"→"填充"→"序列",弹出"序列"对话框,如图 1-6 所示。假定选定单元格的值为 2,在序列对话框中"序列产生在"选项选择"行","类型"选择"等差序列","步长"填 3,"终止值"填 30,单击"确定"按钮,就产生从 2 到 29、步长为 3 的一列等差数列。

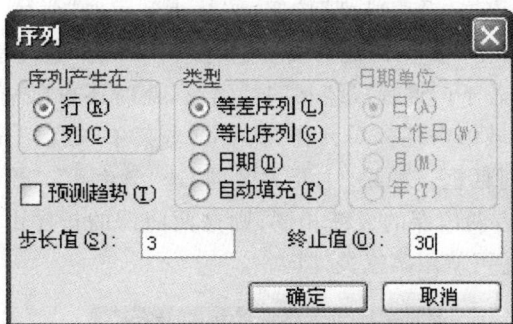

图 1-6　"序列"对话框

四、数据整理

数据输入之后,需要对数据进行整理。基本的数据整理方法包括排序、筛选和分类汇总等。

(一)数据排序

数据排序有两种方式,即普通排序和自定义排序。普通排序根据关键词按照默认次序进行排序,最多可同时使用三个关键词。一些特殊的排序方式,如按"星期日、星期一、星期二、星期三、星期四、星期五、星期六"的顺序排序时,需要用自定义排序。

例 1-1　某班级 9 名学生各科成绩如图 1-7 所示,请按学生 1 成绩排序。

	A	B	C	D	E	F	G	H	I	J
1	课程	学生1	学生2	学生3	学生4	学生5	学生6	学生7	学生8	学生9
2	英语	76	90	97	71	70	93	86	83	78
3	经济数学	65	95	51	74	78	63	91	82	75
4	经济学	93	81	76	88	66	79	83	92	78
5	市场学	74	87	85	69	90	80	77	84	91
6	财务管理	68	75	70	84	73	60	76	81	88
7	会计学	70	73	92	65	78	87	90	70	66
8	统计学	55	91	68	73	84	81	70	69	94
9	计算机	85	78	81	95	70	67	82	72	80

图 1-7　学生各科成绩

【实验步骤】

1.鼠标单击 B 列中任一单元格。

2.在工具栏上点击"升序排列"按钮,按从小到大对"学生 1"的成绩进行排序。排序后,可以看出"学生 1"最低成绩是统计学 55 分,最高是经济学 93 分。

排序可能出现若干门课程成绩相同的情况,此时还可以选择次要关键词进行排序。在数据区域单击任一单元格,然后点击菜单"数据"→"排序",弹出如图 1-8 所示的排序对话框。如果"主要关键词"选"学生 1","次要关键词"选"学生 2",如果学生 1 有两门课的成绩相同,则这两门课的排序由学生 2 的成绩决定。同样的道理,还可使用第三关键词。

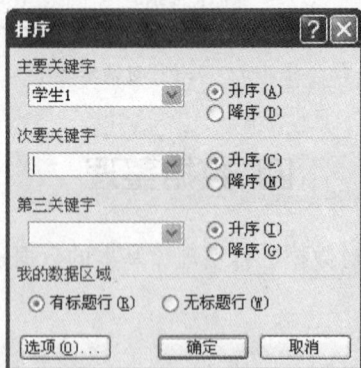

图 1-8 "排序"对话框

如果需要自定义排序,则在"排序"对话框中,单击"选项"按钮,弹出如图 1-9 所示的"排序选项"。点击"自定义排序次序"下拉框,可选择自定义排序方式。

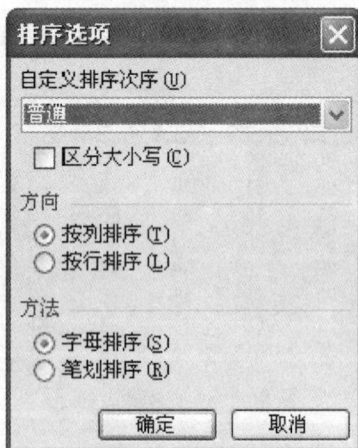

图 1-9 "排序选项"对话框

(二)数据筛选

筛选是查找和处理区域中数据子集的快捷方法。筛选区域只显示满足条件的行。筛选行时,可对区域子集进行编辑、设置格式、制作图标和打印,而不必重新排列或移动。与排序不同,筛选并不重排数据,只是暂时隐藏不必显示的行。Excel 提供自动筛选和高级筛选两种筛选区域命令。

例 1-2   使用例 1-1 数据,筛选出学生 1 成绩在 70～79 分的课程。

【实验步骤】

1.点击数据区域上任一单元格。

2.单击菜单"数据"→"筛选"→"自动筛选",出现如图 1-10 所示的结果。

	A	B	C	D	E	F	G	H	I	J
1	课程 ▾	学生 ▾	学生 ▾	学生 ▾	学生 ▾	学生 ▾	学生 ▾	学生 ▾	学生 ▾	学生 ▾
2	英语	76	90	97	71	70	93	86	83	78
3	经济数学	65	95	51	74	78	63	91	82	75
4	经济学	93	81	76	88	66	79	83	92	78
5	市场学	74	87	85	69	90	80	77	84	91
6	财务管理	68	75	70	84	73	60	76	81	88
7	会计学	70	73	92	65	78	87	90	70	66
8	统计学	55	91	68	73	84	81	70	69	94
9	计算机	85	78	81	95	70	67	82	72	80

图 1-10   可自动筛选工作表

3.单击"学生 1"旁的下拉框,在下拉框中点击"自定义",弹出如图 1-11 所示的"自定义自动筛选方式"对话框。

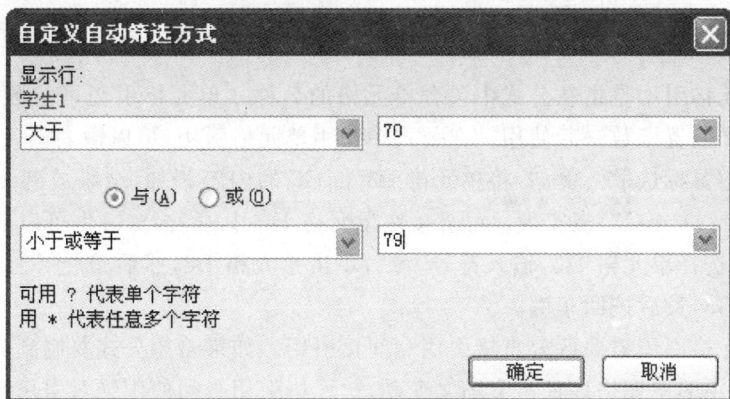

图 1-11   "自定义自动筛选方式"对话框

4. 在"学生 1"下的下拉框中,选择"大于",参数填 70;在第二行下拉框中,选择"小于或等于",参数填 79。

5. 单击"确定"按钮,出现如图 1-12 所示的结果。学生 1 有两门课在 70～79 分,分别为英语 76 分,市场学 74 分。

	A	B	C	D	E	F	G	H	I	J
1	课程	学生	学生	学生	学生	学生	学生	学生	学生	学生
2	英语	76	90	97	71	70	93	86	83	78
5	市场学	74	87	85	69	90	80	77	84	91

图 1-12　自动筛选结果

如果需要取消筛选结果显示全部数据,则单击菜单"数据"→"筛选"→"全部"。如果需要取消筛选,则再次单击菜单"数据"→"筛选"。

五、公式与函数

Excel 在内部保存公式,在放置公式的单元格中显示结果。所有公式都以"＝"开头,公式中可以有数字、数学运算符、单元格引用和函数。

(一)创建公式

选择需要输入公式的单元格,先输入"＝"号,然后输入要进行运算的公式,按回车键完成公式输入并输出结果。公式的输入也可以使用"插入函数"对话框,通过向导插入一个函数。

(二)在公式中使用单元格引用

单元格引用是指在公式中包含单元格的名称。单元格引用可与数字、数学运算符和内置函数一起使用。在公式中使用单元格引用,可以输入单元格名称,也可使用鼠标选取。例如,将单元格 D3 和 G3 的内容相加,结果放到 H3,可创建公式"＝D3＋G3"来实现。可直接在单元格 H3 中输入公式,也可以通过鼠标来创建:选择单元格 H3,输入符号"＝",单击单元格 D3,然后按"＋"号,在单击单元格 G3,最后按回车键。

单元格引用需要区分直接引用和间接引用。如果希望公式复制到其他区域时,公式中的单元格地址不会随之变动,单元格引用必须使用绝对引用。如果希望公式复制到其他区域时,公式中的单元格地址会随之相对变动,则在公式中需要使用相对引用。公式中直接输入单元格地址,Excel 默认的是相对引用。如果在单元格地址的行标与列标前都标上"＄"符号,则引用转变为绝对引用。如果复制公式时只要求保持行货列不变,则需要使用混合引用,即只在行标或列标前标上"＄"符号。

Excel 有三种表示单元格的引用,即冒号、逗号和空格。冒号表示连续区域的引用。例如,SUM(A1:A5)表示求 A1 到 A5 单元格的和。逗号表示联合引用,即若干个并不一定连在一起的单元格或单元格区域。例如,SUM(A1,A4,B6:B9)表示 A1,A4,B6 到 B9 单元格的和。空格表示交叉引用,即两个单元格区域的公共部分。例如,SUM(A1:B4 A2:B5)表示 A2 到 A4,B2 到 B4 单元格的和。

(三)公式的复制

公式复制是 Excel 数据成批计算的重要操作方法。可以使用自动填充柄方法,也可以使用"复制"和"粘贴"命令来实现公式的复制,但需要注意公式复制过程中单元格引用可能发生变化。

复制包含相对引用的公式时,Excel 会自动调整公式的引用到相对于当前为止的其他单元格。例如,在单元格 C1 中输入公式"＝A1+B1",如果将公式复制到 C2 单元格,公式将变为"＝A2+B2",公式引用的单元格地址自动发生变化。但在复制包含绝对引用的公式时,公式的内容不会发生变化。

(四)复制公式的计算结果

使用选择性粘贴功能,可以仅将公式的计算结果复制到目标区域,并不复制公式本身,具体操作如下:拖动鼠标选定复制区域,点击鼠标右键,在弹出的快捷菜单中选择"选择性粘贴"命令;在出现的如图 1-13 所示的"选择性粘贴"对话框中,选定"数值"选项,点击"确定"按钮;点击希望复制的单元格,可粘贴公式计算的结果。

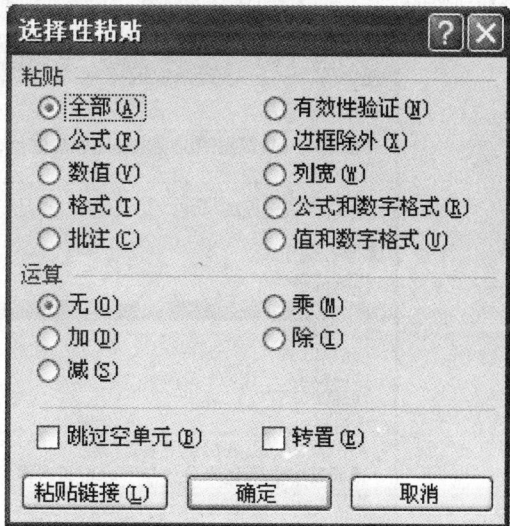

图 1-13 "选择性粘贴"对话框

(五)使用函数

在 Excel 中使用函数,必须将它们输入到工作表的公式中。输入函数比较方便的方法是使用"粘贴函数"对话框。下面用一个例子来说明如何插入函数。

例 1-3　8 名学生 4 门课程的考试成绩如图 1-14 所示,试计算各位同学的平均分。

	A	B	C	D	E
1	姓名	统计学成绩	数学成绩	英语成绩	经济学成绩
2	张松	69	68	84	86
3	王翔	91	75	95	94
4	田雨	54	88	67	78
5	李华	81	60	86	64
6	赵颖	75	96	81	83
7	宋媛	83	72	66	71
8	袁方	75	58	76	90
9	陈风	87	76	92	77

图 1-14　学生考试成绩

【实验步骤】

1.选择放置"张松"同学平均分的单元格 F2,点击菜单"插入",选择"函数",弹出如图 1-15 所示的"插入函数"对话框。

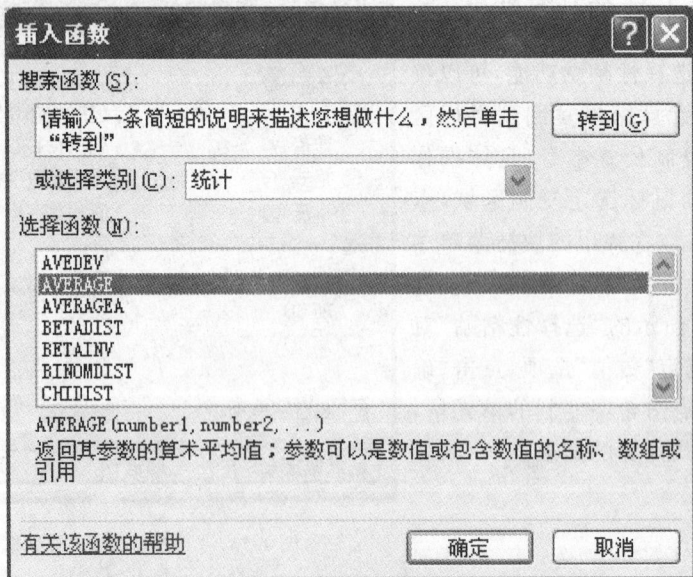

图 1-15　"插入函数"对话框

2.在"选择类别"中选择"统计"类函数,然后在"选择函数"框中选择 AVER-AGE,点击"确定"按钮,弹出如图 1-16 所示的对话框。"选择函数"框中的函数名称多为简写,鼠标点击选择后,对话框中会出现被选函数含义的解释。

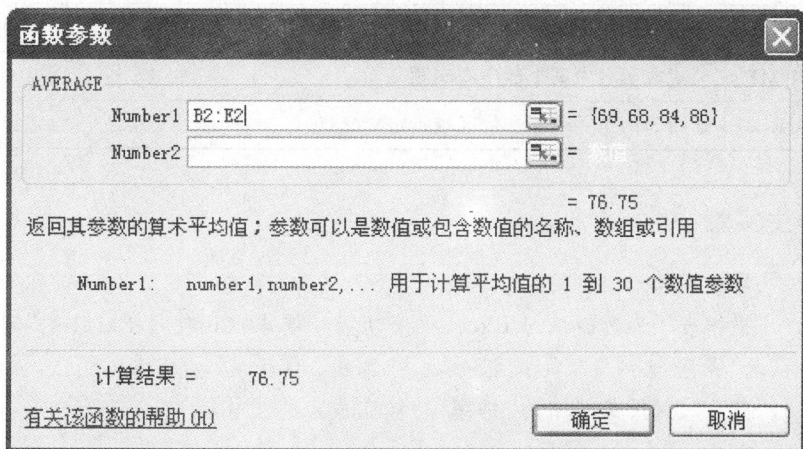

图 1-16　"函数参数"对话框

3.在"函数参数"对话框的 Number1 中输入 B2:E2,单击"确定"按钮,即出现"张松"的平均成绩。事实上,输入数据区域后,对话框的下部即出现计算结果。对话框的 Number2 中可输入需要计算平均值的其他单元格区域。

4.使用"填充柄"功能,可使用复制方式计算其他学生的平均成绩。

另外,调用 Excel 的函数,也可直接点击编辑框左边的"f_x"按钮。

(五)公式与错误提示

如果公式不能正确计算出结果,Excel 将显示一个错误提示,常见的出错提示见表 1-1。

表 1-1　Excel 常见错误提示

错误提示	原　因
＃＃＃＃＃!	计算结果太宽,或者单元格的日期时间公式产生了一个负值
＃VALUE!	使用错误的参数或运算对象类型,或者公式自动更正功能不能更正公式
＃DIV/O!	公式中出现了 0 为除数的情况
＃NAME?	公式中使用了 Excel 不能识别的文本

续表

错误提示	原　因
♯N/A	函数或公式中没有可用数值
♯REF!	单元格引用无效
♯NUM!	公式或函数中某个数字有问题
♯NULL!	试图为两个并不相交的区域指定交叉点

学生实验

学生实验一

根据表 1-2 数据练习 Excel 排序功能。要求:(1)使用 Excel 的"升序排列"及"降序排列"工具按钮分别按类别、项目、开始日期、责任人排序;(2)使用"数据"菜单中的"排序"功能完成上述操作。

表 1-2

类别	项目	开始日期	完成日期	责任人
101	B11	2006-2-4	2006-5-22	Apollo
104	B23	2006-2-18	2006-7-3	David
203	A24	2006-2-15	2006-6-28	Grace
101	A12	2006-2-1	2006-6-23	Kevin
108	C18	2006-2-23	2006-7-14	Mike
102	A04	2006-2-4	2006-6-1	Shirley
103	A08	2006-2-13	2006-5-29	Susan
104	C33	2006-3-1	2006-8-4	Tom

【实验要求】

1.写出具体操作步骤。

2.分析操作中碰到的问题及解决方法。

学生实验二

根据表 1-3 数据练习 Excel 筛选功能。要求:使用 Excel"数据"菜单的"筛选"功能筛选出各位客户的进货资料,进货量小于 50 的客户资料,以及进货量在 20~50 的客户资料。

表 1-3

日期	客户姓名	进货单号	进货量
2006-8-8	张三	N1001	10
2006-8-8	李四	N1002	20
2006-8-8	王五	N1003	30
2006-8-8	李四	N1004	40
2006-8-8	张三	N1005	50
2006-8-8	王五	N1006	60
2006-8-8	李四	N1007	40
2006-8-8	王五	N1008	20
2006-8-8	张三	N1009	30

【实验要求】

1. 写成具体操作步骤。

2. 分析操作中碰到的问题及解决方法。

学生实验三

表 1-4 是某公司 3 月和 4 月的销售数据,假定该公司的利润率是 20%,试计算该公司 3 月与 4 月的销售利润以及两月的总销售利润。

表 1-4

序号	产品	3月份			4月份		
		单价	销量	销售利润	单价	销量	销售利润
1	A	35	20		30	30	
2	B	15	20		20	30	
3	C	25	30		20	40	
4	D	25	10		30	20	
5	E	15	20		20	30	

【实验要求】

写出具体操作步骤。

学生实验四

表 1-5 是某公司 11 月和 12 月的销售数据,假定该公司的利润率是

20％,试采用相对引用方法计算 11 月及 12 月的销售额,采用绝对引用法计算该公司 11 月与 12 月的总销售利润。

表 1-5

序号	产品	11月			12月			总利润
		单价	销量	销售额	单价	销量	销售额	
1	A	35	20		30	10		
2	B	15	20		20	20		
3	C	25	30		25	20		
4	D	25	10		35	30		
5	E	15	20		15	30		

【实验要求】

写出具体操作步骤。

实验二 SPSS 统计功能的演示与操作

▷实验目的

1.熟悉 SPSS 软件的操作界面。
2.了解 SPSS 软件的基本功能,掌握在 SPSS 软件上进行简单数据处理的能力。

一、SPSS 启动

启动 SPSS 软件以后,默认情况下首先弹出如图 2-1 所示的 SPSS 开始界面对话框。

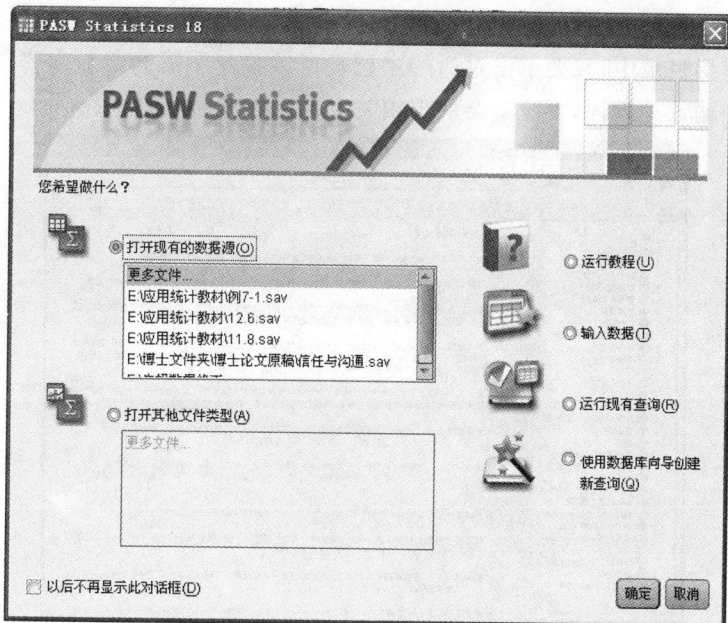

图 2-1　SPSS 开始界面

打开现有数据源:打开最近使用过的数据文件。

打开其他文件类型:打开最近使用过的其他类型的非 SPSS. sav 格式文件,如 SPSS 的输出结果文件(＊. spv)。

运行教程:可运行 SPSS 统计分析软件的教程,介绍 SPSS 软件的各项功能。

插入数据:可输入全新的数据。

运行现有查询:可运行已有的 Sql 查询语句,在 SPSS 数据编辑器中显示查询结果。

使用数据库向导创建新查询:SPSS 数据库向导将帮助你一步一步地从数据库中获取数据。

SPSS 软件也可通过双击桌面的 SPSS 图表,或者双击 SPSS 数据集图表启动。

二、SPSS 帮助系统

SPSS 提供了友好的帮助功能,可以随时为不同层次用户提供帮助,包括主题、教程、个案研究等项目。SPSS 系统的每个对话框都提供联机帮助。

1. 主题。在"帮助"菜单下单击"主题",弹出如图 2-2 所示的"联机帮助"界面。在树形目录中,只要单击左边的主题就可以找到所需的帮助内容。只要在索引栏中输入关键词,系统就会展现相关主题。

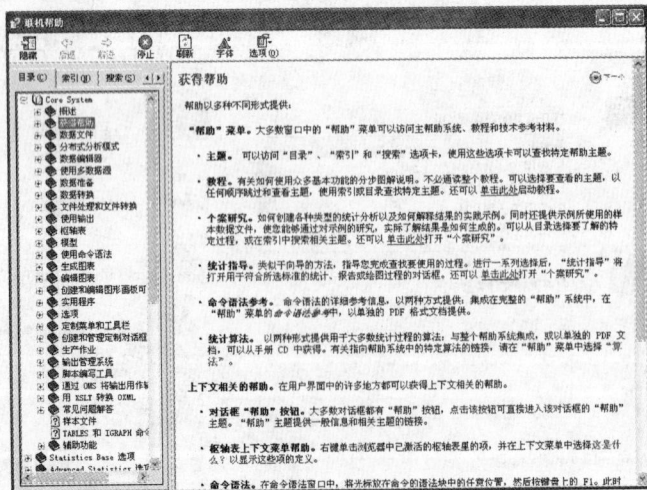

图 2-2　SPSS 帮助——联机帮助

2.教程。在"帮助"菜单下单击"教程",系统弹出如图 2-3 所示的"教程"界面。SPSS 教程为初级学者提供学习资料,指导学生逐步使用 SPSS。

图 2-3　SPSS 帮助——教程

3.个案研究。在"帮助"菜单下单击"个案研究",系统弹出如图 2-4 所示的"Tutorial"界面。SPSS 的案例研究可以给中高级用户提供 SPSS 各模块主要分析方法的基本操作和结果解读,其也按图形化、实例化的方式指导。遗憾的是个案研究是英文版的。

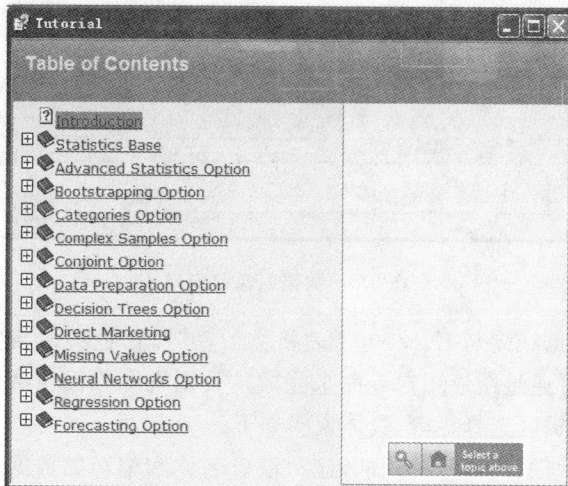

图 2-4　SPSS 帮助——Tutorial

4. 统计辅导。统计辅导告诉用户为达到分析目的应该选择的统计分析方法,并指导学生逐步开展分析工作。

5. 语法命令参考。可打开相应的语法指令 PDF 文档,通过参考该文档,用户可找到各种语法命令的用法,方便用户对高级操作的学习。在语法命令编辑器中,在相应的语法命令中,按 F1 键可提供该命令的联机帮助。

6. 算法参考。提供 SPSS 算法的联机文档。通过该文档,高级用户可以了解 SPSS 统计过程使用的具体算法,加深对统计过程的理解。

三、SPSS 的数据编辑器界面

SPSS 数据编辑器有两个界面,即数据视图界面与变量视图界面。数据视图界面的数据区是数据信息,变量视图的数据编辑区是变量信息。在图 2-1 中选择"数据输入",得到如图 2-5 所示的数据编辑器界面。

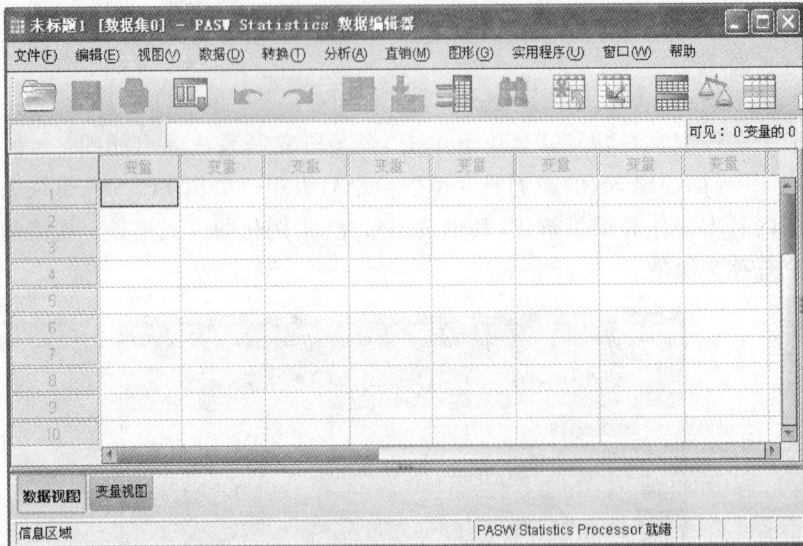

图 2-5 数据编辑器窗口

SPSS 的数据视图与 Excel 电子表格类似,其操作也类似,绝大部分数据管理和分析工作可通过图形用户界面来完成。数据视图界面包括窗口名显示栏、编辑显示区、编辑区选择栏等,具体说明如下。

窗口名显示栏:在窗口的顶部,显示窗口名称和编辑的数据文件名,没有文件名时显示为"未标题 1［数据集 0］"。

窗口控制按钮：在窗口顶部的右边，第一个按钮是窗口最小化，第二个按钮是窗口最大化，第三个按钮是关闭窗口。

SPSS 菜单：在窗口显示的第二行上，有文件、编辑、视图、数据、转换、分析、直销、图形、实用程序、窗口和帮助 11 个子菜单。

常用工具按钮：SPSS 有 19 个常用工具按钮，在窗口显示的第三行上，包括：打开数据文档、保存该文档、打印、检索最近使用的对话框、取消用户操作、重新执行用户操作、转向个案、转向变量、变量、查找、插入个案、插入变量、分割文件、加权个案、选择个案、值标签、使用变量集、显示所有变量、拼写检查。

数据单元格信息显示栏：在编辑显示区的上方，左边显示单元格和变量名（单元格：变量名），右边显示单元里的内容。

编辑显示区：在窗口的中部，最左边列显示单元序列号，最上边一行显示变量名称，默认为"变量"。

编辑区选择栏：在编辑显示区下方，"数据视图"在编辑显示区中显示编辑数据，"变量视图"在编辑显示区中显示编辑数据变量信息。

状态显示栏：在窗口的底部，左边显示执行的系统命令，右边显示窗口状态。

在数据编辑器窗口的左下角选择"变量视图"，将出现如图 2-6 所示的变量视图窗口。变量视图可定义和显示以下 11 个变量属性。

图 2-6　变量视图窗口

名称:给出变量名称。变量名称最长为 64 个英文字符,或 32 个中文字符,变量名不区分大小写。

类型:选择变量的显示方式,如图 2-7 所示。

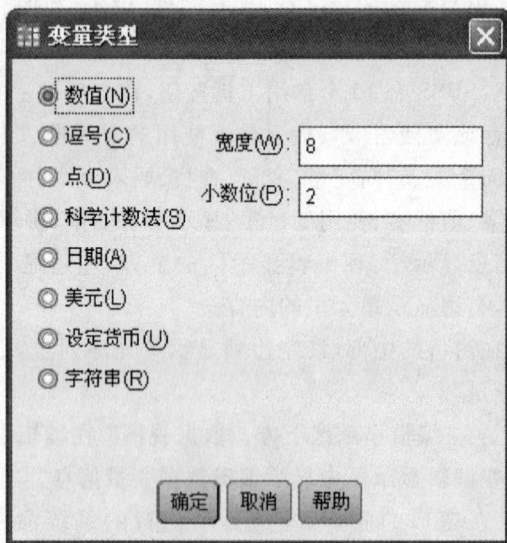

图 2-7 "变量类型"对话框

①"数值"是数值型变量或经过编码的分类变量。默认的数据宽度为 8,小数位为 2,可以根据需要修改。

②"逗号"是整数部分用逗号分隔的数值。

③"点"是整数部分用点分隔的数值。

④"科学计数法"是用科学计数法表示的数值型数据。

⑤"日期"是日期型数据。

⑥"美元"表示数据前面有美元符号。

⑦"设定货币"选择客户设定的货币格式。

⑧"字符串"变量为字符型数据。

宽度:对字符型变量,该数值决定了输入字符串的长度。

小数:设定小数位的宽度。

标签:对变量进行详细的说明或描述,在分析过程和结果中显示。

值:对变量值进行编码。

缺失:对数据中的缺失值进行编码。

列:设定该变量数据视图中列的宽度。

对齐方式:列数据的对齐方式。

度量标准:设定数据类型,分为数值型数据、顺序数据和分类数据三类。

角色:是数据挖掘软件 Modeler 中的一个数据属性,用来指定该变量在建模中的角色是输入、目标或不进入建模等。

四、新建数据文件

一个良好的习惯是,数据录入 SPSS 之前,先定义数据文件的结构。可以先进入变量视图,把相应的变量定义好,即把数据输入的模板定义好,然后到数据视图中输入数据。当然,也可以直接进入数据视图,采用 SPSS 默认的数据变量信息,把数据先录入,然后再到变量视图对变量属性进行相应的修改。需要注意的是,SPSS 数据文件格式以每一行为一个记录,或称观察单位,每一列为一个变量。

例 2-1　某班级学生各科成绩如表 2-1 所示,试为该表格数据建立 SPSS 数据文件。

表 2-1　学生各科成绩数据

课程	学生 1	学生 2	学生 3	学生 4	学生 5	学生 6	学生 7	学生 8	学生 9
英语	76	90	97	71	70	93	86	83	78
经济数学	65	95	51	74	78	63	91	82	75
经济学	93	81	76	88	66	79	83	92	78
市场学	74	87	85	69	90	80	77	84	91
财务管理	68	75	70	84	73	60	76	81	88
会计学	70	73	92	75	78	87	90	70	66
统计学	55	91	68	73	84	81	70	69	94
计算机	85	78	81	95	70	67	82	72	80

【实验步骤】

1.定义变量。建立 SPSS 数据文件的第一个步骤就是定义数据文件的变量,表 2-1 中的数据有课程名称与学生成绩等变量,需要定义。我们以变量"课程"为例,来介绍数据文件中变量的定义步骤:

(1)定义变量名称。进入"变量视图",将光标放置在编辑窗口中的第一个单元格中,即"名称"列,双击单元格后,输入相应的变量名"课程"。

(2)定义变量类型。点击"类型"标题下的单元格,右侧显现一个带省略号的图标,点击省略号,则展开变量类型定义的对话框,如图 2-8 所示。本例中变量"课程"的值是以字符作为变量值的字符型变量,因此用鼠标单击"字符串"前面的圆圈,选中"字符型"变量类型。

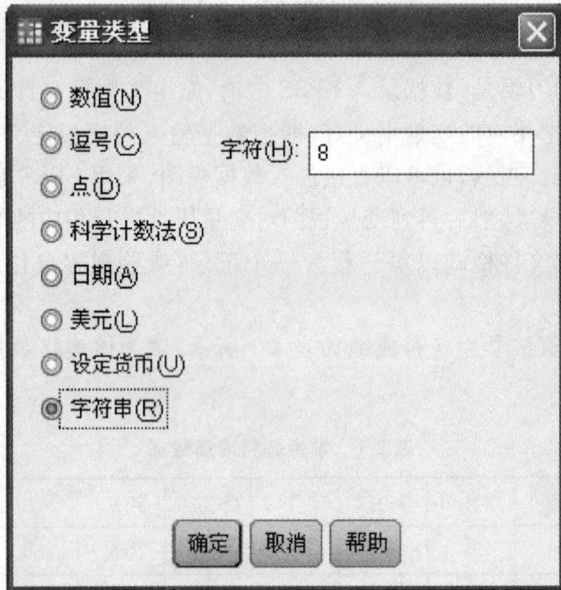

图 2-8 "变量类型"对话框

(3)定义变量标签。变量标签是用来解释变量的含义名。定义时双击"标签"标题下的单元格,直接输入即可。

(4)其他设置保留默认值。各课程成绩设置类似,注意课程成绩为数值变量。

2. 数据录入。单击编辑窗口左下角的"数据视图"标签,进入"数据视图"窗口。窗口中的每一列为一个变量,对应各个变量,录入相应的数值即可。

3. 数据文件的存储。数据文件建立完毕,单击工具栏上的"保存"按钮,展开数据文件存储对话框,如图 2-9 所示。在对话框的"查找范围"列表框中选定目标文件夹,然后在"文件名"框中键入文件名,"保存类型"系统默认为".sav"文件,即"SPSS 数据文件",然后单击"保存"按钮。

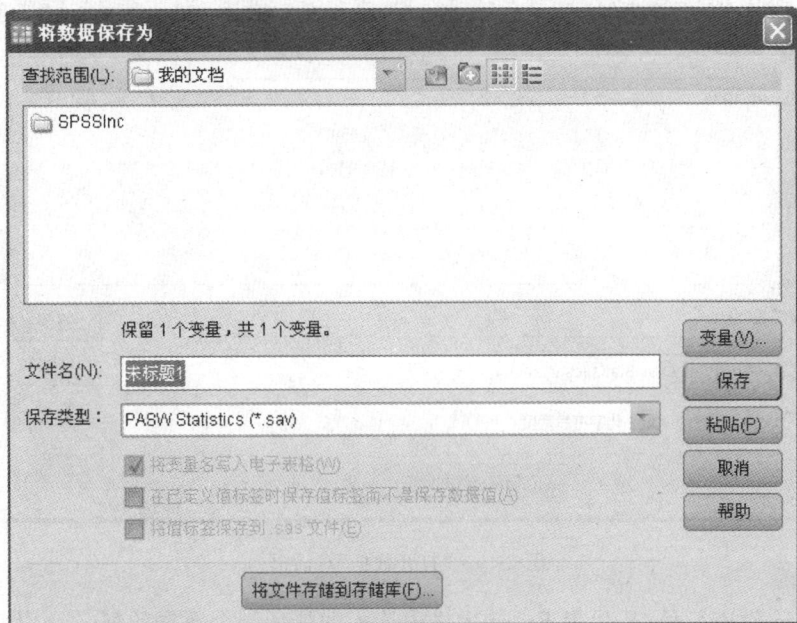

图 2-9　"将数据保存为"对话框

五、读入数据

在 SPSS 文件菜单下，单击"文件"→"打开"→"数据"，或者直接单击工具按钮栏上的"打开"按钮，将得到如图 2-10 所示的"打开数据"对话框。单击"文件类型"右侧的向下箭头，列表给出了 SPSS 可以读入的数据文件类型。SPSS 特有的数据文件格式是后缀为 .sav 的文件，或后缀为 .por 的文件。其他类型的数据格式版本有老版本 SPSS 生成的数据、Systat 数据、SAS 数据、Stata 数据、Excel 表格、文本格式的数据等。根据需要打开数据文件类型，选择相应的文件类型。本实验只介绍从 Excel 读入数据。SPSS 提供了多种数据格式的输入，我们在学习这两种方法后，要能举一反三地学习其他的输入方式。

单击"文件"→"打开"→"数据"，弹出如图 2-10 所示的"打开数据"对话框。文件类型选择 Excel，选中需要打开的 Excel 文件名，单击"打开"。弹出一个如图 2-11 的"打开 Excel 数据源"对话框，选择需要打开的工作表以及数据的范围。范围用 Xm:Yn 格式指定。X 代表 Excel 表格中开始读入的第一个数据的

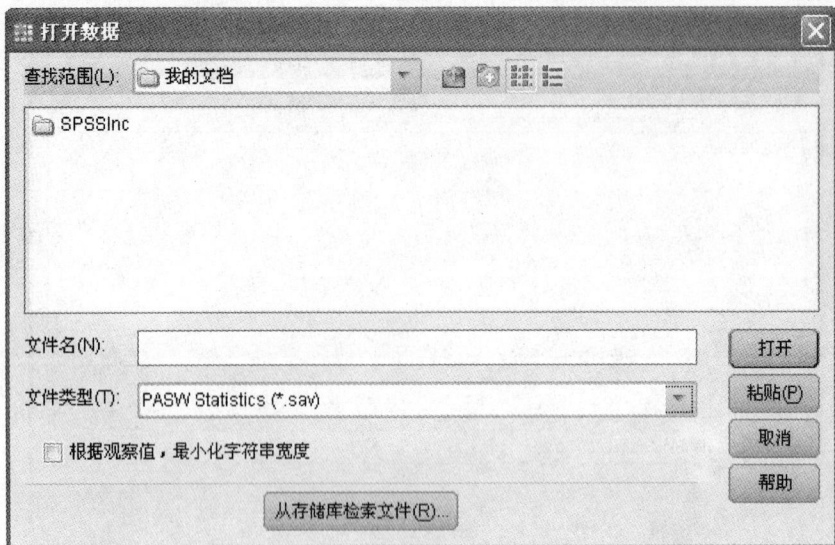

图 2-10　"打开数据"对话框

列名,m 代表行号;Y 代表 Excel 表格中读入的最后一个数据的列名,n 代表所在的行号。默认情况选择 Excel 工作簿的最后工作表的全部数据。默认情况下,SPSS 从第一行数据读入变量名。如果数据的第一行是数据,不要选勾"从第一行数据读入变量名"。

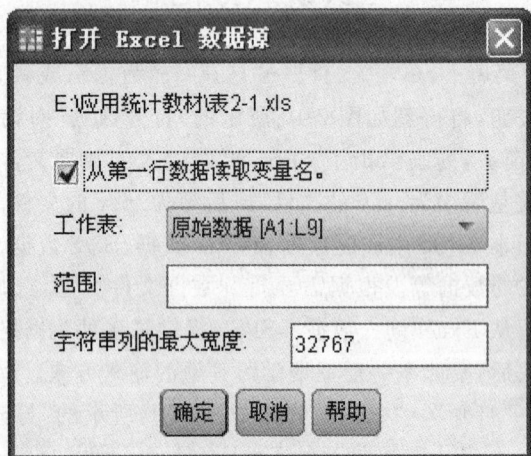

图 2-11　"打开 Excel 数据源"对话框

Excel 数据源"表 2-1"的数据文件的第一行是变量名,因此保留默认设置。"工作表"下拉框中的"原始数据[A1:L9]"为数据范围。单击"确定",读入的数据如图 2-12 所示。

	课程	学生1	学生2	学生3	学生4	学生5	学生6	学生7	学生8	学生9
1	英语	76	90	97	71	70	93	86	83	78
2	经济数学	65	95	51	74	78	63	91	82	75
3	经济学	93	81	76	88	66	79	83	92	78
4	市场学	74	87	85	69	90	80	77	84	91
5	财务管理	68	75	70	84	73	60	76	81	88
6	会计学	70	73	92	65	78	87	90	70	66
7	统计学	55	91	68	73	84	81	70	69	94
8	计算机	85	78	81	95	70	67	82	72	80

图 2-12　读入 SPSS 的数据

建议在读入 Excel 文件之前,先仔细检查 Excel 文件中的数据,确保格式正确,并删除与数据无关的部分及空行空列等,然后运行 SPSS 读入该文件。

六、数据的编辑

(一)单元值的修改

已经输入的数据需要修改,可用鼠标点击需要修改的单元,键入新值。如果数据文件较大且知道需要修改数据单元的行号,可选择"编辑"→"转至个案",打开如图 2-13 所示的对话框,在"转向个案数"文本框中输入行号,单击"转向",就可找到需要修改的单元。

如果要修改某变量中的特定值,可选择该变量,再点击"编辑"→"替换",打开如图 2-14 所示的对话框。在"查找"框中输入需要查找的数据,在"替换内容"框中输入想要替换的内容。单击"查找下一个",找到后,再点击"替换"。

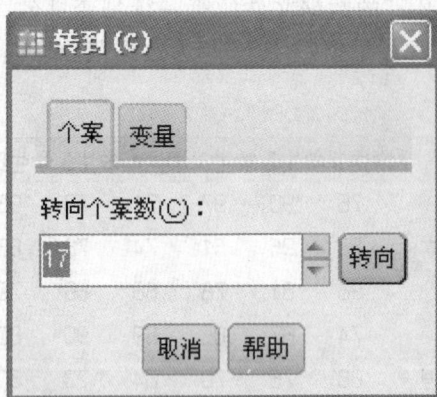

图 2-13 "转到"对话框

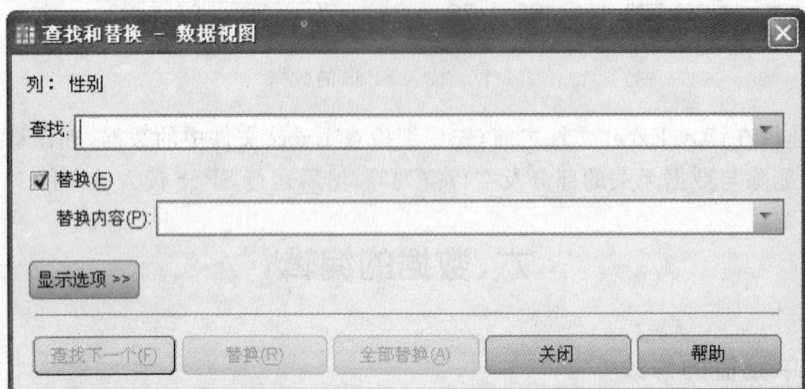

图 2-14 "查找和替换"对话框

(二)数据的排序

在数据文件中,可根据一个或多个排序变量的值重排个案的顺序。

例 2-2 实验数据见 SPSS 数据文件"实验二例 2-2",试根据"Name"变量对数据排序。

【实验步骤】

1.选择"数据"→"排序个案",弹出"排序个案"对话框,如图 2-15 所示。

2.在对话框的左栏选择需要按其数值大小排序的变量(也可选择多个变量,系统将按变量选择的先后逐级依次排序),放入右边"排序依据"框中,然后在"排

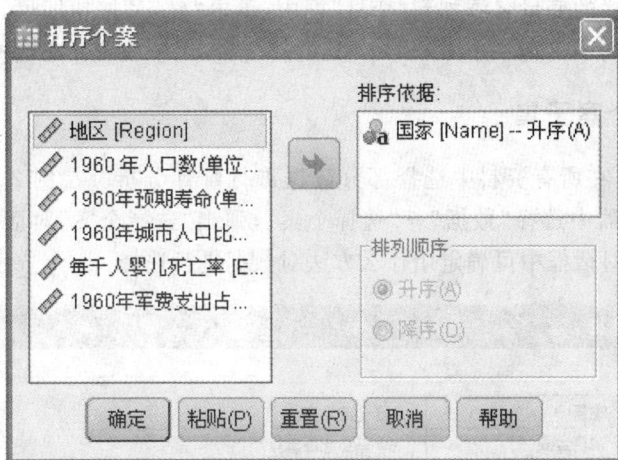

图 2-15　"排序个案"对话框

列顺序"中选择"升序"或"降序",单击"确定"即可。

(三)数据的行列互换

例 2-3　实验数据同 SPSS 数据文件"实验二例 2-3",试将数据编辑器中原先按行(列)方向排序的数据转换成按列(行)方向排序,即将个案和变量进行转换。

【实验步骤】

1.点击菜单"数据"→"转置",弹出如图 2-16 所示的"转置"对话框。

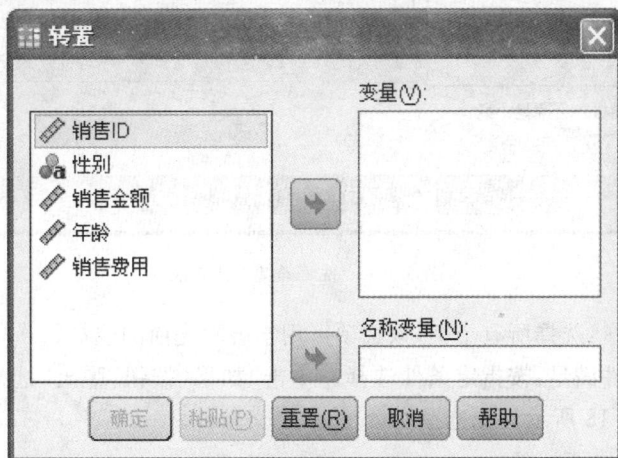

图 2-16　"转置"对话框

2.把左栏的变量名添加到"变量"框中,单击"确定"按钮即可。产生的新数据会在第一列中出现一个 CASE-LBL 的新变量,用于放置原来数据的变量名。

(四)选取个案子集

SPSS 可在所有资料中选择部分数据进行统计分析。在例 2-3 的 SPSS 数据文件编辑器中选择"数据"→"选择个案",弹出"选择个案"对话框,如图 2-17 所示。在该对话框中可确定用什么方法对数据进行选择。

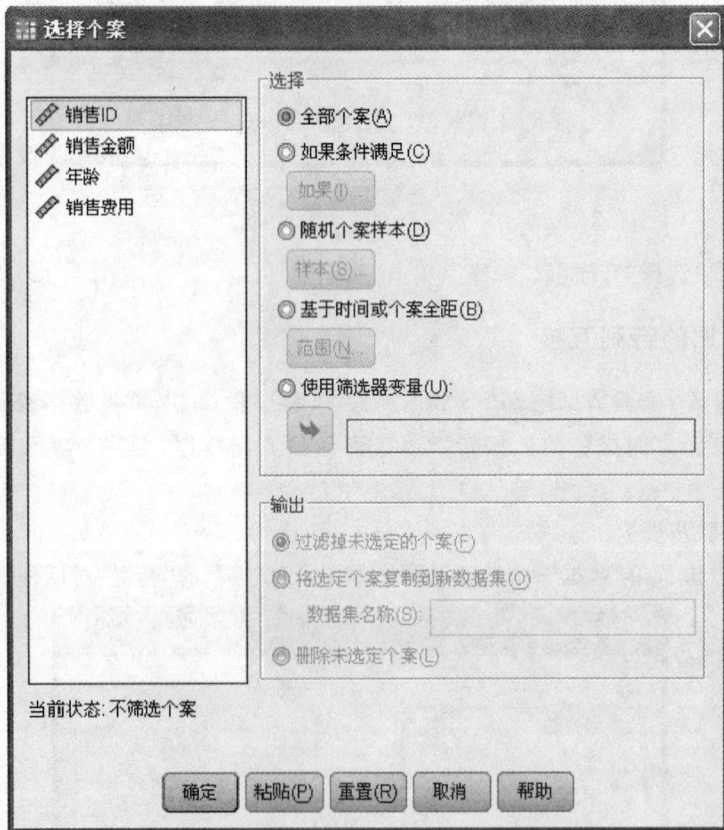

图 2-17 "选择个案"对话框

全部个案:选择所有个案,该选项可用于解除先前的选择。

如果条件满足:按指定条件选择。单击"如果"按钮,弹出"选择个案:If"对话框,如图 2-18 所示。先选择变量,然后定义条件。

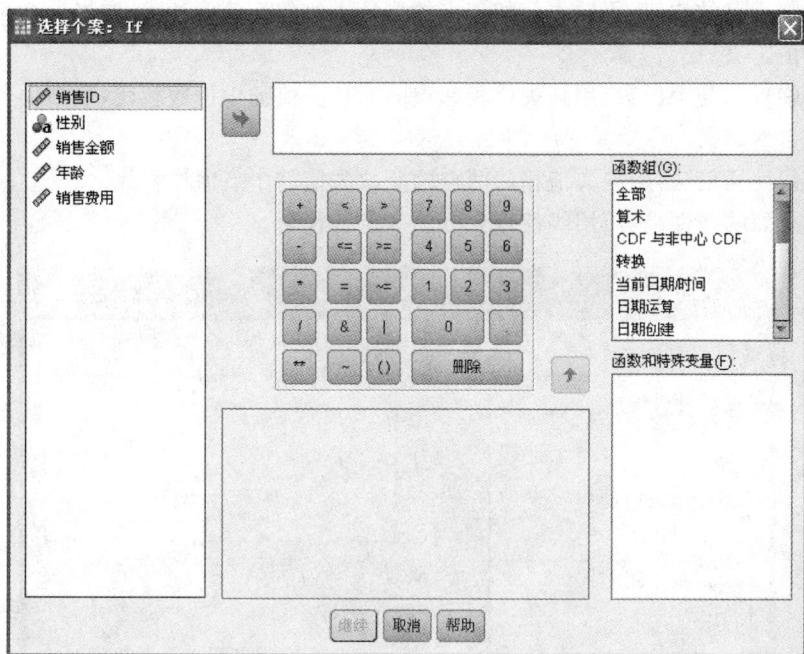

图 2-18　"选择个案:If"对话框

随机个案样本:对观察单位进行随机抽样。单击"样本"按钮,弹出"选择个案:随机样本"对话框,有两种选择方法。一种是"大约",即键入抽样比例后由系统随机抽取。另一种是"精确",即要求从第几个观察值起抽到第几个观测值。

基于时间或个案全距:顺序抽样。单击"范围"按钮,弹出"选择个案:范围"对话框,可定义从第几个观察值抽到第几个观测值。

使用筛选器变量:用指定的变量做筛选,系统对有删除标志的观察单位不作分析。

(四)缺失值替代

对缺失值,可采用多种手段进行科学替代。在例 2-3 的 SPSS 数据文件编辑器中选择"转换"菜单的"替换缺失值"命令,弹出"替换缺失值"对话框,如图2-19所示。选择存在缺失值的变量,添加到"新变量"框中,这时系统自动产生用于替代缺失值的新变量。也可在"名称"处自己命名新变量名,然后在"方法"下拉框中选择缺失值替代方法。

序列均值:用该变量所有非缺失值的均值作替代。

临近点的均值：用缺失值相邻点的非缺失值的均值作替代，取多少个相邻点可自由定义。

临近点的中位数：用缺失值相邻点的非缺失值的中位数替代，取多少个相邻点可自由定义。

线性插值法：用缺失值相邻两点的非缺失值的中点值作替代。

点处的线性趋势：用线性拟合方法确定替代值。

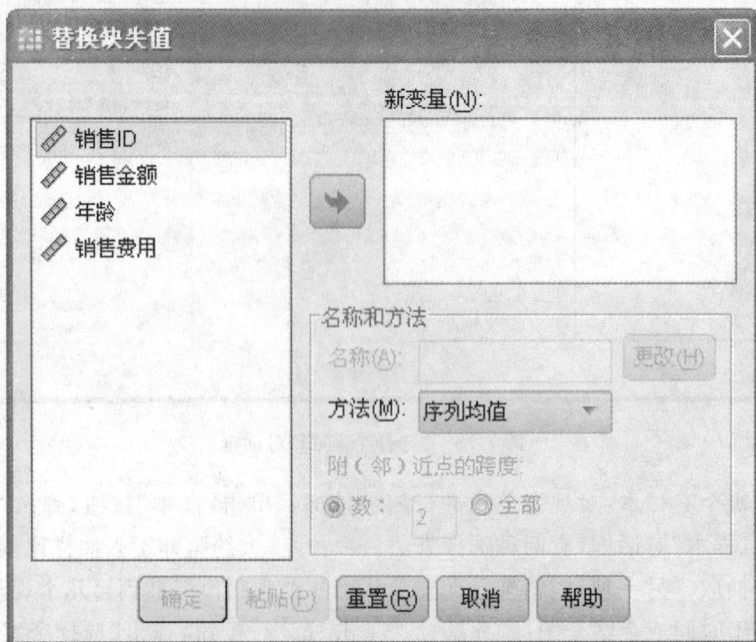

图 2-19 "替换缺失值"对话框

七、变量的操作

(一)增加和删除变量

想要增加变量，如想在 SPSS 数据文件的第 2 列前插入一个新变量，操作如下：点击第 2 列的列头，这时整列被选中，单击鼠标右键，在快捷菜单中选择"插入变量"，系统自动为用户在第 2 列前插入一个新变量，原第 2 列右移成为第 3 列。

删除一个变量,即删除一列数据,操作与增加变量相对应。点击想删除列的列头,然后单击鼠标右键,在快捷菜单中选择"清除"即可。

(二)根据已存在变量建立新变量

例 2-4　将实验例 2-1 的 Excel 数据转化成 SPSS 数据文件"实验二例 2-4",试通过计算建立新变量。

【实验步骤】

1.选择"转换"菜单的"计算变量",弹出如图 2-20 所示的对话框。

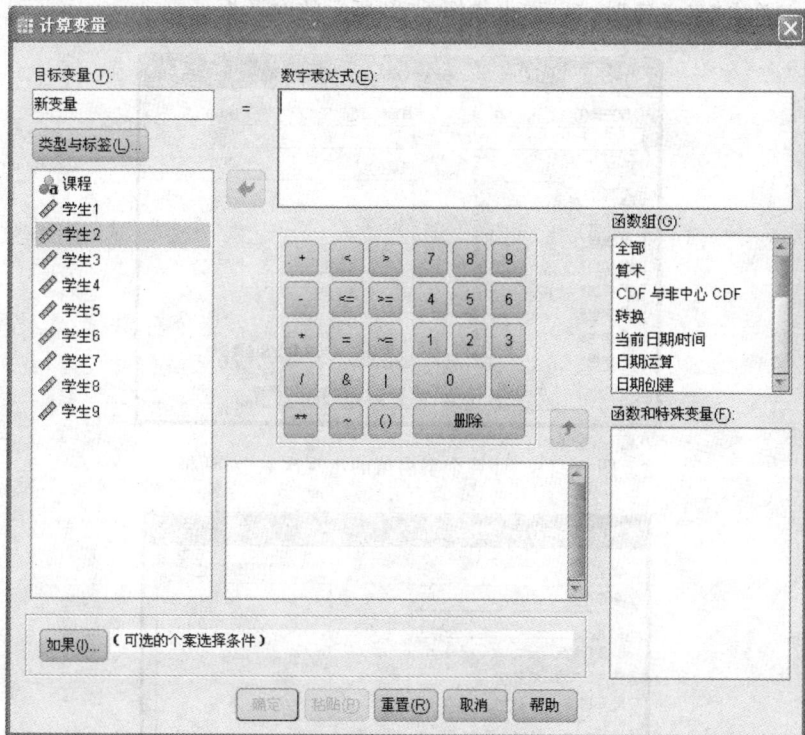

图 2-20　"计算变量"对话框

2.在对话框的"目标变量"框中输入变量名,目标变量可以是现存变量或新变量。"数字表达式"框用于输入计算目标变量值的表达式。"函数组"框显示各种函数。

(三)产生计数变量

产生计数变量就是实现计数功能。它对所有个案或满足一定条件的个案，计算若干个变量中有几个变量的值落在指定区间内，并将计数结果放入一个新变量中。选择"转换"菜单的"对个案内的值计数"。点击例2-4的SPSS数据文件，弹出如图2-21所示的对话框。先在"目标变量"框中指定一个变量，可以是已有的变量，也可以是要生成的新变量。然后指定要清点的变量，在变量名列表中选择一个或多个变量使之添加到"变量"框中。选择变量后，"定义值"按钮被激活。单击"定义值"按钮，弹出如图2-22所示的对话框。

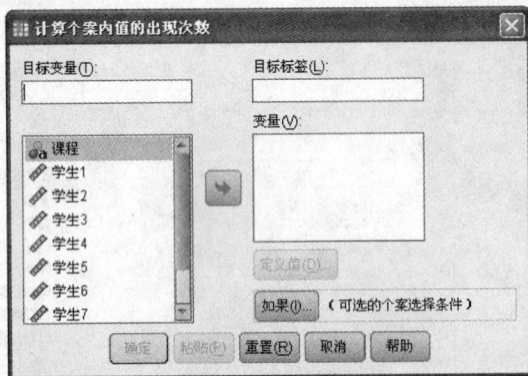

图2-21 "计算个案内值的出现次数"对话框

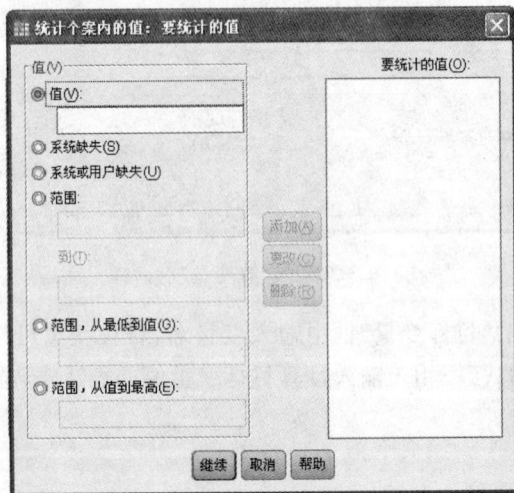

图2-22 "统计个案内的值：要统计的值"对话框

值：输入某个数值为清点对象。

系统缺失：表示以系统指定的缺失值为清点对象。

系统或用户缺失：表示以系统或用户指定的缺失值为清点对象。

范围：指定数值范围为计数区间，需指定最小到最大值的闭区间。

范围，从最低到值：指定数值范围为计数区间，为小于等于 n 的区间。

范围，从值到最高：指定数值范围为计数区间，为大于等于 n 的区间。

如果单击图 2-21 的"如果"按钮，则弹出如图 2-23 所示的对话框，可以通过指定条件来确定参与计数的个案。

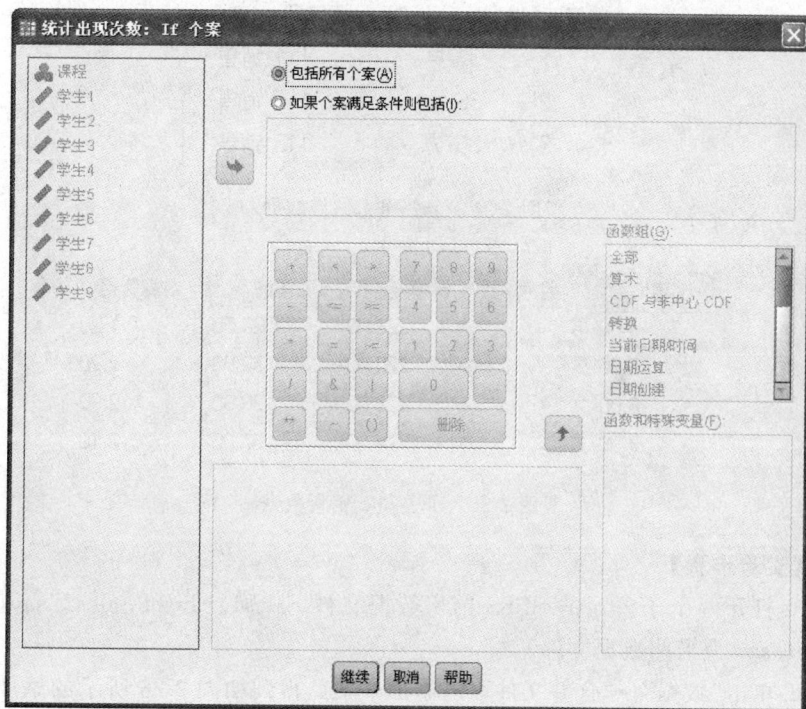

图 2-23　"统计出现次数：If 个案"对话框

八、数据文件的合并

有时候要把多个数据文件合并为一个数据文件。数据合并分添加个案和添加变量两类。当进行个案合并时，两个数据文件变量的顺序、变量名称和变量个数可以不同。如果两个数据文件含有相同的个案,但是不同文件含有的属性不同,合并这样的文件就是添加变量。

(一)个案合并

例 2-5　如图 2-24 和图 2-25 所示,两个销售文件分别有共同变量销售 ID、年龄、性别和销售额。但两文件变量的顺序不同,而且同一变量在两个文件中的名称不同。子公司 1 的"销售额"与子公司 2 的"销售金额"为同一变量。子公司 1 没有"销售费用"变量,子公司 2 没有"职务"变量。

销售ID	年龄	性别	销售额	职务
1	33	男	111	销售
2	36	女	112	销售
3	35	男	113	销售

图 2-24　子公司 1 销售数据

销售ID	性别	销售金额	年龄	销售费用
4.00	男	221.00	28.00	1.20
5.00	男	222.00	32.00	2.20
6.00	女	223.00	38.00	2.90
7.00	男	224.00	37.00	2.10

图 2-25　子公司 2 销售数据

【实验步骤】

1.打开两个子公司的 SPSS 销售数据文件 Sales1. sav 和 Sales2. sav,选择 Sales1. sav 为当前数据文件。

2.单击"数据"→"合并文件"→"添加个案",得到如图 2-26 所示的添加个案对话框。

3.在"打开的数据集"中选择"Sales2. sav",单击"继续",得到如图 2-27 所示的对话框。SPSS 用"∗"表示来源于活动数据文件中的变量,用"＋"表示将要与当前数据文件进行合并的数据文件中的变量。对话框的右栏表示两个数据文件中都有的变量。如果把该栏中的变量移到左栏,则该变量不会在合并后的文件中出现。对话框的左栏表示两个数据文件中不能匹配的变量。

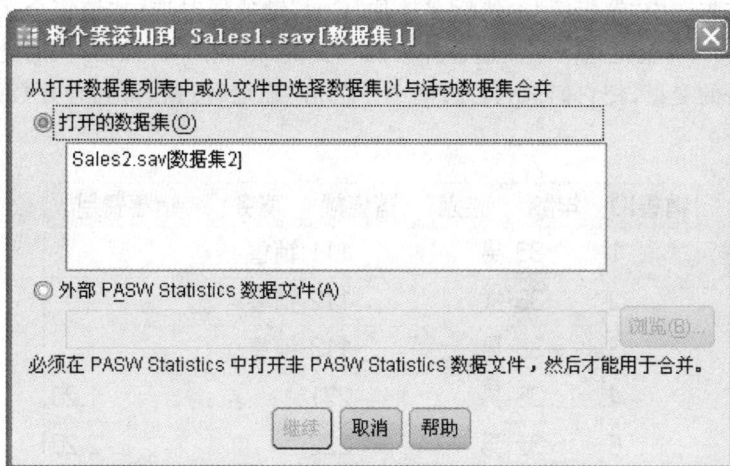

图 2-26　"将个案添到"对话框

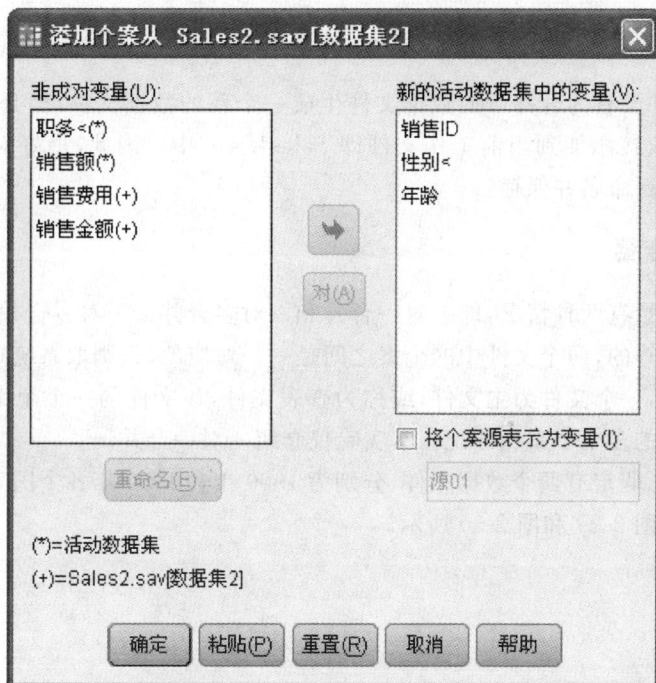

图 2-27　"添加个案从"对话框

4. 首先选中"销售额"。然后在按住"Ctrl"键的同时选中"销售金额",单击按钮"对(A)",就把这两个变量合并为同一变量"销售额"。然后,同时选中左边框中剩余的变量,把它们选到右边框中。单击"确定"按钮,得到合并数据文件,见图 2-28。

销售ID	年龄	性别	销售额	职务	销售费用
1	33	男	111	销售	.
2	36	女	112	销售	.
3	35	男	113	销售	.
4	28	男	221		1.20
5	32	男	222		2.20
6	38	女	223		2.90
7	37	男	224		2.10

图 2-28　合并后的数据文件

SPSS 并没有为合并后的数据文件生成一个新的数据文件,而是把 Sales2. sav 的个案直接添加到当前工作文件即 Sales1. sav 中。因此,最好对合并后的数据文档进行命名并保存。

(二)添加变量

添加变量有两种情况,即一对一合并和一对多合并。一对一合并时,两个数据文件是对等的,两个文件中的个案之间是一一对应的,否则取系统缺失值。一对多合并时,一个文件为主文件,或称为查表文件,该文件的一个个案可以和另一个文件中的多个个案相匹配。本实验仅介绍一对一合并。

例 2-5　假定有两个数据文件,分别为 1960 年和 1990 年各个国家的人口数据。分别如图 2-29 和图 2-30 所示。

	Name	Region	Pop1960	Lifeex60	UrPop60	Educ...	Mil60
1	Afghanistan	4	10.8	33	8.0	.	.
2	Albania	5	1.6	62	30.6		9.0
3	Algeria	1	10.8	47	30.4	5.6	2.1
4	Angola	1	4.8	33	10.4	.3	.
5	Argentina	3	20.6	65	73.6	2.1	2.1
6	Australia	7	10.3	71	80.6	2.8	2.4
7	Austria	5	7.0	69	49.9	2.9	1.2
8	Bangladesh	4	51.4	40	5.1	.6	.
9	Belgium	5	9.2	70	92.5	4.6	3.4
10	Benin	1	2.3	35	9.5	2.5	1.1
11	Bhutan	4	.9	38	2.5	.	.
12	Bolivia	3	3.4	43	39.3	1.5	2.0

图 2-29   1960 年各国人口数据

	name	region	area	pop1990	lifeex87	urpop90	indeat90	educ90	inf8087	mil90
1	Afghanistan	4	65209	17	42	21.7	172			
2	Albania	5	2740	3	72	35.3	39	.	.	4.0
3	Algeria	1	238174	25	63	44.7	74	6.1	5.6	2.0
4	Angola	1	124670	10	45	28.3	137	3.4		12.0
5	Argentina	3	273669	32	71	86.2	32	3.3	298.7	1.5
6	Australia	7	761793	17	76	85.5	8	5.1	7.8	2.7
7	Austria	5	8273	8	74	57.7	11	6.0	4.3	1.3
8	Bahrain	4	68	1	71	82.9	26		.	.
9	Bangladesh	4	13391	116	52	13.6	119	2.2	11.1	1.5
10	Barbados	2	43	0	75	44.7	11		.	.
11	Belgium	5	3282	10	75	96.9	10	5.6	5.1	3.1
12	Benin	1	11062	5	47	42.0	110	3.5	8.2	2.3

图 2-30   1990 年各国人口数据

【实验步骤】

1. 打开 SPSS 的两个数据文件：World60. sav 和 World90. sav。

2. 在合并两个数据文件之前，先对两个数据文件按照关键变量"Name"进行升序排列。升序排列可通过"数据"→"排序个案"来完成。这一任务留给读者自己完成。

3. 把 World90. sav 作为当前工作文件。单击"数据"→"合并文件"→"添加变量",得到如图 2-31 所示的一对一添加变量对话框。选中"打开的数据集"框中的数据文件"World60.sav"。

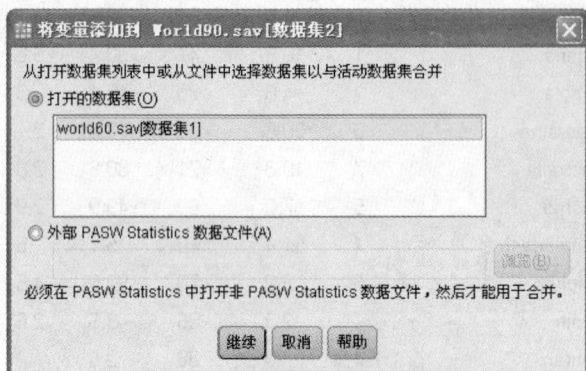

图 2-31 "添加变量到"对话框

4. 单击"继续",得到如图 2-32 所示的一对一添加变量步骤对话框。选勾

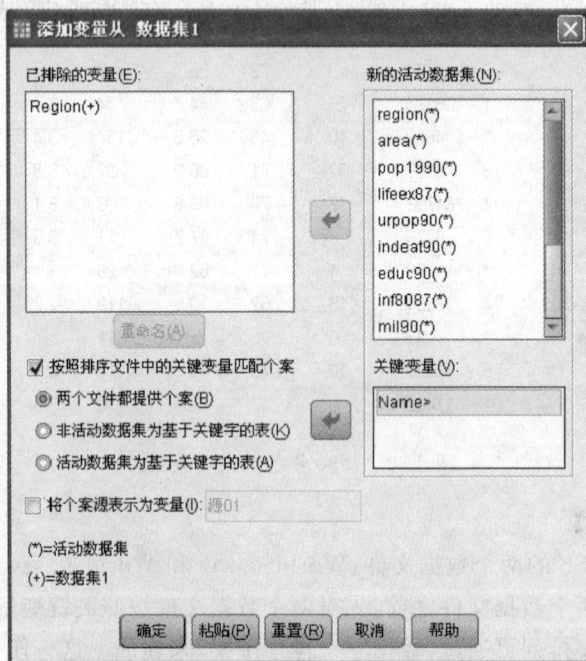

图 2-32 "添加变量从"对话框

"按照排序文件中的关键变量匹配个案",然后选择"两个文件都提供个案",即一对一合并。另外两个选项用于指定一对多合并中的关键字表文件。如果某些变量不需要出现在合并后的文件中,可把它们选入"已排除变量"。把"Name"选入到"关键变量"中,指定关键变量。

　　5.单击"确定"按钮,与个案添加一样,当前活动数据文件就是合并后的数据文件。可重新命名,保存合并后的数据文件。

学生实验

学生实验一

　　表2-2为某超市分店各种牛奶产品的销售数据,试分别采用数据输入法及读入法创建SPSS数据文件。

表 2-2

分店	纯牛奶	乳酸饮料	酸牛奶	奶茶	奶片
大林店	93	165	78	48	37
金井店	129	252	249	35	179
和平路店	5	167	382	114	258
新阳路店	260	73	82	205	54
解放路店	73	358	390	113	285
延安路店	392	57	248	330	186
四桥店	360	19	95	230	139
古尖店	48	142	165	136	105
东单店	53	20	233	246	66

【实验要求】

　　1.写出具体操作步骤。

　　2.分析操作中碰到的问题及解决方法。

学生实验二

　　表2-3为某班级学生各门课程成绩,请根据表格数据创建SPSS数据文件,并根据各科成绩及总分进行排序。

表 2-3

姓名	语文	数学	物理	英语	化学	总分
A	94	81	94	98	48	415
B	48	66	55	31	76	276
C	83	81	32	56	42	294
D	78	92	81	91	49	391
E	72	88	93	90	36	379
F	90	76	97	77	64	404
G	81	82	64	45	40	312
H	89	84	84	65	54	376
I	83	84	57	49	68	341
J	91	83	71	64	85	394

【实验要求】

1.写出具体操作步骤。

第二篇
上机实验指导

实验三　数据的图表展示与概括性度量

实验目的

1. 理解常用图表的概念,掌握运用 Excel 与 SPSS 绘制图表的方法。包括数据排序、数据筛选、频数分布表、条形图、帕累托图、饼图、直方图、茎叶图、箱线图、折线图、散点图、气泡图和雷达图等。
2. 理解常用描述性统计量的概念,掌握运用 Excel 与 SPSS 计算统计量的方法。包括众数、中位数、平均数、分位数、极差、方差、标准差、标准分数、偏度和峰度等。

　　例 3-1　数据排序(Excel)根据图 3-1 数据,分别按统计学成绩升序和降序排列。

	A	B
1	姓名	统计学成绩
2	张松	69
3	王翔	91
4	田雨	54
5	李华	81
6	赵颖	75
7	宋媛	83
8	袁方	75
9	陈风	87

图 3-1　原始数据

【实验步骤】

　　1. 在表格范围内选中任一单元格,在菜单栏上选择“数据”→“排序”,见图 3-2。

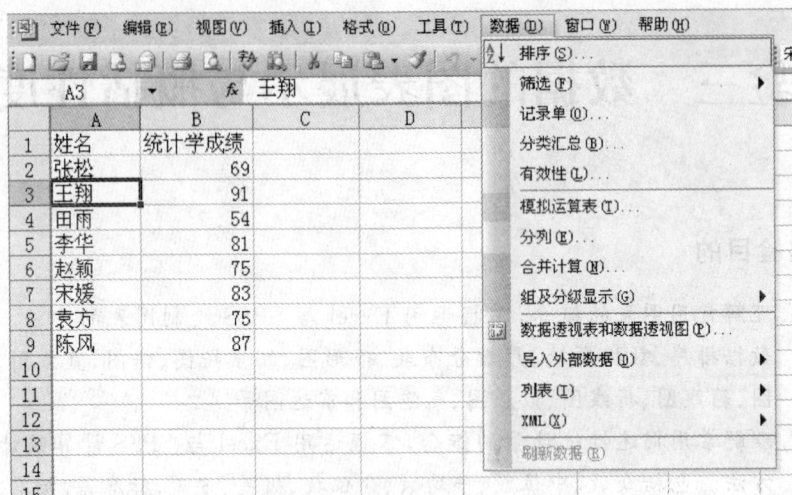

图 3-2　筛选选项

2.点击排序后弹出对话框,将主要关键字设置为统计学成绩,选择"升序"按钮,选择"有标题行"按钮,点击"确定",过程见图 3-3。

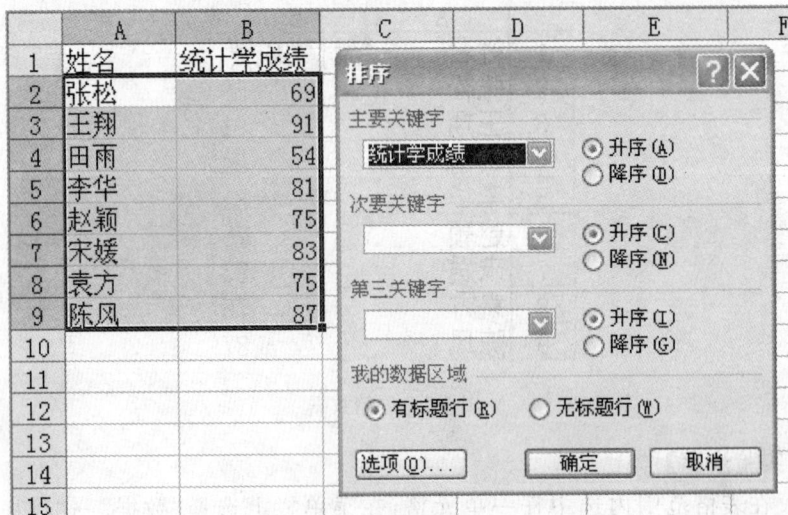

图 3-3　"排序"对话框

3. 最终得到按统计学成绩升序排列的结果,如图 3-4 所示,选择"降序"按钮将得到降序排列的结果。

	A	B
1	姓名	统计学成绩
2	田雨	54
3	张松	69
4	赵颖	75
5	袁方	75
6	李华	81
7	宋媛	83
8	陈风	87
9	王翔	91

图 3-4 结果

通过此过程,排列之后的结果将直接在原表格中显示。

例 3-2 数据排序(SPSS)同案例 2-1。

【实验步骤】

1. 将 Excel 中的数据从第二行开始粘贴至 SPSS 的表格窗口中,如图 3-5 所示。

	name	mark
1	张松	69.00
2	王翔	91.00
3	田雨	54.00
4	李华	81.00
5	赵颖	75.00
6	宋媛	83.00
7	袁方	75.00
8	陈风	87.00

图 3-5 原始数据

2. 在成绩的变量名上右击,点击升序排列,如图 3-6 所示。

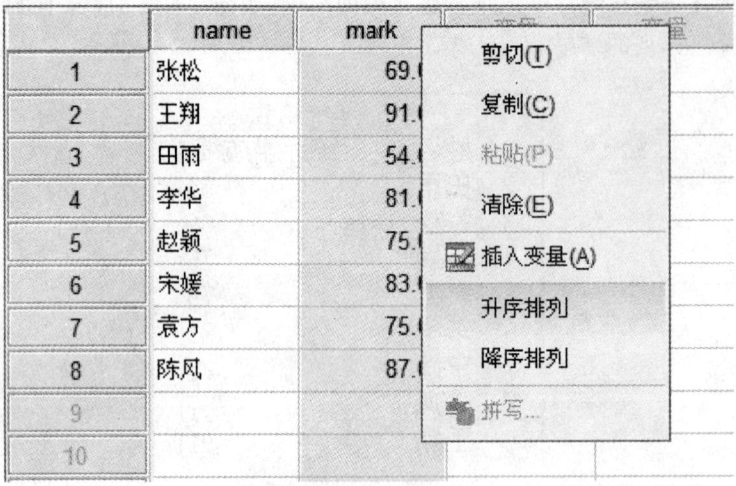

图 3-6　右键菜单

3. 最终得到按统计学成绩升序排列的结果如图 3-7 所示。选择降序按钮将得到降序排列的结果。

	name	mark
1	田雨	54.00
2	张松	69.00
3	赵颖	75.00
4	袁方	75.00
5	李华	81.00
6	宋媛	83.00
7	陈风	87.00
8	王翔	91.00

图 3-7　结果

通过此过程，排列之后的结果将直接在原表格中显示。

例 3-3　数据"筛选"→"自动筛选"(Excel)：筛选出李华的各科成绩，找到统计学成绩为 54 分的同学，找到英语成绩高于 90 分的同学，数据如图 3-8 所示。

	A	B	C	D	E
1	姓名	统计学成绩	数学成绩	英语成绩	经济学成绩
2	张松	69	68	84	86
3	王翔	91	75	95	94
4	田雨	54	88	67	78
5	李华	81	60	86	64
6	赵颖	75	96	81	83
7	宋媛	83	72	66	71
8	袁方	75	58	76	90
9	陈风	87	76	92	77

图 3-8 原始数据

【实验步骤】

1.单击表格中任一单元格,在菜单栏上选择"数据"→"筛选"→"自动筛选",
如图 3-9 所示。

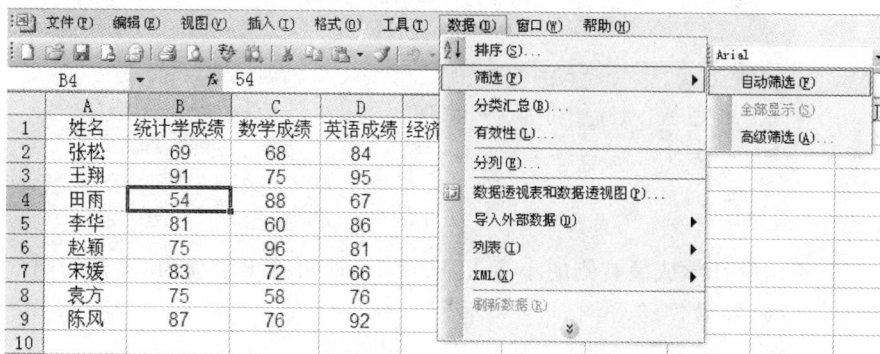

图 3-9 "筛选"选项

2.点击之后表格的标题出现向下的小箭头,如图 3-10 所示。

	A	B	C	D	E
1	姓名 ▼	统计学成绩 ▼	数学成绩 ▼	英语成绩 ▼	经济学成绩 ▼
2	张松	69	68	84	86
3	王翔	91	75	95	94
4	田雨	54	88	67	78
5	李华	81	60	86	64
6	赵颖	75	96	81	83
7	宋媛	83	72	66	71
8	袁方	75	58	76	90
9	陈风	87	76	92	77

图 3-10 筛选过程

3.点击姓名右侧的小箭头,选择李华,即可得到其各科成绩,如图 3-11 和图 3-12 所示(若要恢复初始表格,再次点击姓名右侧的小箭头,选择全部即可)。

	A	B	C	D	E
1	姓名 ▼	统计学成绩 ▼	数学成绩 ▼	英语成绩 ▼	经济学成绩 ▼
2	升序排列 降序排列	69	68	84	86
3	(全部)	91	75	95	94
4	(前 10 个...) (自定义...)	54	88	67	78
5	陈风	81	60	86	64
6	李华	75	96	81	83
7	宋媛 田雨	83	72	66	71
8	王翔 袁方	75	58	76	90
9	张松 赵颖	87	76	92	77
10					

图 3-11　姓名筛选

	A	B	C	D	E
1	姓名 ▼	统计学成绩 ▼	数学成绩 ▼	英语成绩 ▼	经济学成绩 ▼
5	李华	81	60	86	64

图 3-12　结果

4.点击统计学成绩右侧的小箭头,选择 54,即可找出成绩为 54 分的同学及其其他成绩,如图 3-13 和图 3-14 所示。

	A	B	C	D	E
1	姓名 ▼	统计学成绩 ▼	数学成绩 ▼	英语成绩 ▼	经济学成绩 ▼
2	张松	升序排列 降序排列	68	84	86
3	王翔		75	95	94
4	田雨	(全部) (前 10 个...)	88	67	78
5	李华	(自定义...) 54	60	86	64
6	赵颖	69 75	96	81	83
7	宋媛	81	72	66	71
8	袁方	83 87	58	76	90
9	陈风	91	76	92	77

图 3-13　成绩筛选

	A	B	C	D	E
1	姓名 ▼	统计学成绩 ▼	数学成绩 ▼	英语成绩 ▼	经济学成绩 ▼
4	田雨	54	88	67	78

图 3-14　结果

5.点击英语成绩右侧的小箭头,选择自定义,在弹出的对话框中进行如图 3-15 所示和图 3-16 的设置,点击确定,即可得到英语成绩高于 90 分的同学,如图 3-17 所示。

	A	B	C	D	E
1	姓名 ▼	统计学成绩 ▼	数学成绩 ▼	英语成绩 ▼	经济学成绩 ▼
2	张松	69	68	升序排列 降序排列	86
3	王翔	91	75	(全部)	94
4	田雨	54	88	(前 10 个…	78
5	李华	81	60	(自定义…) 66	64
6	赵颖	75	96	67 76	83
7	宋媛	83	72	81 84	71
8	袁方	75	58	86 92	90
9	陈风	87	76	95	77
10					

图 3-15　自定义筛选

图 3-16　条件对话框

	A	B	C	D	E
1	姓名 ▼	统计学成 ▼	数学成绩 ▼	英语成绩 ▼	经济学成 ▼
3	王翔	91	75	95	94
9	陈风	87	76	92	77

图 3-17　筛选结果

由此可见,能够运用自动筛选功能实现单个条件下的筛选。

例 3-4　数据"筛选"→"高级筛选":(Excel)筛选出四门课成绩均高于 70 分的同学,数据同例 3-3。

【实验步骤】

1.在表格上方空出 3 行作为接收域,写明条件,如图 3-18 所示。

	A	B	C	D	E
1	姓名	统计学成绩	数学成绩	英语成绩	经济学成绩
2		>70	>70	>70	>70
3					
4	姓名	统计学成绩	数学成绩	英语成绩	经济学成绩
5	张松	69	68	84	86
6	王翔	91	75	95	94
7	田雨	54	88	67	78
8	李华	81	60	86	64
9	赵颖	75	96	81	83
10	宋媛	83	72	66	71
11	袁方	75	58	76	90
12	陈风	87	76	92	77

图 3-18　原始数据

2.单击表格中任一单元格,在菜单栏上选择"数据"→"筛选"→"高级筛选",如图 3-19 所示。

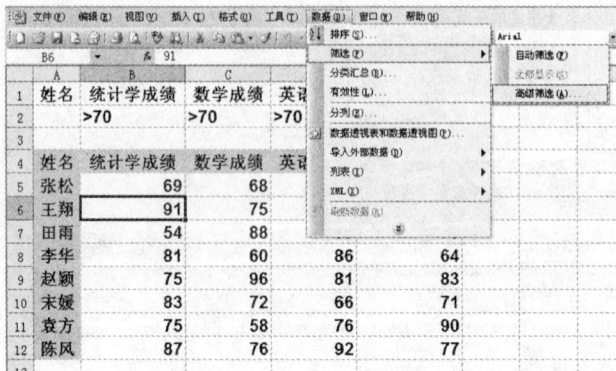

图 3-19　高级筛选

3. 设定列表区域和条件区域,点击确定,如图 3-20 所示。

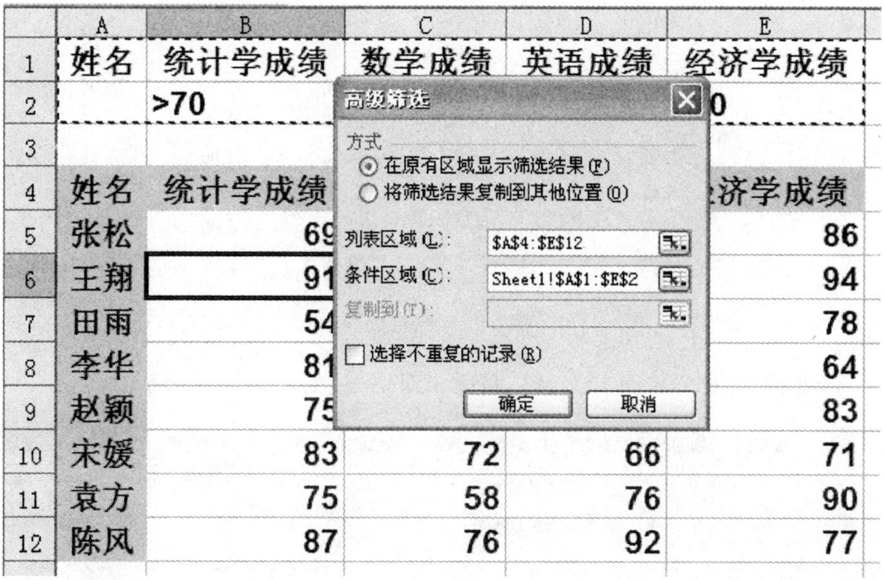

	A	B	C	D	E
1	姓名	统计学成绩	数学成绩	英语成绩	经济学成绩
2		>70			0
3					
4	姓名	统计学成绩			经济学成绩
5	张松	69			86
6	王翔	91			94
7	田雨	54			78
8	李华	81			64
9	赵颖	75			83
10	宋媛	83	72	66	71
11	袁方	75	58	76	90
12	陈风	87	76	92	77

高级筛选

方式
◉ 在原有区域显示筛选结果(F)
○ 将筛选结果复制到其他位置(O)

列表区域(L):　$A$4:$E$12
条件区域(C):　Sheet1!$A$1:$E$2
复制到(T):

☐ 选择不重复的记录(R)

确定　　取消

图 3-20　筛选对话框

4. 在原表格处得到筛选后的结果,如图 3-21 所示。

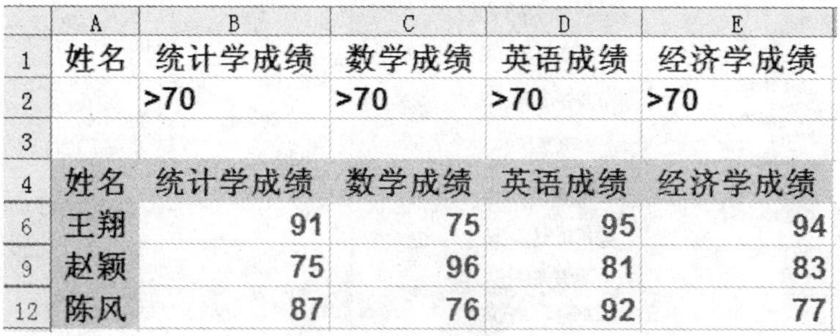

	A	B	C	D	E
1	姓名	统计学成绩	数学成绩	英语成绩	经济学成绩
2		>70	>70	>70	>70
3					
4	姓名	统计学成绩	数学成绩	英语成绩	经济学成绩
6	王翔	91	75	95	94
9	赵颖	75	96	81	83
12	陈风	87	76	92	77

图 3-21　结果

由此可见,能够运用高级筛选功能实现多个条件下的筛选。

例 3-5　数据筛选(SPSS)实现例 3-3 和例 3-4 的所有要求,数据同例 3-3。

【实验步骤】

1. 建立数据文件如图 3-22 所示。

	name	stat	math	eng	eco
1	张松	69.00	68.00	84.00	86.00
2	王翔	91.00	75.00	95.00	94.00
3	田雨	54.00	88.00	67.00	78.00
4	李华	81.00	60.00	86.00	64.00
5	赵颖	75.00	96.00	81.00	83.00
6	宋媛	83.00	72.00	66.00	71.00
7	袁方	75.00	58.00	76.00	90.00
8	陈风	87.00	76.00	92.00	77.00

图 3-22　原始数据

2.选择"数据"→"选择个案",将弹出对话框,如图 3-23 所示。

图 3-23　数据菜单

3. 选择"如果条件满足"单选按钮,点击"如果"按钮设置条件,如图 3-24 所示。

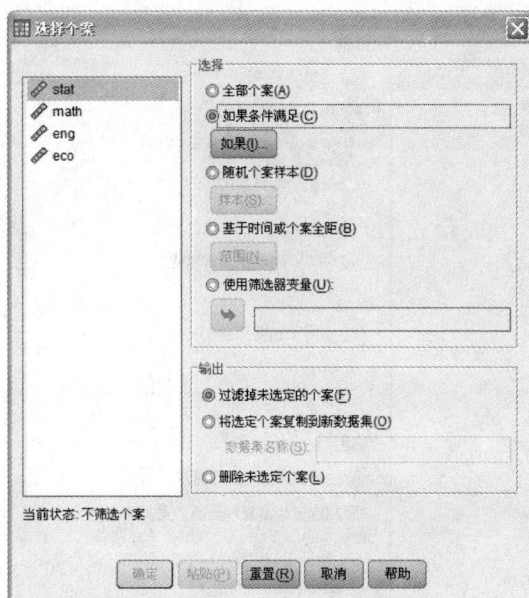

图 3-24　选择对话框

4. 选中左侧变量名栏中的 name 变量,用箭头导入右上方的命令栏中,结合下方的公式输入"="李华"",点击继续,如图 3-25 所示。

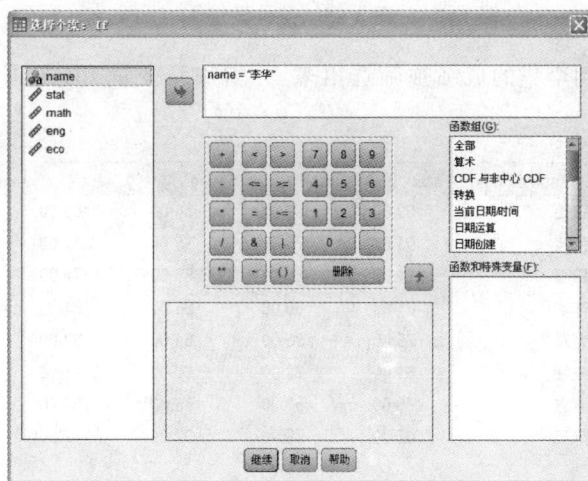

图 3-25　条件设定

5. 可以看到增加了"name＝"李华""的条件,点击确定,如图 3-26 所示。

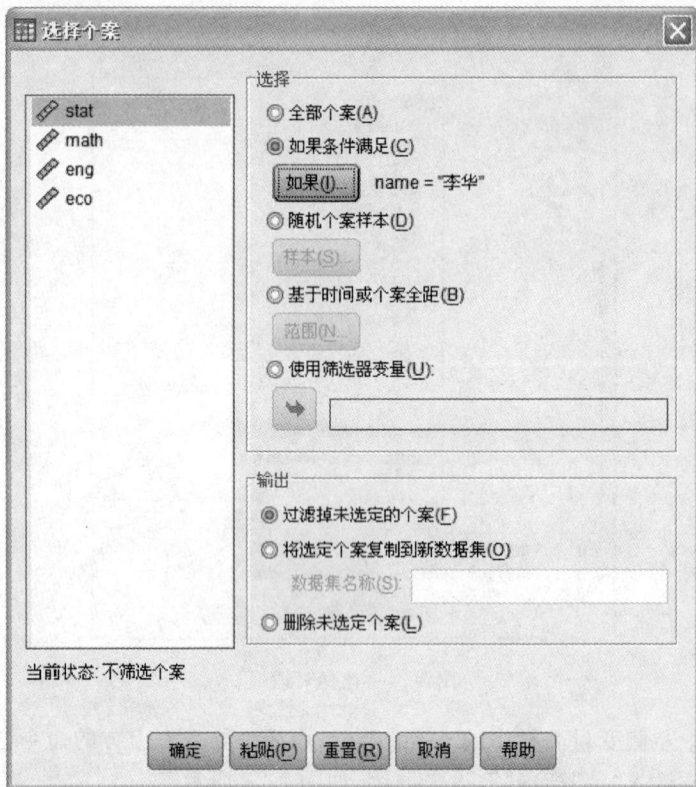

图 3-26 条件设定

6. 可以看到李华的成绩被筛选出来,并增加新变量 filter_＄用 1 标明,如图 3-27所示。

	name	stat	math	eng	eco	filter_$
1	张松	69.00	68.00	84.00	86.00	0
2	王翔	91.00	75.00	95.00	94.00	0
3	田雨	54.00	88.00	67.00	78.00	0
4	李华	81.00	60.00	86.00	64.00	1
5	赵颖	75.00	96.00	81.00	83.00	0
6	宋媛	83.00	72.00	66.00	71.00	0
7	袁方	75.00	58.00	76.00	90.00	0
8	陈风	87.00	76.00	92.00	77.00	0

图 3-27 结果

7. 同法炮制，依次将条件设定为"stat＝54"，"eng＞＝90"，"stat＞＝70&math＞＝70&eng＞＝70&eco＞＝70"即可实现其他要求。如图3-28至图3-30所示。

	name	stat	math	eng	eco	filter_$
1	张松	69.00	68.00	84.00	86.00	0
2	王翔	91.00	75.00	95.00	94.00	0
3	田雨	54.00	88.00	67.00	78.00	1
4	李华	81.00	60.00	86.00	64.00	0
5	赵颖	75.00	96.00	81.00	83.00	0
6	宋媛	83.00	72.00	66.00	71.00	0
7	袁方	75.00	58.00	76.00	90.00	0
8	陈风	87.00	76.00	92.00	77.00	0

图 3-28　结果

	name	stat	math	eng	eco	filter_$
1	张松	69.00	68.00	84.00	86.00	0
2	王翔	91.00	75.00	95.00	94.00	1
3	田雨	54.00	88.00	67.00	78.00	0
4	李华	81.00	60.00	86.00	64.00	0
5	赵颖	75.00	96.00	81.00	83.00	0
6	宋媛	83.00	72.00	66.00	71.00	0
7	袁方	75.00	58.00	76.00	90.00	0
8	陈风	87.00	76.00	92.00	77.00	1

图 3-29　结果

	name	stat	math	eng	eco	filter_$
1	张松	69.00	68.00	84.00	86.00	0
2	王翔	91.00	75.00	95.00	94.00	1
3	田雨	54.00	88.00	67.00	78.00	0
4	李华	81.00	60.00	86.00	64.00	0
5	赵颖	75.00	96.00	81.00	83.00	1
6	宋媛	83.00	72.00	66.00	71.00	0
7	袁方	75.00	58.00	76.00	90.00	0
8	陈风	87.00	76.00	92.00	77.00	1

图 3-30　结果

由此可见，SPSS选择个案过程可以实现筛选的全部功能，对于多条件筛选运用更为方便，优于 Excel。

例 3-6 频数分布表(Excel):一家市场调查公司为研究不同品牌饮料的市场占有率,对随机抽取的一家超市进行了调查。调查员在某天对 50 名顾客购买饮料的品牌进行了记录,如果一个顾客购买某一品牌的饮料,就将这一饮料的品牌名字记录一次 。如图 3-31 所示。

	A	B	C	D	E
1	旭日升冰茶	可口可乐	旭日升冰茶	汇源果汁	露露
2	露露	旭日升冰茶	可口可乐	露露	可口可乐
3	旭日升冰茶	可口可乐	可口可乐	百事可乐	旭日升冰茶
4	可口可乐	百事可乐	旭日升冰茶	可口可乐	百事可乐
5	百事可乐	露露	露露	百事可乐	露露
6	可口可乐	旭日升冰茶	旭日升冰茶	汇源果汁	汇源果汁
7	汇源果汁	旭日升冰茶	可口可乐	可口可乐	可口可乐
8	可口可乐	百事可乐	露露	汇源果汁	百事可乐
9	露露	可口可乐	百事可乐	可口可乐	露露
10	可口可乐	旭日升冰茶	百事可乐	汇源果汁	旭日升冰茶

图 3-31 原始数据

求出每种饮料的频数,绘制频数分布表,以此分析饮料的市场占有率。

【实验步骤】

1.将所有数据列成 1 列便于分析;同时,由于 Excel 只能分析数值型数据,故需对原始数据进行代码转换,分别用 1,2,3,4,5 代表 5 个品牌,将字符串数据转换为数字;根据 Excel 的功能要求,还需设定一列表示类别的接收域,如图 3-32 所示。

	A	B	C
1	品牌名称	代码	代码区域
2	旭日升冰茶	2	
3	露露	5	
4	旭日升冰茶	2	1
5	可口可乐	1	2
6	百事可乐	3	3
7	可口可乐	1	4
8	汇源果汁	4	5
9	可口可乐	1	
10	露露	5	
11	可口可乐	1	
12	可口可乐	1	
13	旭日升冰茶	2	
14	可口可乐	1	
15	百事可乐	3	
16	露露	5	

图 3-32 数据处理

2.选择"工具"→"数据分析",弹出对话框,如图 3-33 所示。

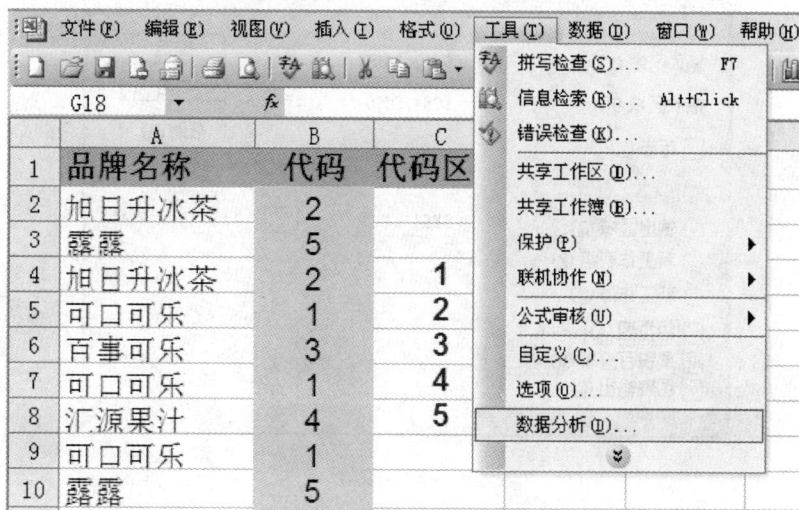

图 3-33　工具菜单

3.选择直方图选项,点击确定,弹出对话框,如图 3-34 所示。

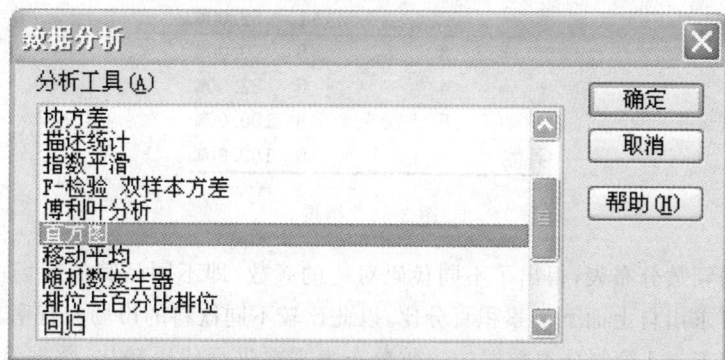

图 3-34　"数据分析"对话框

4.在弹出的对话框中,设置输入区域为全部代码,接收区域为接收域,选定输出区域,勾选累计百分率和图标输出选项,完成设置,如图 3-35 所示。

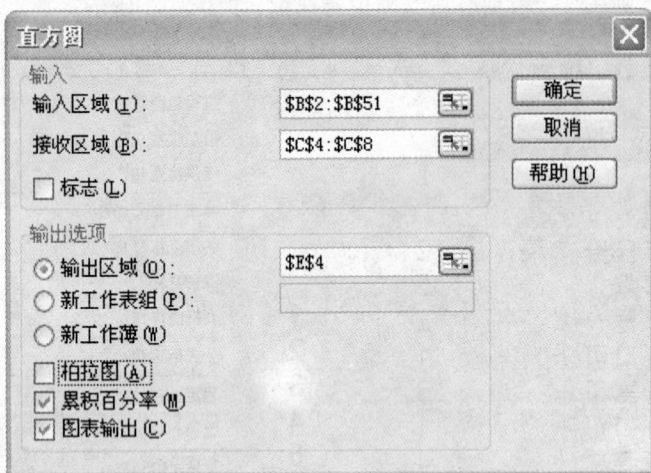

图 3-35 设置

5.点击确定,得到频数分布表,如图 3-36 所示。

接收	频率	累积 %
1	15	30.00%
2	11	52.00%
3	9	70.00%
4	6	82.00%
5	9	100.00%
其他	0	100.00%

图 3-36 结果

根据频数分布表,得出了不同代码对应的频数,即不同品牌的市场占有率,同时还可求出自上而下的累积百分比,以此比较不同饮料的市场占有率。但是,由于运用 Excel 绘制分类数据的频数分布表需要进行代码转化,数据量多则非常不便,因此可采用 SPSS 简化操作。

例 3-7 频数分布表(SPSS)同例 3-6。

【实验步骤】

1.直接将品牌字符串数据粘贴至 SPSS,如图 3-37 所示。

	brand
1	旭日升冰茶
2	露露
3	旭日升冰茶
4	可口可乐
5	百事可乐
6	可口可乐
7	汇源果汁
8	可口可乐
9	露露
10	可口可乐
11	可口可乐
12	旭日升冰茶

图 3-37　原始数据

2.选择"分析"→"描述统计"→"频率",弹出图 3-38 所示的对话框。

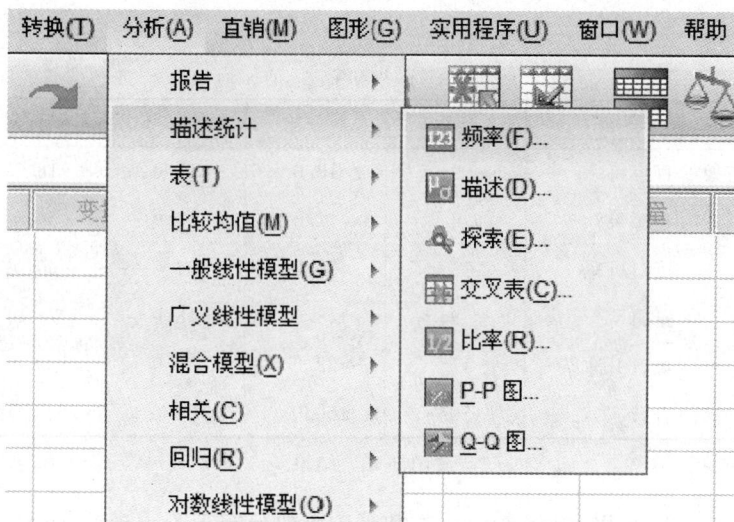

图 3-38　分析菜单

3.用箭头将 brand 变量导入变量框中,选择下方的显示频率表格,点击确定,如图 3-39 所示。

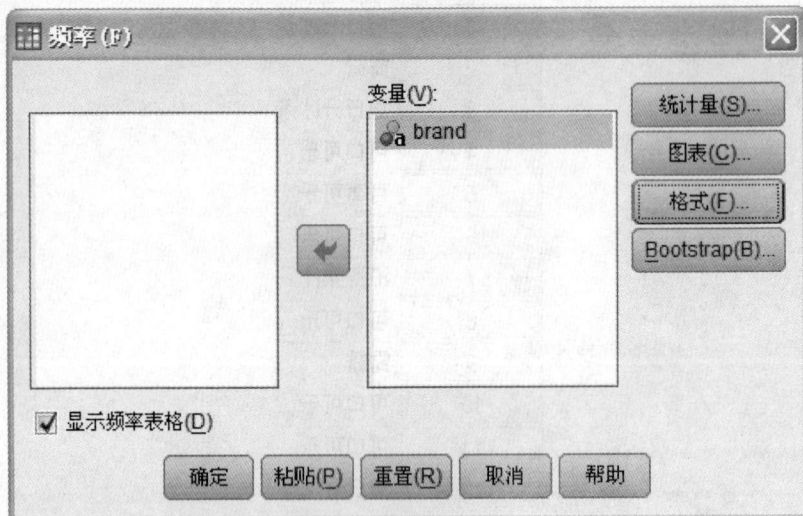

图 3-39　频率对话框

4.频数分布表如图 3-40 所示。包括频数、百分比、有效百分比和累计百分比。

brand

		频率	百分比	有效百分比	累积百分比
有效	百事可乐	9	18.0	18.0	18.0
	汇源果汁	6	12.0	12.0	30.0
	可口可乐	15	30.0	30.0	60.0
	露露	9	18.0	18.0	78.0
	旭日升冰茶	11	22.0	22.0	100.0
	合计	50	100.0	100.0	

图 3-40　结果

由此可见,运用 SPSS 绘制分类数据的频数分布表不需进行代码转化,操作非常方便快捷,从结果中可以一目了然地看出可口可乐的市场占有率最高,体现出专业统计软件的优势。

例 3-8　条形图（Excel）同例 3-6，绘制 5 种饮料频数的条形图以比较占有率。

【实验步骤】

1.重复例 3-6 的步骤 1~4，即可得出条形图 3-41。

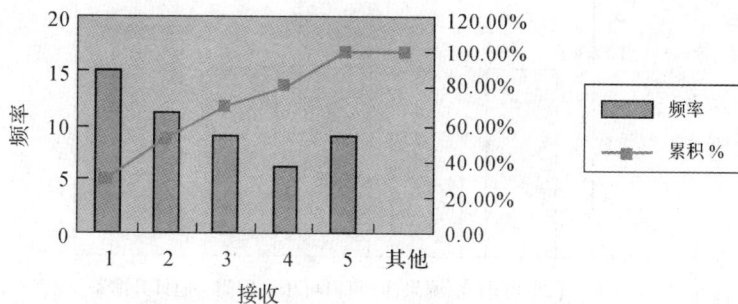

图 3-41　结果

从 Excel 得出的条形图中可见，代码 1 对应的柱体最高，说明其频数最大，因此代码 1 对应品牌的市场占有率最高。值得注意的是，因为中文软件的翻译问题，此图的名称应为条形图而非标题中的直方图。

例 3-9　条形图（SPSS）同例 3-6，绘制 5 种饮料频数的条形图以比较占有率。

【实验步骤】

1.重复例 3-7 的步骤 1~3，点击对话框中的图表选项，弹出图 3-42 所示的对话框。

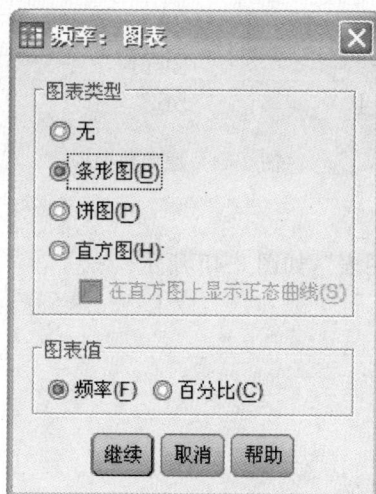

图 3-42　设定对话框

2.选择"条形图"和"频率"2个单选按钮,点击"继续",然后点击"确定",即得出条形图 3-43。

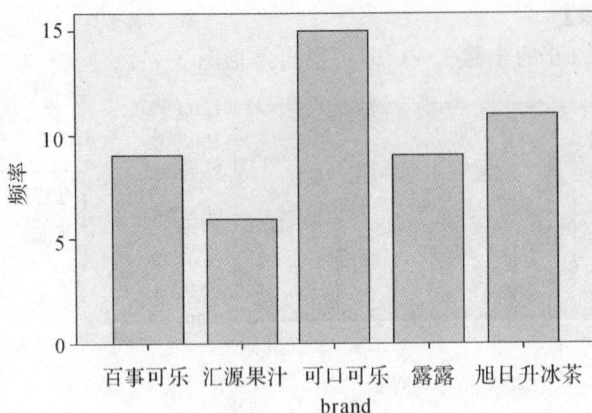

图 3-43 结果

从 SPSS 得出的条形图中可见,可口可乐对应的柱体最高,说明其频数最大,因此其市场占有率最高。可见,SPSS 简单快捷,一目了然。

例 3-10 对比条形图(Excel):对比以下 4 家公司 2 个季度的电脑销售量,数据如图 3-44 所示。

	A	B	C
1	电脑品牌	一季度	二季度
2	Lenovo	256	468
3	Acer	285	397
4	HP	247	328
5	Dell	563	688

图 3-44 原始数据

【实验步骤】

1.选择"插入"→"图表",如图 3-45 所示。

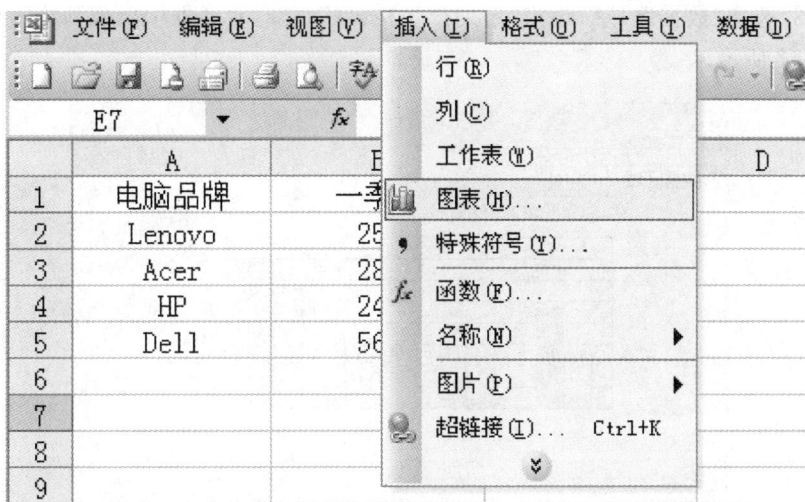

图 3-45　图标选项

2.在弹出的对话框内选择"柱形图",点击"下一步",如图 3-46 所示。

图 3-46　内容设定

3. 选定"数据区域",设定"系列产生在:列",此时对话框中出现预览图形,如图 3-47 所示。

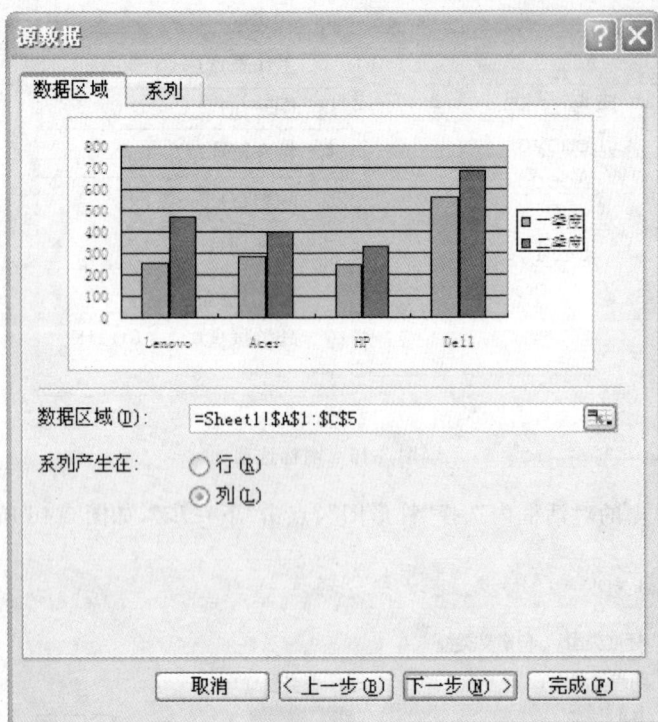

图 3-47　预览

4. 点击"完成",即得出对比条形图,可对比不同公司 2 个季度的电脑销量,如图 3-48 所示。

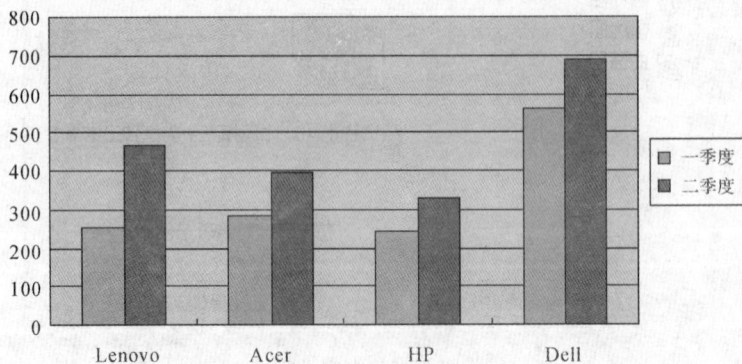

图 3-48　结果

由此可见,Dell 的销售量在 4 个品牌中最高,4 个品牌 2 季度销量均高于 1 季度。运用 Excel 的图表绘制功能简单便捷。

例 3-11 对比条形图(SPSS)同例 3-10。

【实验步骤】

1.建立 SPSS 数据文件。根据 SPSS 语法,需设置 3 个变量,1 个表示销售量,1 个分类变量分别用 1、2、3、4 表示 4 个品牌,1 个分类变量分别用 1、2 表示 2 个季度,如图 3-49 所示。

	sale	brand	Q
1	256.00	1.00	1.00
2	285.00	2.00	1.00
3	247.00	3.00	1.00
4	563.00	4.00	1.00
5	468.00	1.00	2.00
6	397.00	2.00	2.00
7	328.00	3.00	2.00
8	688.00	4.00	2.00

图 3-49　数据整理

2.选择"图形"→"旧对话框"→"条形图",弹出对话框,如图 3-50 所示。

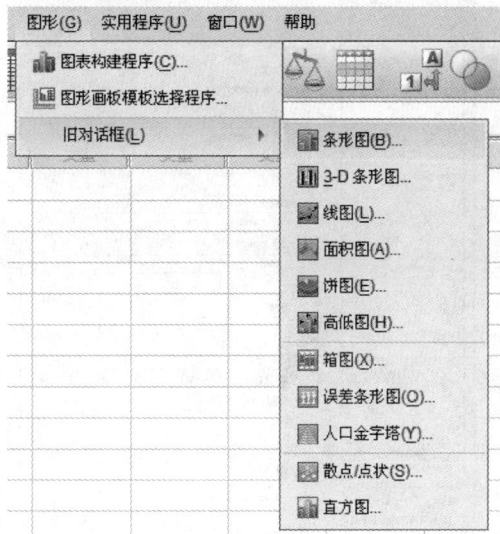

图 3-50　图表选项

3.选择复式条形图,设定数据为"个案组摘要",点击"定义",如图 3-51 所示。

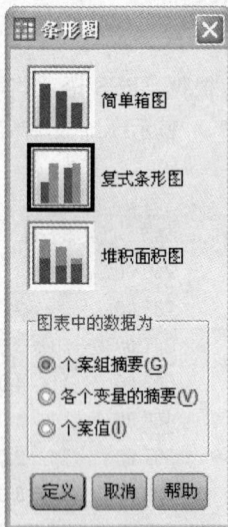

图 3-51　条件设定

4.分别将变量导入对应的方框中,点击确定,如图 3-52 所示。

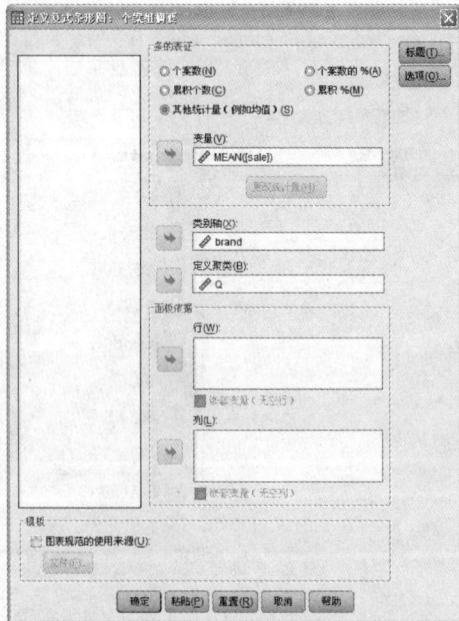

图 3-52　条件设定

5.即可得出对比条形图,如图 3-53 所示。

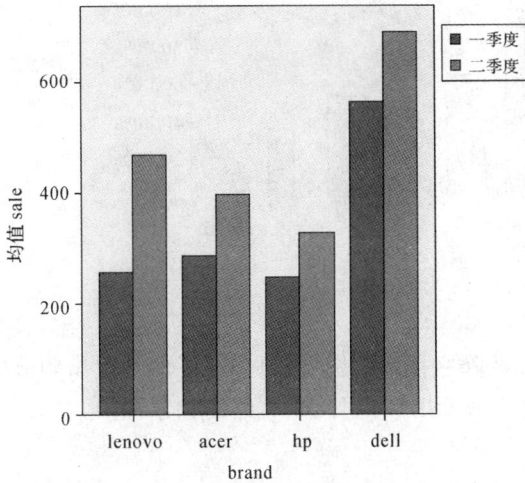

图 3-53　结果

　　运用 SPSS 得出的结果与 Excel 的图表一致,但是在运用 SPSS 前需按其语法重新设定变量与数据。可见,在绘制对比条形图时,Excel 更简便。

　　例 3-12　帕累托图(Excel)同例 3-6,绘制帕累托图。

【实验步骤】

　　1.重复例 3-6 的步骤 1～4,在弹出的对话框中勾选"柏拉图"项,即可得出帕累托图,如图 3-54 和图 3-55 所示。

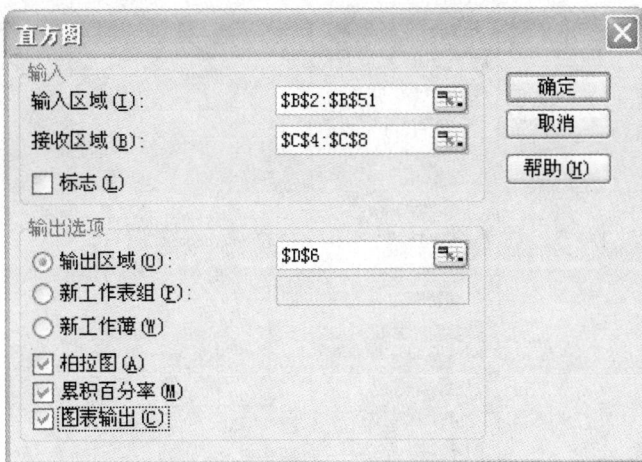

图 3-54　内容设定

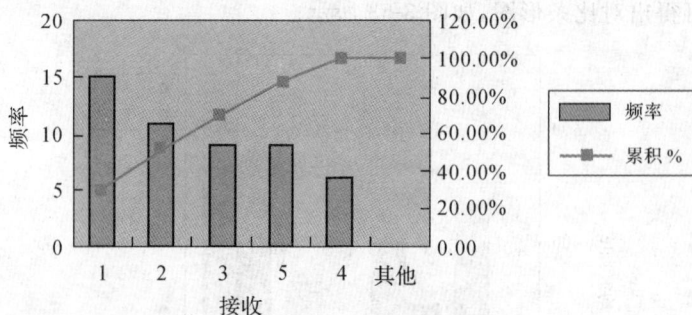

图 3-55　结果

帕累托图是频数降序排列的图形,可一目了然地看出频数的大小变化。

例 3-13　帕累托图(SPSS)同例 3-6,绘制帕累托图。

【实验步骤】

1.执行例 3-7 的步骤 1。

2.选择"分析"→"质量控制"→"排列图",弹出对话框,如图 3-56 所示。

图 3-56　菜单选项

3. 选择"简单"及"个案组的计数或和"2项,点击"定义",如图 3-57 所示。

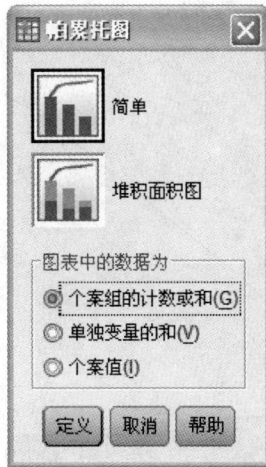

图 3-57　内容设定

4. 将变量导入类别轴,勾选"显示累计线",点击"确定",如图 3-58 所示。

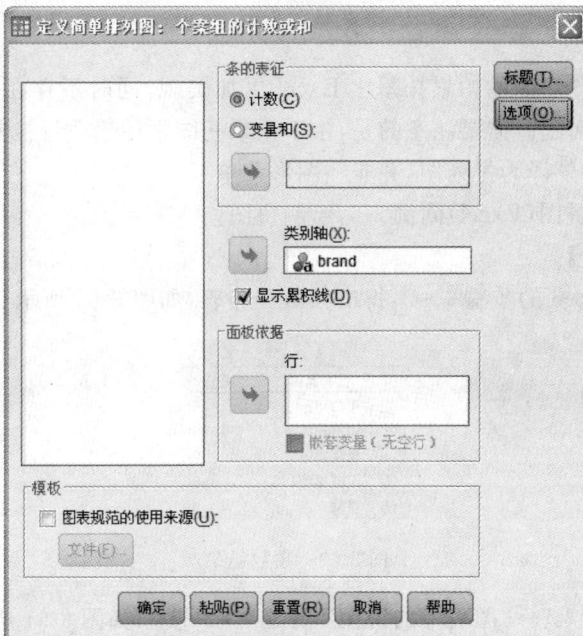

图 3-58　内容设定

5. 即可得出帕累托图,如图 3-59 所示。

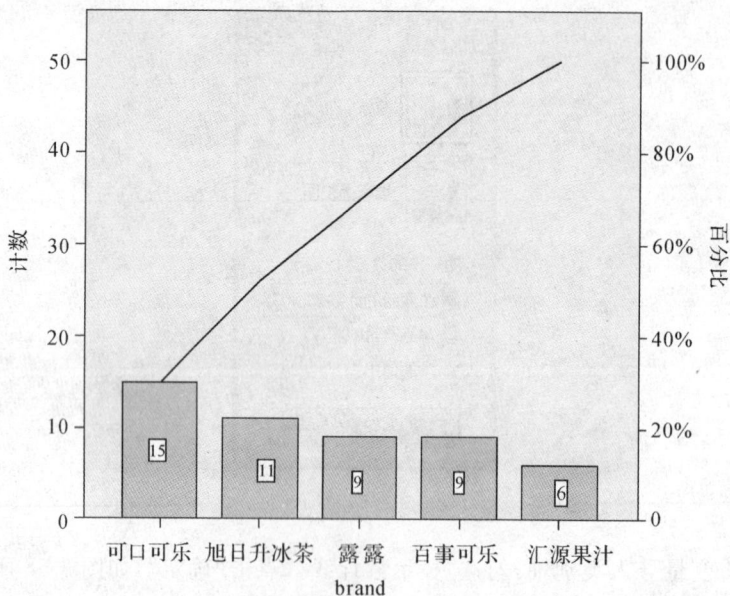

图 3-59　结果

可见,SPSS 绘制的帕累托图比 Excel 更加美观,同时不存在代码转换导致横轴不清晰的问题。需要注意的是,由于帕累托图常用于质量控制,因此放在了分析菜单下,并翻译为排列图,并非在图形菜单下。

例 3-14　饼图(Excel)同例 3-6,绘制饼图。

【实验步骤】

1. 重复例 3-6 的步骤 1～5,得出频数分布表,如图 3-60 所示。

	A	B
1	饮料品牌	频数
2	可口可乐	15
3	旭日升冰茶	11
4	百事可乐	9
5	汇源果汁	6
6	露露	9

图 3-60　频数结果

2. 选择"插入"→"图表中的饼图",点击"下一步",如图 3-61 所示。

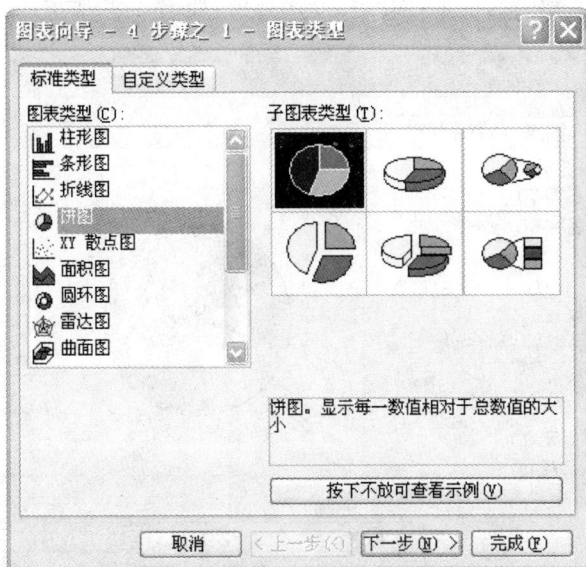

图 3-61　图表设定

3. 选中"数据区域",设置"系列产生在:列",上方显示预览图形,如图 3-62 所示。

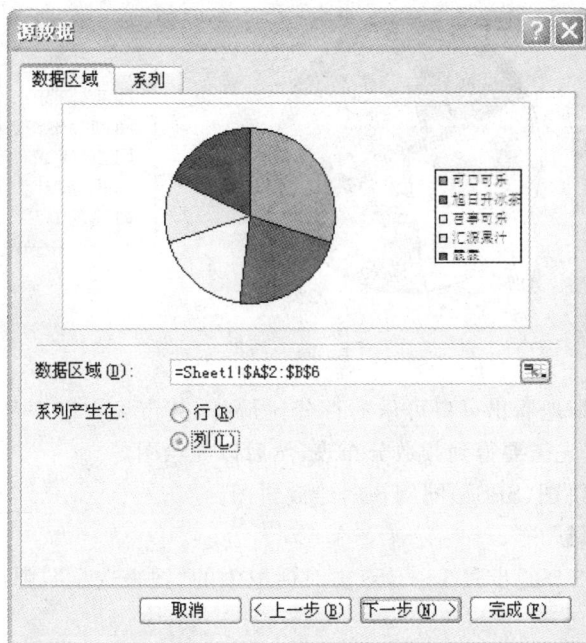

图 3-62　预览

4.选择数据标志选项卡,勾选百分比选项,如图 3-63 所示。

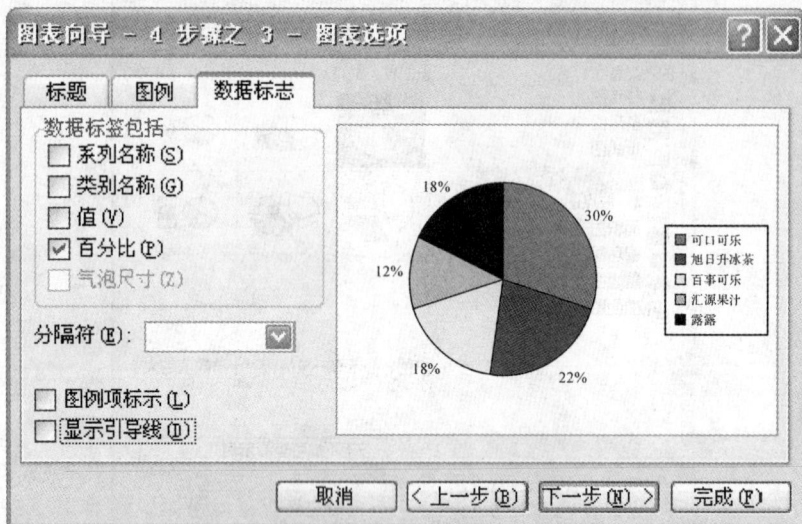

图 3-63　选项设定

5.点击完成,即得到饼图,如图 3-64 所示。

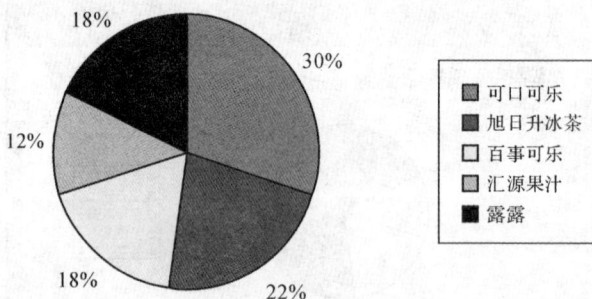

图 3-64　结果

由此可清晰地看出可口可乐的百分比最高,其市场占有率最大。运用 Excel 绘制饼图首先需要得到频数分布表,然后以此绘图。

例 3-15　饼图(SPSS)同例 3-6,绘制饼图。

【实验步骤】

1.重复例 3-7 的步骤 1~3,点击对话框中的"图表选项",弹出图 3-65 所示的对话框。

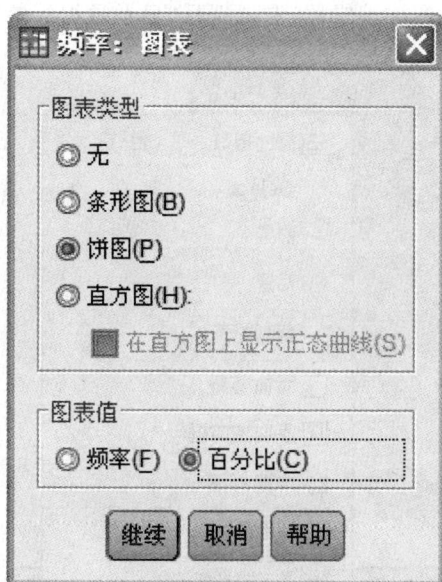

图 3-65　内容设定

2.选择"饼图"和"百分比"2 项,点击"继续",然后点击"确定",即得出饼图,如图 3-66 所示。

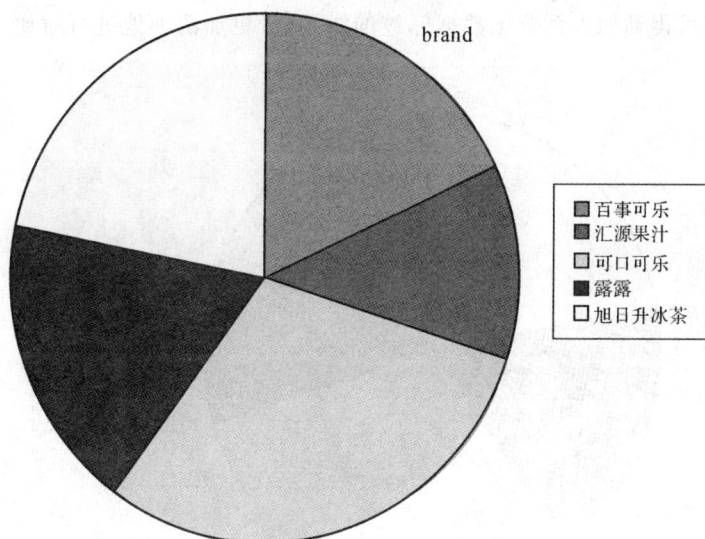

图 3-66　结果

3.双击图形进入图表编辑器,右击选择"显示数据标签",如图 3-67 所示。

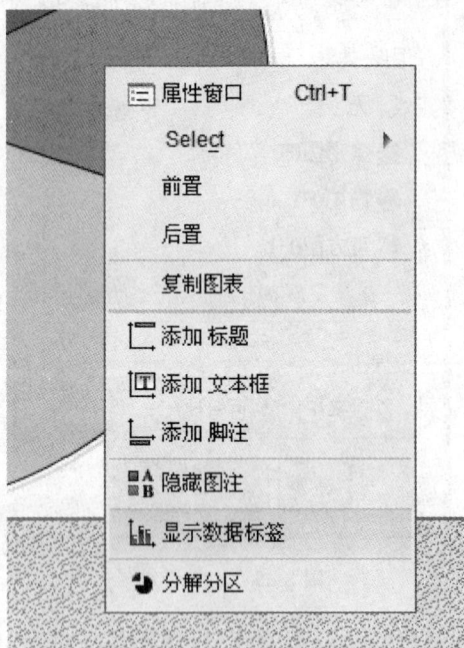

图 3-67　图形编辑

4.即可得到加入百分比数据标签的饼图,可更加清晰地进行对比,如图 3-68 所示。

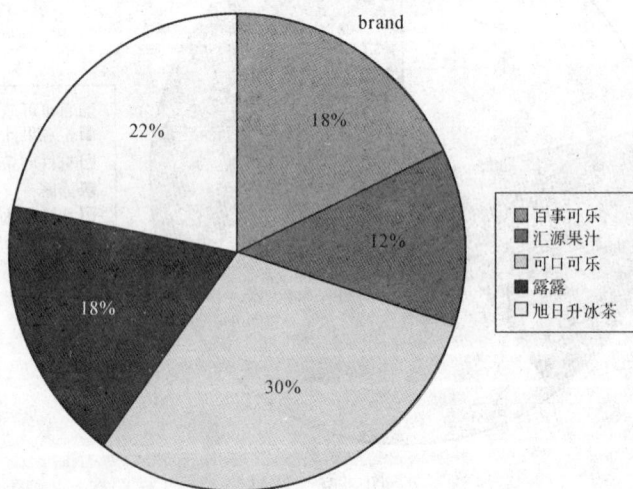

图 3-68　结果

运用 SPSS 绘制的饼图与 Excel 的结果一样,但是可以将频数分布表和相关图形一并得出,更加简便。

例 3-16 直方图(Excel):图 3-69 是某电脑公司 2005 年前 4 个月各天的销售量数据(单位:台)。试绘制直方图以清晰地展示数据特点。

	A	B	C	D	E	F	G	H	I	J
1	141	159	166	172	177	182	188	196	203	214
2	143	160	167	173	177	183	189	196	203	215
3	144	160	168	173	178	184	189	196	205	218
4	149	161	168	174	178	185	189	196	206	223
5	150	161	168	174	178	186	190	196	207	225
6	152	162	170	174	179	186	190	197	208	226
7	153	163	171	175	179	187	191	197	209	228
8	153	163	171	175	179	187	192	198	210	233
9	154	164	172	175	180	187	194	198	210	233
10	155	165	172	175	180	187	194	200	211	234
11	156	165	172	176	181	188	195	201	211	234
12	158	165	172	176	182	188	195	202	213	237

图 3-69 原始数据

【实验步骤】

1.为了用 Excel 处理数据,需将数据排成一列,如图 3-70 所示。

	A
1	234
2	143
3	187
4	161
5	150
6	228
7	153
8	166
9	154
10	174

图 3-70 数据处理

2.用 Excel 绘制直方图需要先得到频数分布表,对于数值型数据则需进行分组,本例拟以组距 10 进行分组,将每个组的上限值作为接收区域输入一列,如图 3-71 所示。

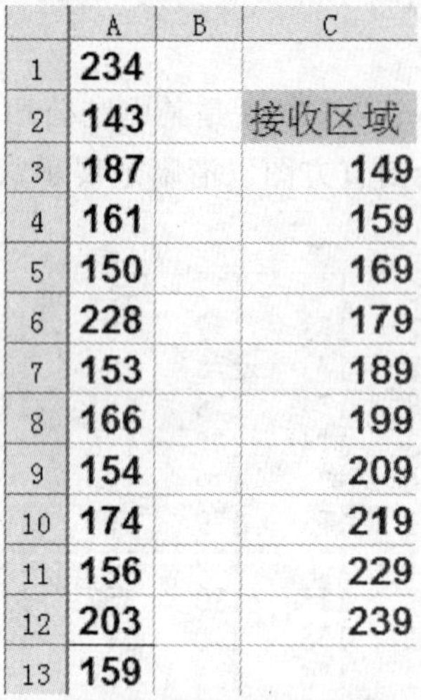

	A	B	C
1	**234**		
2	**143**		接收区域
3	**187**		149
4	**161**		159
5	**150**		169
6	**228**		179
7	**153**		189
8	**166**		199
9	**154**		209
10	**174**		219
11	**156**		229
12	**203**		239
13	**159**		

图 3-71　接收域设定

3.选择"工具"→"数据分析",弹出图 3-72 所示的对话框。

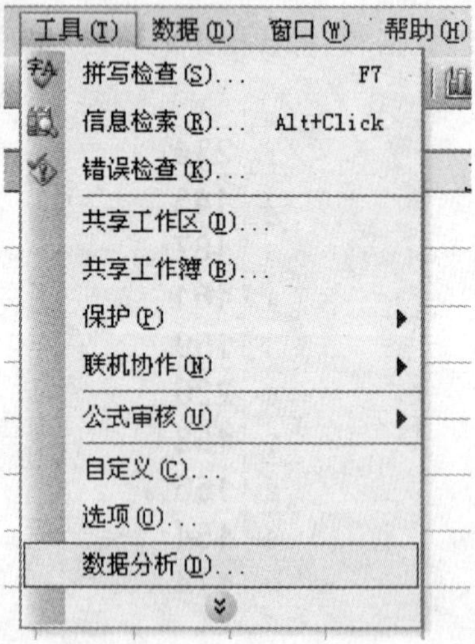

图 3-72　数据分析选项

4.选择"直方图",点击"确定",如图 3-73 所示。

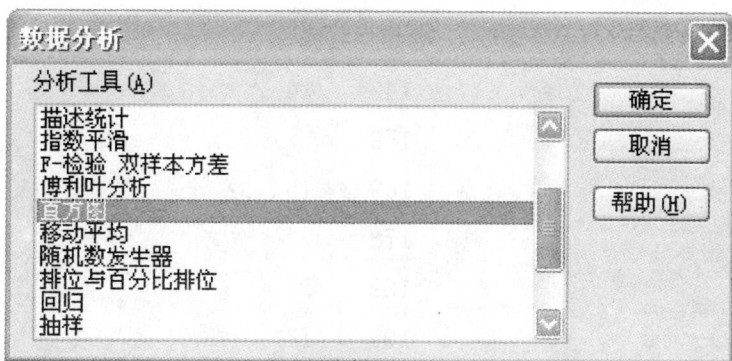

图 3-73　选择直方图

5.设定输入和接收区域,选择"图标输出",点击"确定",如图 3-74 所示。

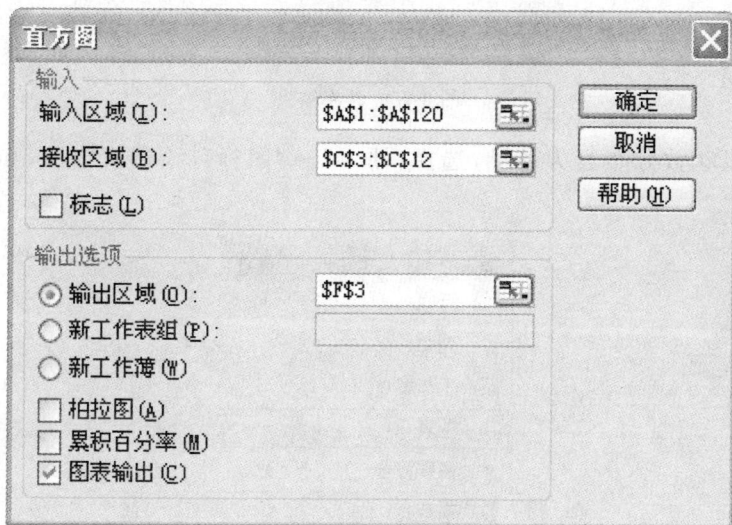

图 3-74　内容设定

6.此时得到"各组频数",如图 3-75 所示。

接收	频率
149	4
159	9
169	16
179	27
189	20
199	17
209	10
219	8
229	4
239	5

图 3-75　频率结果

7. 以频数分布表为基础,选择"插入"→"图标",绘制直方图,如图 3-76 所示。

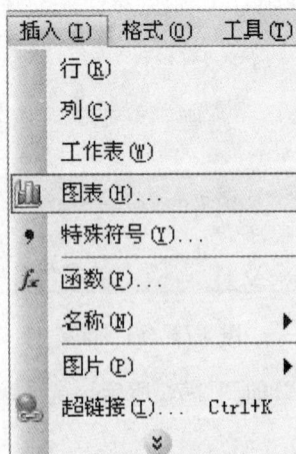

图 3-76　图表选项

8.选择"柱形图",单击"下一步",如图3-77所示。

图 3-77　内容设定

9.选择数据区据,设置"系列产生在:行",则产生直方图的预览,如图3-78
所示。

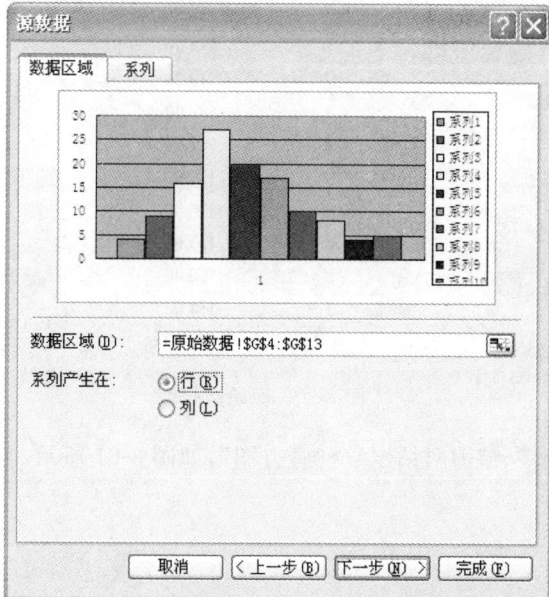

图 3-78　预览

10.点击"完成",即可得到直方图,如图 3-79 所示。

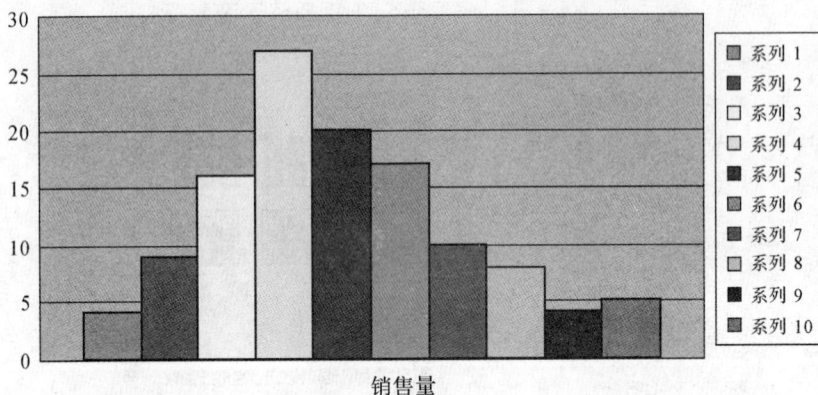

图 3-79　结果

对于数值型数据的直方图,运用 Excel 时首先应对数据适当分组,之后需得出频数分布表,最后运用绘图功能绘制直方图,可见流程较为复杂。

例 3-17　直方图(SPSS)同例 3-16。

【实验步骤】

1.建立数据文件如图 3-80 所示。

	sale
1	234.00
2	143.00
3	187.00
4	161.00
5	150.00
6	228.00
7	153.00
8	166.00
9	154.00
10	174.00

图 3-80　原始数据

2.选择"图形"→"旧对话框"→"直方图",如图 3-81 所示。

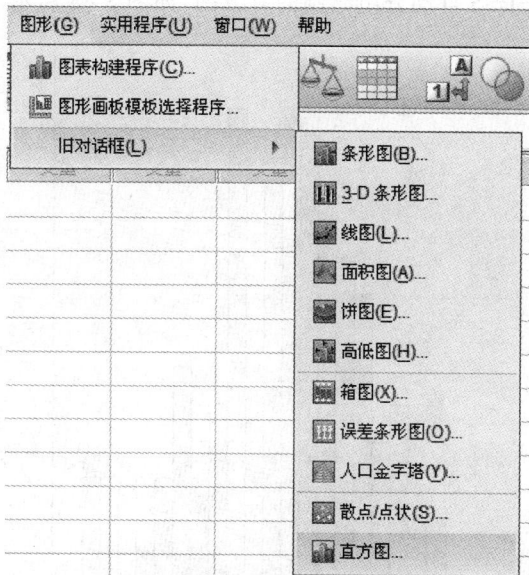

图 3-81 图表选项

3. 在弹出的对话框中将变量导入变量框,点击"确定",如图 3-82 所示。

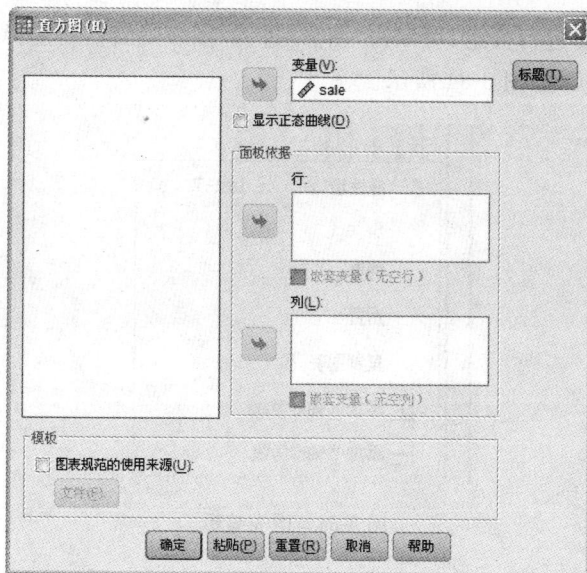

图 3-82 内容设定

4.由此可得 SPSS 自动分组绘制的直方图,如图 3-83 所示。

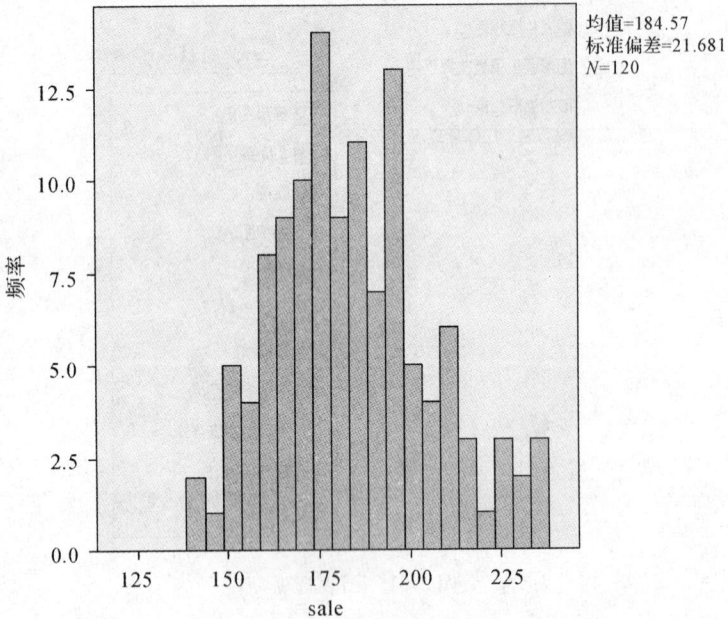

图 3-83　结果

5.如果想要进行分组,可双击"图形"进入"图表编辑器",选择"柱体"并右击"选择属性窗口",如图 3-84 所示。

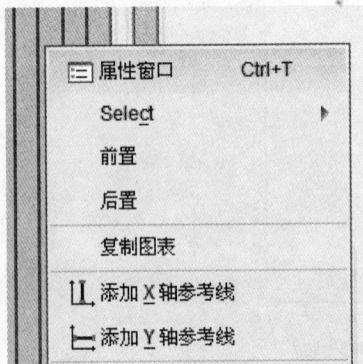

图 3-84　图表编辑

6.选择"分箱"选项卡,设定"定制"→"区间宽度"→"10",则以 10 为组距进行分组,点击"应用",如图 3-85 所示。

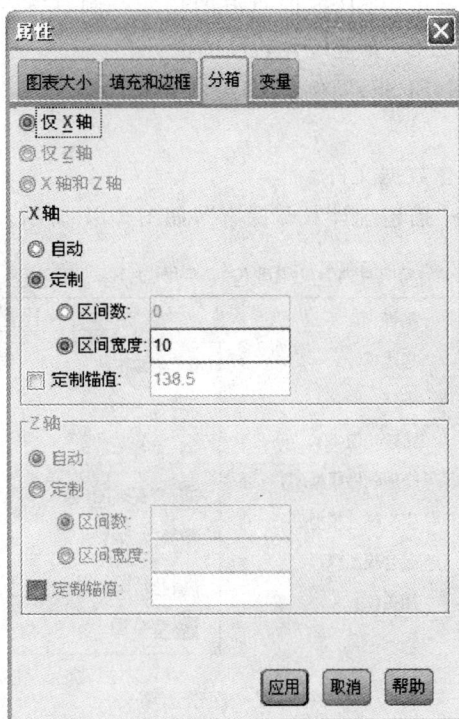

图 3-85　区间划分

7. 由此可得以 10 为组距分组的直方图, 如图 3-86 所示。

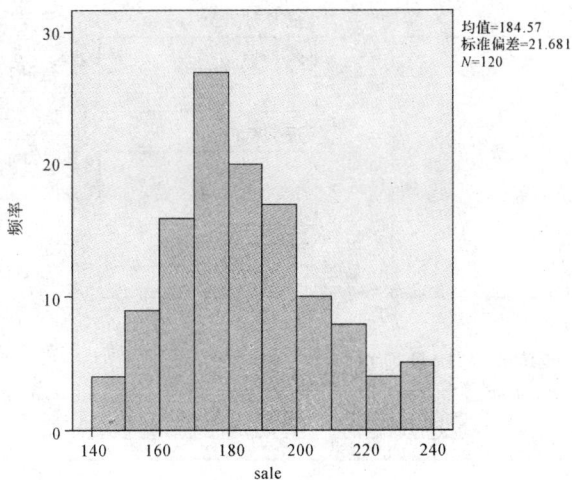

图 3-86　结果

由此可见,可直接运用 SPSS 的直方图功能绘制直方图,简便快捷,而且可以任意分组,体现出 SPSS 专业统计软件的优势。

例 3-18 茎叶图(SPSS)同例 3-16 绘制。

【实验步骤】

1.同例 3-16,建立数据文件。

2.选择"分析"→"描述统计"→"探索",如图 3-87 所示。

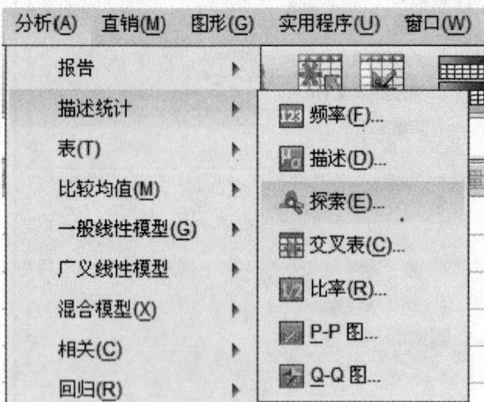

图 3-87 探索选项

3.将左边的变量导入因变量列表,如图 3-88 所示。

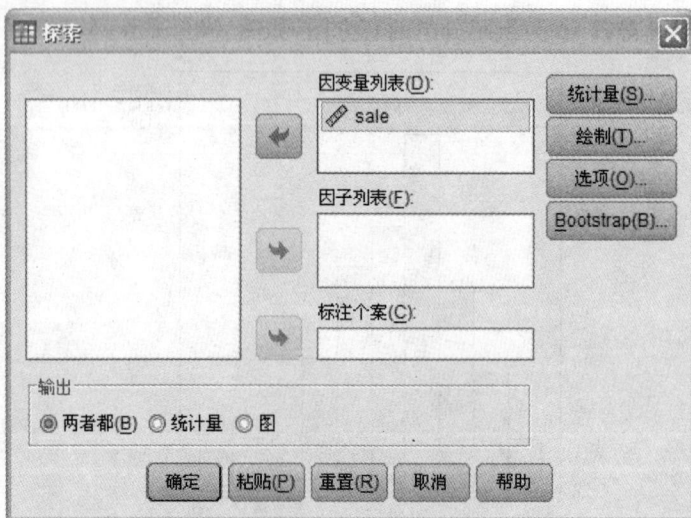

图 3-88 内容设定

4. 点击"绘制",选择"茎叶图",点击"继续",如图 3-89 所示。

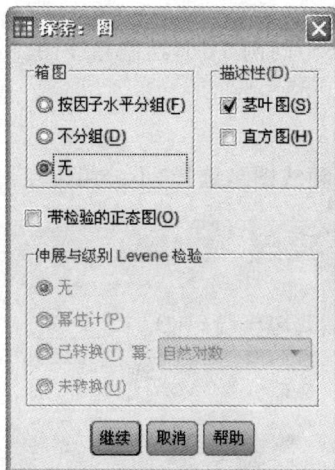

图 3-89　内容设定

5. 点击"确定",即得到茎叶图,如图 3-90 所示。

```
sale Stem-and-Leaf Plot

Frequency    Stem &  Leaf

    3.00      14 .  134
    1.00      14 .  9
    5.00      15 .  02334
    4.00      15 .  5689
    8.00      16 .  00112334
    8.00      16 .  55567888
   13.00      17 .  0112222233444
   14.00      17 .  55556677888999
    7.00      18 .  0012234
   13.00      18 .  5667777888999
    6.00      19 .  001244
   11.00      19 .  55666667788
    5.00      20 .  01233
    5.00      20 .  56789
    6.00      21 .  001134
    2.00      21 .  58
    1.00      22 .  3
    3.00      22 .  568
    4.00      23 .  3344
    1.00 Extremes    (>=237)

Stem width:     10.00
Each leaf:       1 case(s)
```

图 3-90　结果

运用 Excel 的基本模块无法绘制茎叶图,而 SPSS 的探索功能绘制茎叶图方便快捷,优点突出。

例 3-19 箱线图(SPSS)同例 3-16,绘制箱线图。

【实验步骤】

1.同例 3-18 步骤 1~3。

2.点击"绘制",选择"箱线图",选择"不分组",点击"继续",如图 3-91 所示。

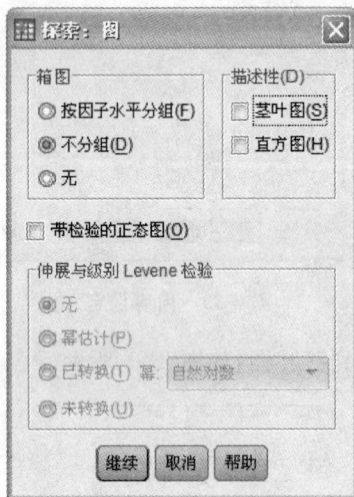

图 3-91 内容设定

3.点击确定,即得到箱线图,如图 3-92 所示。

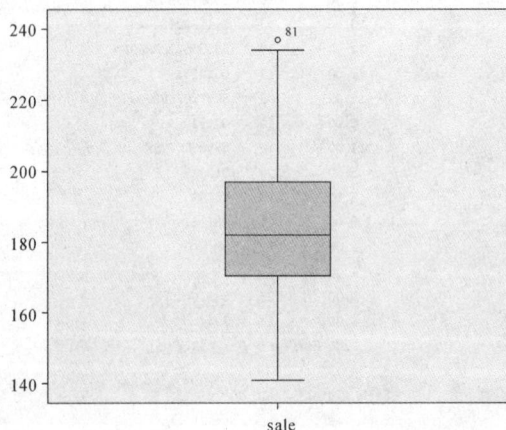

图 3-92 结果

运用 Excel 的基本模块无法绘制箱线图,而 SPSS 的探索功能绘制箱线图方便快捷,优点突出。

例 3-20 折线图(Excel)根据我国 1991—2003 年城乡居民家庭的人均收入绘制线图,数据如图 3-93 所示。

	A	B	C
1	年份	城镇居民	农村居民
2	1991	1700.6	708.6
3	1992	2026.6	784
4	1993	2577.4	921.6
5	1994	3496.2	1221
6	1995	4283	1577.7
7	1996	4838.9	1926.1
8	1997	5160.3	2091.1
9	1998	5425.1	2162
10	1999	5854	2210.3
11	2000	6280	2253.4
12	2001	6859.6	2366.4
13	2002	7702.8	2475.6
14	2003	8472.2	2622.2

图 3-93 原始数据

【实验步骤】

1. 选择"插入"→"图标",弹出图 3-94 所示的对话框。

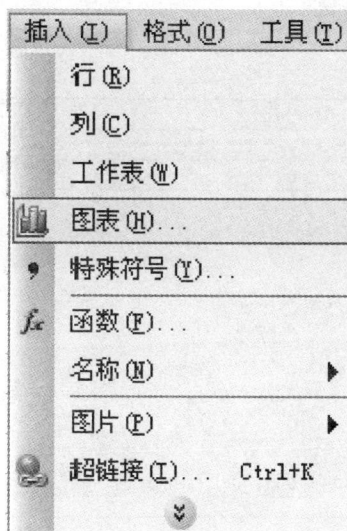

图 3-94 图表选项

2.选择"折线图",确定具体类型,点击"下一步",如图 3-95 所示。

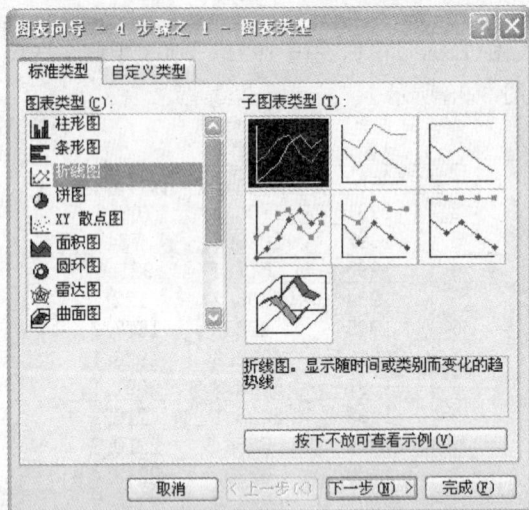

图 3-95　内容设定

3.选择数据区域为除了时间以外的数据,设定"系列产生在:列",出现线图的预览,如图 3-96 所示。

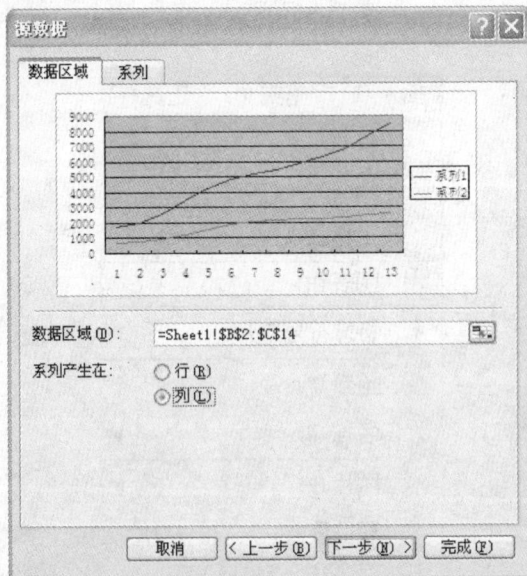

图 3-96　预览

4.进入"系列"选项卡,选择时间数据为"分类 X 轴标志",点击"完成",如图 3-97 所示。

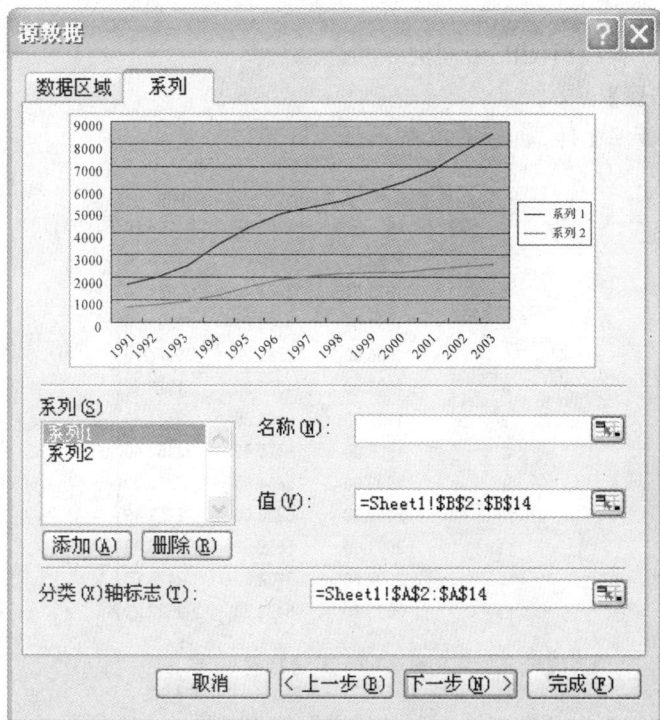

图 3-97　横轴设定

5.即得到折线图,如图 3-98 所示。

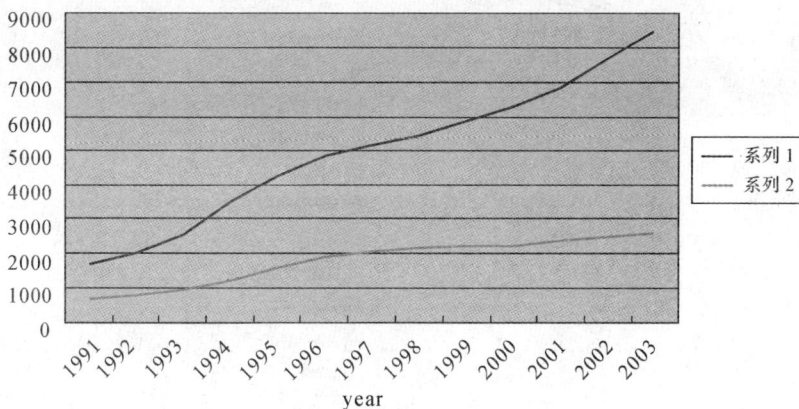

图 3-98　结果

折线图主要用于展示时间序列数据。在运用 Excel 绘制折线图时,需要注意的是,在选择数据区域时不选时间数据,而是在系列选项卡中将时间数据确定为分类轴。

例 3-21 折线图(SPSS)同例 3-20。

【实验步骤】

1.建立数据文件,如图 3-99 所示。

	year	city	rural
1	1991.00	1700.60	708.60
2	1992.00	2026.60	784.00
3	1993.00	2577.40	921.60
4	1994.00	3496.20	1221.00
5	1995.00	4283.00	1577.70
6	1996.00	4838.90	1926.10
7	1997.00	5160.30	2091.10
8	1998.00	5425.10	2162.00
9	1999.00	5854.00	2210.30
10	2000.00	6280.00	2253.40
11	2001.00	6859.60	2366.40
12	2002.00	7702.80	2475.60
13	2003.00	8472.20	2622.20

图 3-99　原始数据

2.选择"图形"→"旧对话框"→"线图",弹出如图 3-100 所示的对话框。

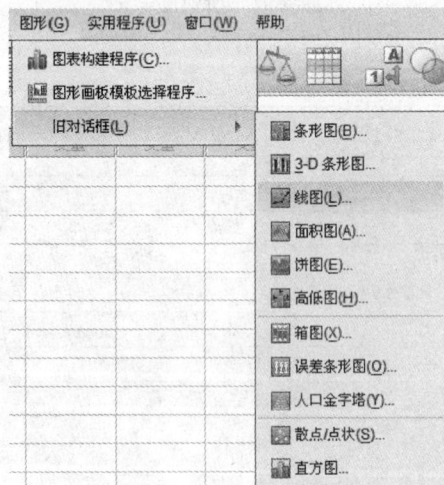

图 3-100　图形选项

3.选择"多线线图",设定数据为"各个变量的摘要",点击"定义",如图3-101
所示。

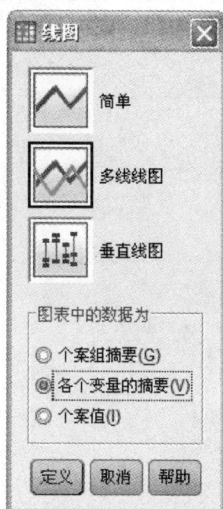

图 3-101　内容设定

4.将内容数据导入线的表征框,将年份数据导入类别轴,点击"确定",如图
3-102 所示。

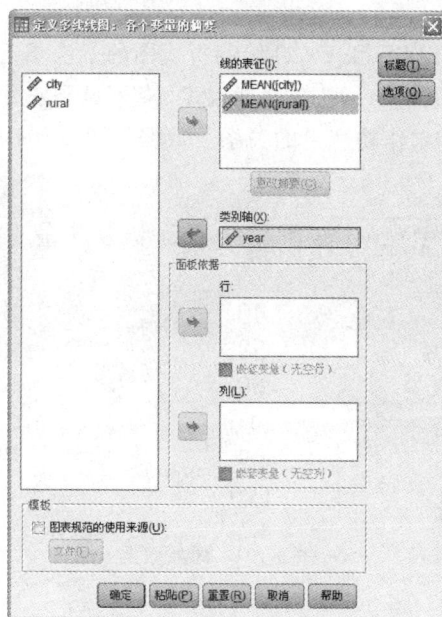

图 3-102　内容设定

5. 即可得到折线图,如图 3-103 所示。

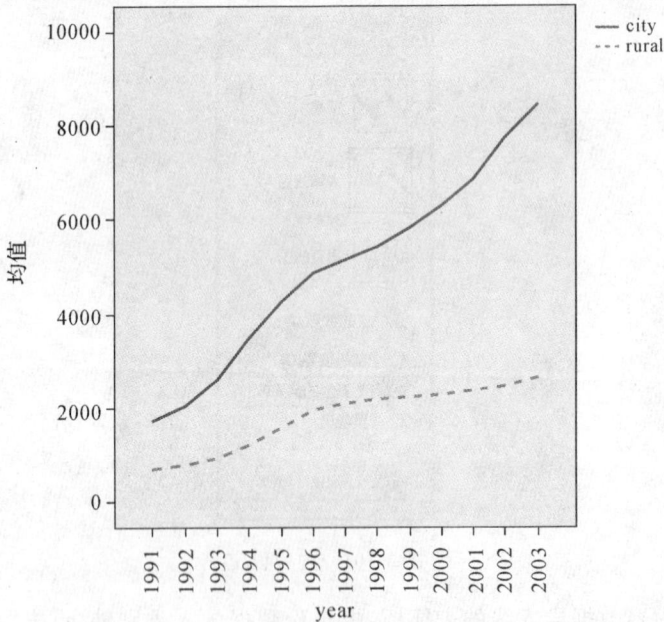

图 3-103　结果

由此可见,运用 SPSS 和 Excel 绘制折线图的方法相近,均十分简便快捷。

例 3-22　散点图(Excel)已知某地温度、降雨量和农作物产量的数据,试用散点图描述降雨量和农作物产量的关系。数据如图 3-104 所示。

	A 温度(C)	B 降雨量(mm)	C 产量（kg/hm²）
1	温度(C)	降雨量(mm)	产量（kg/hm²）
2	6	25	2250
3	8	40	3450
4	10	58	4500
5	13	68	5750
6	14	110	5800
7	16	98	7500
8	21	120	8250

图 3-104　原始数据

【实验步骤】

1.选择"插入"→"图表",设定 XY 散点图并选择具体类型,如图 3-105
所示。

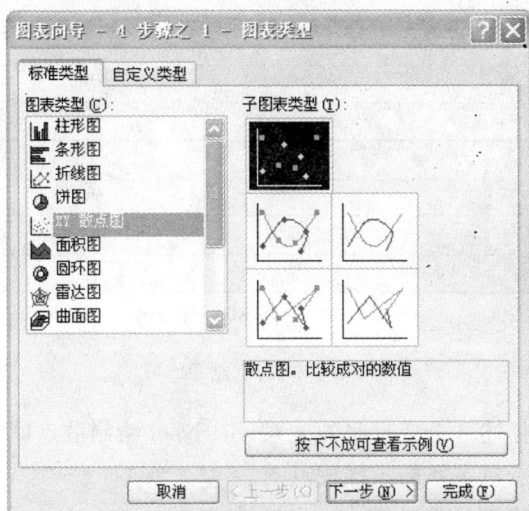

图 3-105　内容设定

2.选择"数据区域",使"系列产生在:列",如图 3-106 所示。

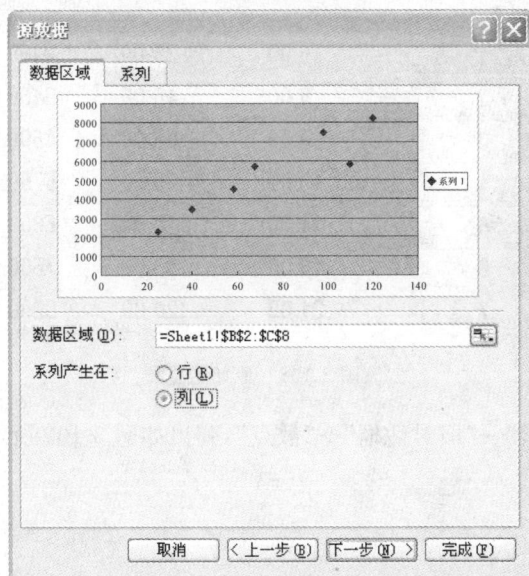

图 3-106　预览

3.点击完成,即可得到散点图,如图 3-107 所示。

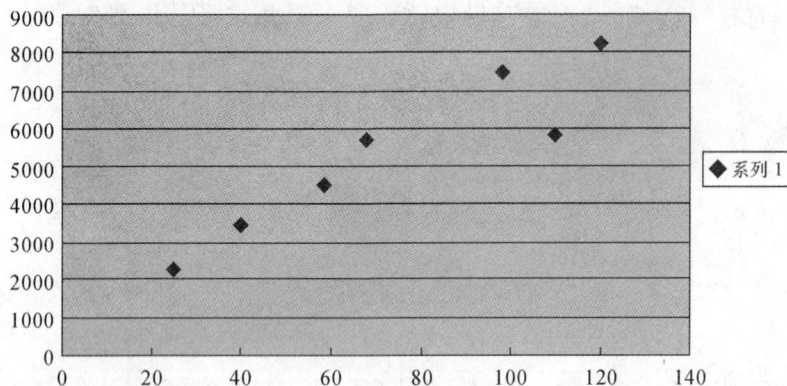

图 3-107　结果

散点图用于描述 2 个变量间的关系,用 Excel 绘制散点图方便快捷,但是无法绘制描述 3 个变量关系的三维三点图。

例 3-23　散点图(SPSS)同例 3-22。

【实验步骤】

1.建立数据文件如图 3-108 所示。

	temp	rain	prod
1	6.00	25.00	2250.00
2	8.00	40.00	3450.00
3	10.00	58.00	4500.00
4	13.00	68.00	5750.00
5	14.00	110.00	5800.00
6	16.00	98.00	7500.00
7	21.00	120.00	8250.00

图 3-108　原始数据

2.选择"图形"→"旧对话框"→"散点",弹出如图 3-109 所示的对话框。

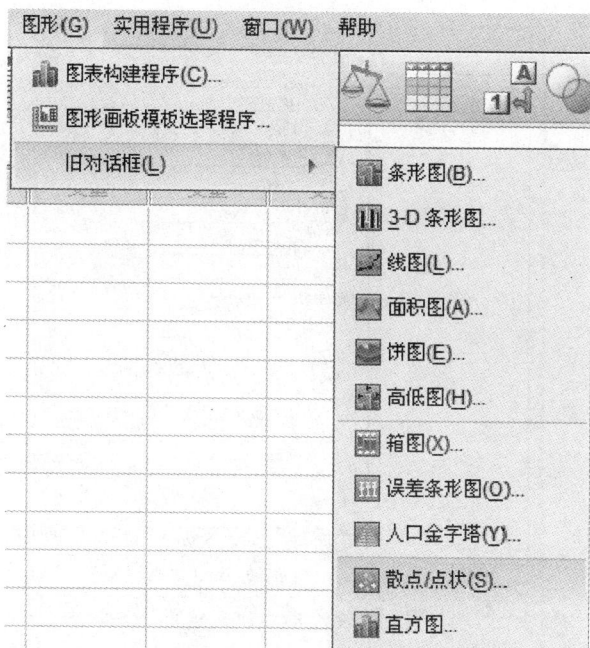

图 3-109 图表选项

3.选择"简单分布",即为二维散点图,如图 3-110 所示。

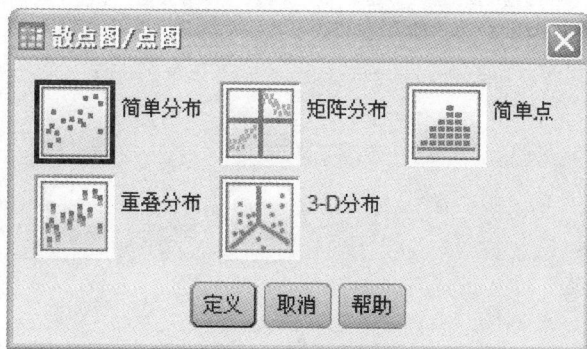

图 3-110 内容设定

4.分别将降雨量和产量设置为 X 轴和 Y 轴,点击"确定",如图 3-111 所示。

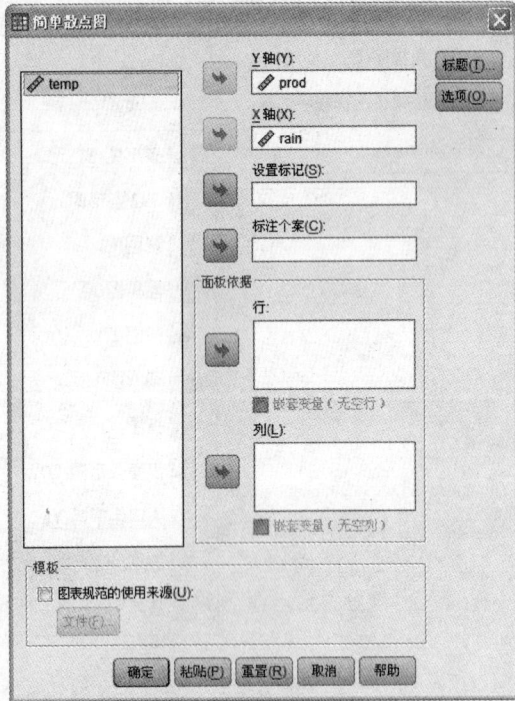

图 3-111　内容设定

5.即可得到如图 3-112 所示结果。

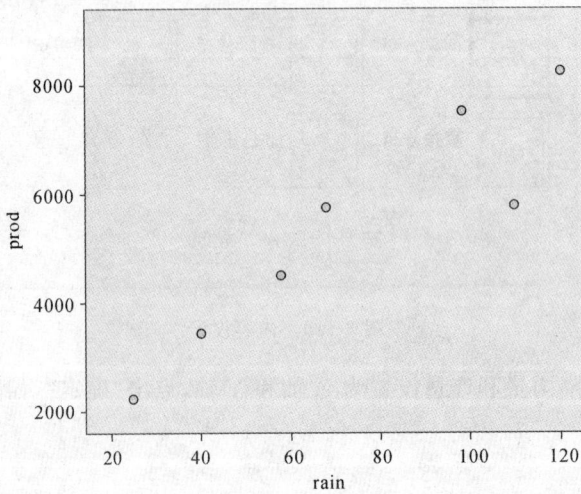

图 3-112　结果

运用 SPSS 绘制散点图仍然方便快捷,而且可以轻松绘制描述 3 个变量关系的三维散点图。

例 3-24　三维散点图(SPSS)同例 3-22,绘制 3 个变量的三维散点图。

【实验步骤】

1.重复例 3-23 步骤 1~3,选择"3-D 分布",如图 3-113 所示。

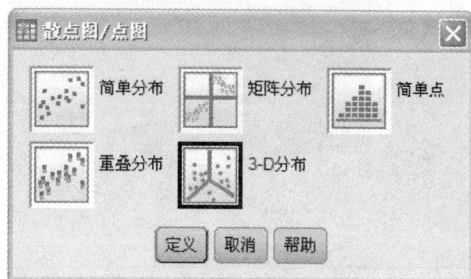

图 3-113　内容设定

2.分别设置 X 轴、Y 轴和 Z 轴,点击"确定",如图 3-114 所示。

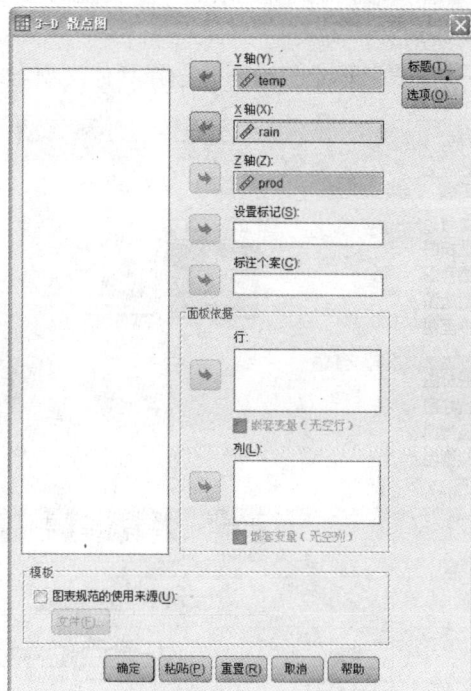

图 3-114　内容设定

3.即可得到三维散点图,如图 3-115 所示。

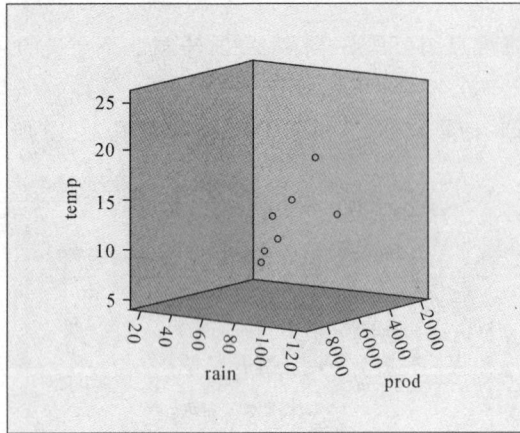

图 3-115　结果

运用 SPSS 绘制三维散点图方便快捷,一目了然。

例 3-25　气泡图(Excel)同例 3-22,绘制 3 个变量的气泡图。

【实验步骤】

1.选择"插入"→"图表",设定气泡图并选择具体类型,如图 3-116 所示。

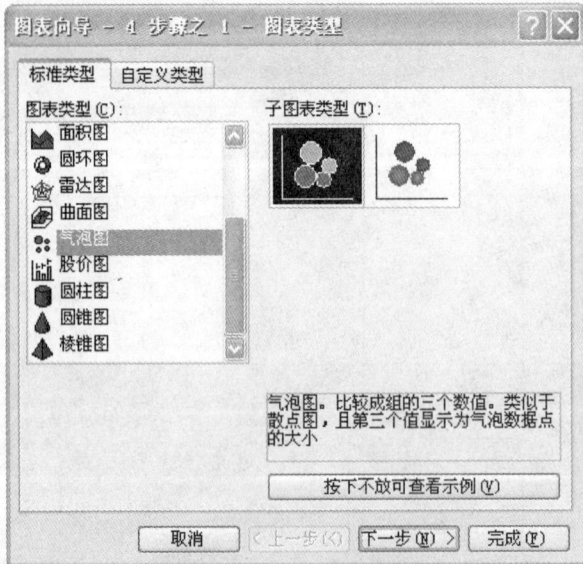

图 3-116　内容设定

2.设定"数据区域",选择"系列产生在：列"，如图 3-117 所示。

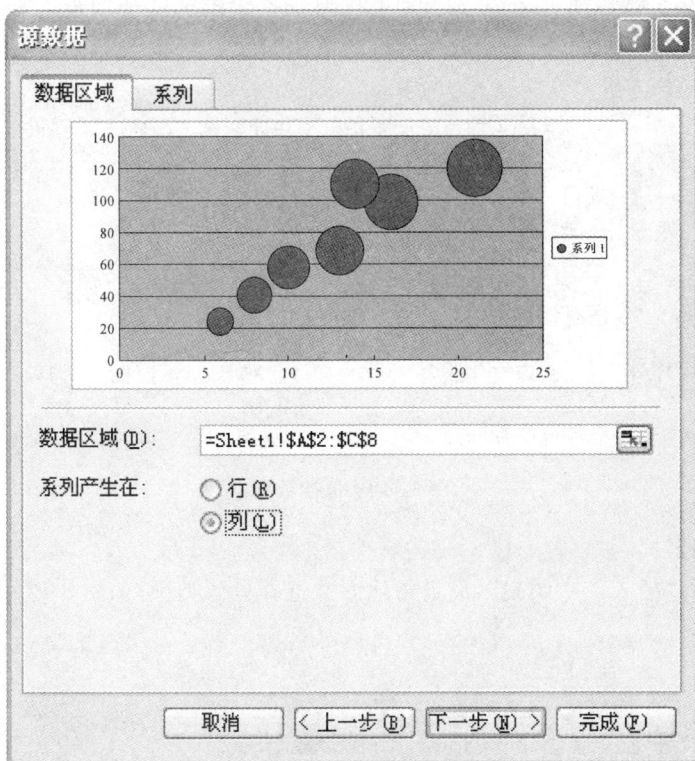

图 3-117　预览

3.点击"完成"，即可得到气泡图，如图 3-118 所示。

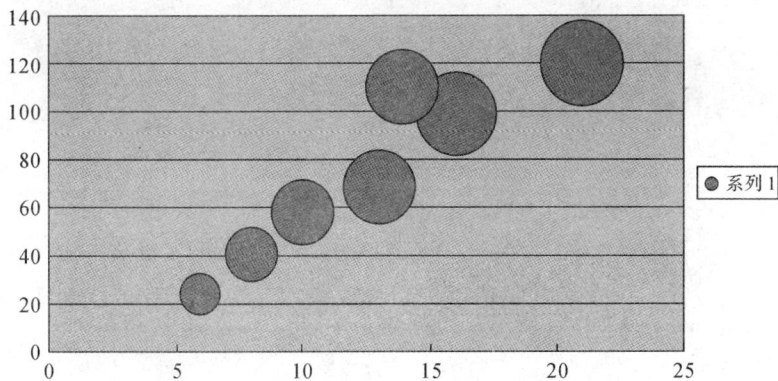

图 3-118　结果

用 Excel 绘制气泡图简单便捷,也是 Excel 处理 3 个变量关系的主要图形。

例 3-26　雷达图(Excel):2003 年我国城乡居民家庭平均每人各项生活消费支出构成数据如图 3-119 所示,试绘制雷达图。

	A	B	C	D
1	2000年城乡居民家庭平均每人生活消费支出构成（%）			
2				
3	项目	城镇居民	农村居民	
4	食品	37.12	45.59	
5	衣着	9.79	5.67	
6	家庭设备用品及服务	6.3	4.2	
7	医疗保健	7.31	5.96	
8	交通通讯	11.08	8.36	
9	娱乐教育文化服务	14.35	12.13	
10	居住	10.74	15.87	
11	杂项商品与服务	3.3	2.21	

图 3-119　原始数据

【实验步骤】

1.选择"插入"→"图表",设定雷达图并选择具体类型,如图 3-120 所示。

图 3-120　内容设定

2.点击"下一步",设定"数据区域",选择"系列产生在：列",如图 3-121
所示。

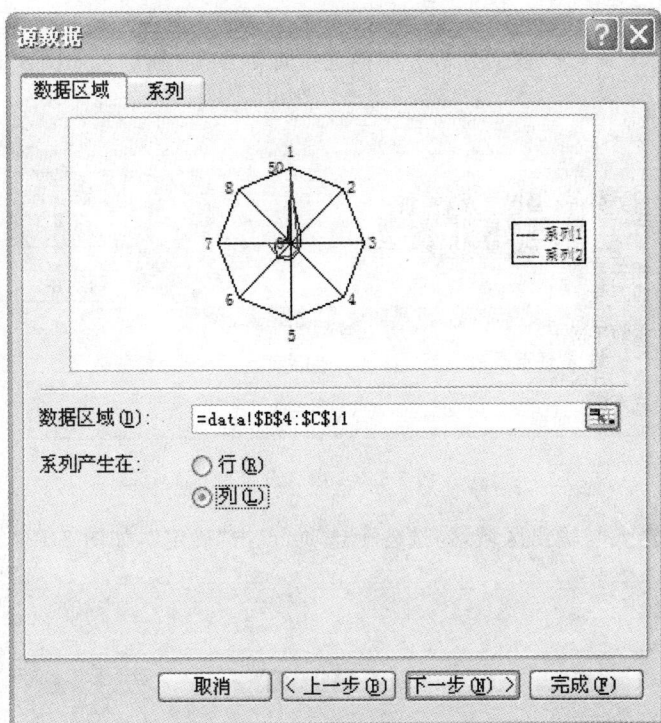

图 3-121　预览

3.点击"完成",即可得到雷达图,如图 3-122 所示。

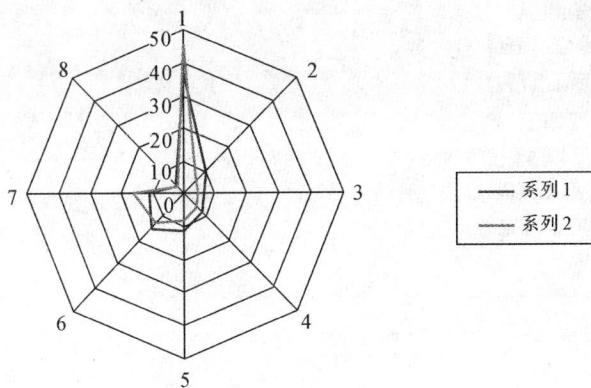

图 3-122　结果

用 Excel 绘制雷达图简单便捷,也是 Excel 处理多个变量关系的特色图形。

例 3-27 计算描述统计量(Excel)同例 3-16,计算数据的各描述统计量。

【实验步骤】

1.选择"工具"→"数据分析"→"描述统计",点击"确定",如图 3-123 所示。

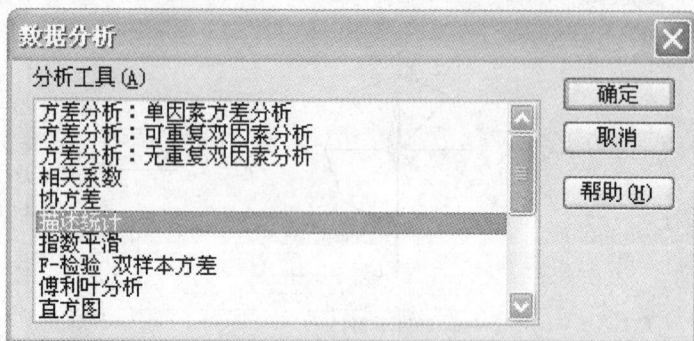

图 3-123 内容设定

2.选择输入与输出区域,勾选各个选项,点击"确定",如图 3-124 所示。

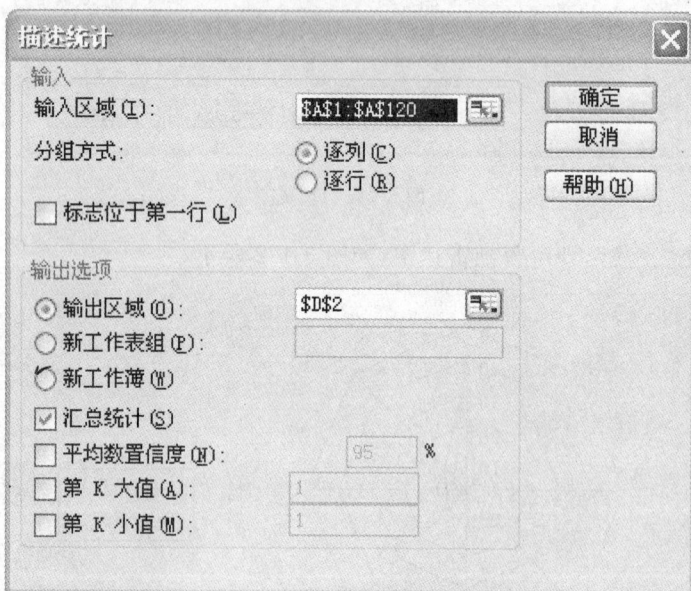

图 3-124 内容设定

3. 即可得出对所选数据计算的各描述统计量,如图 3-125 所示。

列1	
平均	184.5667
标准误差	1.979154
中位数	182
众数	196
标准差	21.68054
方差	470.0459
峰度	-0.22436
偏度	0.405285
区域	96
最小值	141
最大值	237
求和	22148
观测数	120

图 3-125　结果

运用 Excel 计算描述统计量方便快捷,可选用需要的结果进行分析。

例 3-28　计算描述统计量(SPSS)同例 3-27。

【实验步骤】

1. 建立数据文件,如图 3-126 所示。

	sale
1	234.00
2	143.00
3	187.00
4	161.00
5	150.00
6	228.00
7	153.00
8	166.00
9	154.00
10	174.00

图 3-126　原始数据

2.选择"分析"→"描述统计"→"频率",如图 3-127 所示。

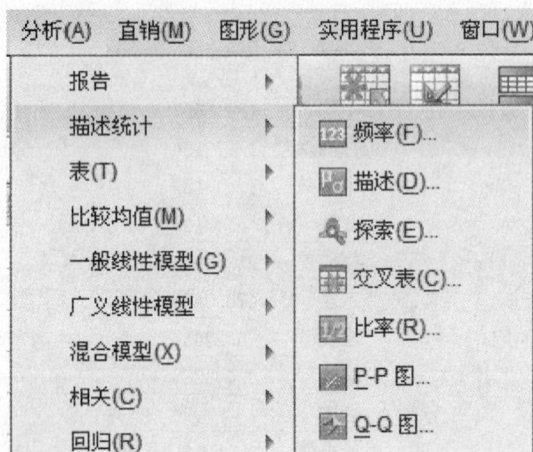

图 3-127　频率选项

3.将变量导入变量框中,点击"图表",勾选欲计算的统计量,如图 3-128 所示。

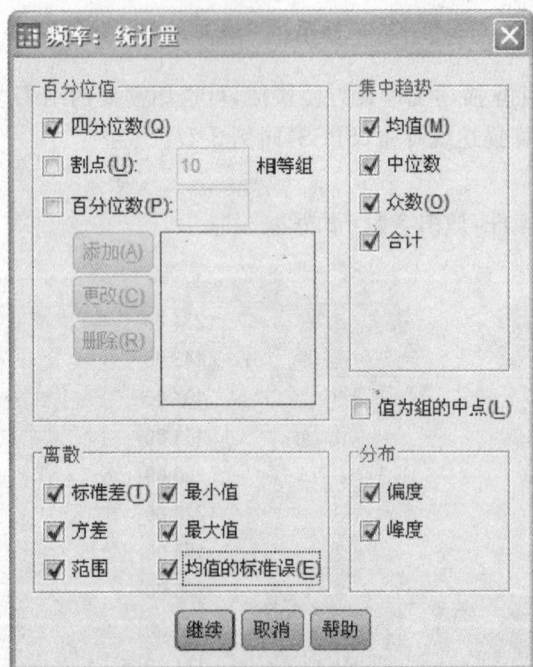

图 3-128　内容设定

4.点击继续和确定,即得到各描述统计量,如图 3-129 所示。

统计量		
sale		
N	有效	120
	缺失	0
均值		184.5667
均值的标准误		1.97915
中值		182.0000
众数		172.00ᵃ
标准差		21.68054
方差		470.046
偏度		.405
偏度的标准误		.221
峰度		-.224
峰度的标准误		.438
全距		96.00
极小值		141.00
极大值		237.00
和		22148.00
百分位数	25	170.2500
	50	182.0000
	75	197.0000
a. 存在多个众数。显示最小值		

图 3-129　结果

由此可见,运用 SPSS 计算描述统计量与 Excel 一样方便快捷,可直接计算出常用的描述统计量。

▷▷学生实验

学生实验一

为评价家电行业服务质量,随机抽取 100 个家庭进行调查,服务质量等级分别表示为:A:好,B:较好,C:一般,D:差,E:较差。调查结果如图 3-130 所示。

	A	B	C	D	E	F	G	H	I	J
1	B	E	C	C	A	D	C	B	A	E
2	D	A	C	B	C	D	E	C	E	E
3	A	D	B	C	C	A	E	D	C	B
4	B	A	C	D	E	A	B	D	D	C
5	C	B	C	E	D	B	C	C	B	C
6	D	A	C	B	C	D	E	C	E	B
7	B	E	C	C	A	D	C	B	A	E
8	B	A	C	D	E	A	B	D	D	C
9	A	D	B	C	C	A	E	D	C	B
10	C	B	C	E	D	B	C	C	B	C

图 3-130

【实验要求】

1. 制作频数分布表。

2. 绘制条形图。

3. 绘制帕累托图和饼图。

4. 分析服务质量的特点。

学生实验二

为了确定某灯泡的使用寿命(单位:h),随机抽取 100 只进行测试,所得结果如图 3-131 所示。

	A	B	C	D	E	F	G	H	I	J
1	700	716	728	719	685	709	691	684	705	718
2	706	715	712	722	691	708	690	692	707	701
3	708	729	694	681	695	685	706	661	735	665
4	668	710	693	697	674	658	698	666	696	698
5	706	692	691	747	699	682	698	700	710	722
6	694	690	736	689	696	651	673	749	708	727
7	688	689	683	685	702	741	698	713	676	702
8	701	671	718	707	683	717	733	712	683	692
9	693	697	664	681	721	720	677	679	695	691
10	713	699	725	726	704	729	703	696	717	688

图 3-131

【实验要求】

1. 制作频数分布表。

2. 绘制直方图。

3. 绘制茎叶图和箱线图。

4. 计算各描述统计量。

5. 分析寿命数据的特点。

实验四 抽样分布、
区间估计与假设检验

⇨实验目的

1. 学会使用 Excel 和 SPSS 软件进行抽样分布、区间估计与假设检验。包括：样本均值抽样分布的随机模拟；对总体均值与总体方差的区间估计；置信区间的随机模拟；对总体均值与总体方差的假设检验；对总体比例的区间估计与假设检验。
2. 具备初步的运用区间估计与假设检验方法解决实际问题的能力。

例 4-1 假设总体服从(0,1)区间上的均匀分布，从总体中随机抽取 1000 个样本，样本容量为 2。要求：

1. 计算每个样本的样本均值。
2. 观察样本均值的分布状况。
3. 计算样本均值的均值与方差，并比较它们与总体参数理论值的差异。

【实验步骤】

1. 计算每个样本的样本均值。

新建一个 Excel 工作簿，单击"工具"→"数据分析"→"随机数发生器"，在弹出的对话框中把变量个数设为 2，随机数个数设为 1000，选择(0,1)区间的均匀分布，并确定输出的初始位置。如图 4-1 所示。

根据 A、B 列的输出结果，将每行看作一个容量为 2 的样本，共有 1000 个样本。计算每个样本的均值，得到由 1000 个样本均值构成的样本。

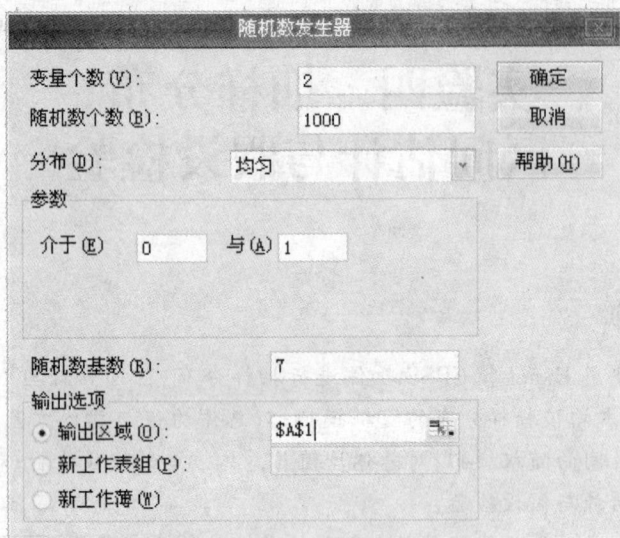

图 4-1 "随机数发生器"对话框

2. 观察样本均值的分布状况。

由于数据量较大,将数据平均分为 10 组,并调用"工具"→"数据分析"→"直方图"。输入区域框定 1000 个样本均值,接收区域为分组信息(由每组的上限值构成),确定输出的初始位置,并在"图表输出"前打钩。如图 4-2 所示。

图 4-2 "直方图"对话框

点击确定后,自动输出分组数据的频数分布表,以及展示数据分布的直方图,如图4-3所示。直方图比较直观地显示出来自均匀分布总体的样本均值,其分布形态近似正态分布,这个事实支持中心极限定理的结论。

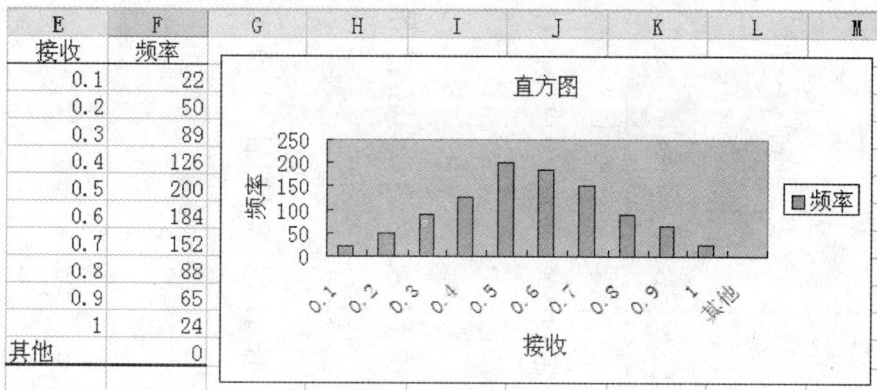

E	F	G	H	I	J	K	L	M
接收	频率							
0.1	22							
0.2	50							
0.3	89							
0.4	126							
0.5	200							
0.6	184							
0.7	152							
0.8	88							
0.9	65							
1	24							
其他	0							

图 4-3　输出"直方图"

3.计算样本均值的均值与方差,并比较它们与总体参数理论值的差异。

根据中心极限定理,假设总体的均值为 μ,标准差为 σ,则统计理论表明,不论总体的分布如何,只要样本容量 n 足够大,样本均值的分布总会趋向于正态分布,且均值为 μ,方差为 $\dfrac{\sigma^2}{n}$。题中的总体服从$(0,1)$区间上的均匀分布,可计算得到总体均值$=(0+1)/2=0.5$,总体方差$=(1-0)^2/12=0.083333$。

可通过调用函数"AVERAGE"自动计算样本均值,通过调用函数"VAR"自动计算样本方差。根据抽样数据计算的样本均值的均值、方差的实际值分别为0.5103、0.0407。根据中心极限定理,样本均值的均值、方差的理论值应分别为0.5、0.0415。比较发现,实际值与理论值是比较接近的。

例4-2　一家人才测评机构对随机抽取的10名小企业的经理人用两种方法进行自信心测试,得到的自信心测试分数如图4-4所示。

假定总体服从正态分布,试回答如下问题:

1.若总体标准差已知等于14,求方法一平均自信心得分的95%置信区间?

2.若总体标准差未知,求方法一平均自信心得分的95%置信区间?

3.求方法一自信心得分标准差的90%置信区间?

4.若总体标准差已知等于14,要求估计误差在3以内,置信水平为90%,应选取多大的样本?

	A	B	C
1	人员编号	方法一	方法二
2	1	78	71
3	2	63	44
4	3	72	61
5	4	89	84
6	5	91	74
7	6	49	51
8	7	68	55
9	8	76	60
10	9	85	77
11	10	55	39

图 4-4　自信心测试分数

5.若总体标准差未知,构建两种方法平均自信心得分之差的 99％置信区间?

6.构建两种方法自信心得分方差比的 99％置信区间?

【实验步骤】

1.若总体标准差已知等于 14,求方法一平均自信心得分的 95％置信区间?

这属于当 σ^2 已知时,对均值 μ 的区间估计类型。在 Excel 中进行参数估计,基本方法是通过调用特定的统计函数或程序模块求出统计量和临界值,代入置信区间的公式即得。以下介绍两种方法:

(1)Excel 中处理一。调用 NORMSINV(probability)可间接求出临界值 $z_{\frac{\alpha}{2}}$,其中的 Probability 是标准正态分布的累积概率值,在此取($1-\frac{\alpha}{2}$)。当置信水平为 95％,则 NORMSINV($1-0.05/2$)＝NORMSINV(0.975)＝1.960。调用一般函数 AVERAGE 求样本均值,调用 STDEV 求样本标准差,标准误 $\frac{\sigma}{\sqrt{n}}$ ＝$\frac{14}{\sqrt{10}}$＝4.427。将计算的样本均值 72.6、临界值 1.96、标准误 4.427 等代入公式即得置信区间为($63.9, 81.3$)。

(2)Excel 中处理二。估计误差 $z_{\frac{\alpha}{2}}\frac{\sigma}{\sqrt{n}}$ 可以通过调用 CONFIDENCE 求得。

CONFIDENCE（alpha，standard-dev，size）中的 alpha 是指显著性水平 α，standard-dev 是数据区域的总体标准差，size 为样本容量 n。代入已知参数，CONFIDENCE（0.05，14，10）＝8.7。将计算的样本均值 72.6 各减去和加上估计误差 8.7，即得置信区间为（63.9，81.3）。

2.若总体标准差未知，求方法一平均自信心得分的 95％置信区间？

这属于当总体标准差未知时，对均值的区间估计类型，介绍以下两种方法：

（1）Excel 中处理一。通过调用统计函数 TINV 求出临界值 $t_{\frac{\alpha}{2}}(n-1)$。TINV（probability，degrees_freedom）中的 probability 为对应 t 分布的双尾概率，degrees_freedom 为分布的自由度（$n-1$）。代入题中具体参数，TINV（0.05，10－1）＝2.262。标准误 $\frac{s}{\sqrt{n}}=\frac{14.0728}{\sqrt{10}}=4.450$。将计算的样本均值 72.6、临界值 2.262、标准误 4.450 等代入公式即得置信区间为（62.5，82.7）。

（2）Excel 中处理二。通过调用"描述统计"模块可以一次性输出数据的多个特征指标，其中包括样本均值、样本标准差、标准误以及估计误差，利用这些中间指标可方便求得置信区间。点击"工具"→"数据分析"→"描述统计"，在输入项给定要处理的数据，选择输出位置，并注意在"平均数置信度"前打钩，给定 95％置信水平。

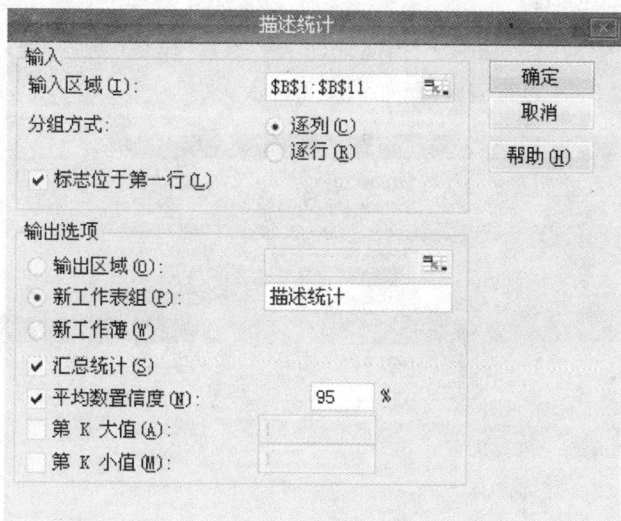

图 4-5　"描述统计"对话框

输出结果如图 4-6 所示，最后一项"置信度（95％）"即为估计误差 10.1。将计算的样本均值 72.6 减去估计误差 10.1 得到置信下限，样本均值 72.6 加上估计误差 10.1 得到置信上限，即置信区间为(62.5，82.7)。

方法1	
平均	72.6
标准误差	4.450218472
中位数	74
众数	#N/A
标准差	14.07282646
方差	198.0444444
峰度	-0.852008698
偏度	-0.340587719
区域	42
最小值	49
最大值	91
求和	726
观测数	10
置信度(95.0%)	10.06709357

图 4-6 "描述统计"输出结果

(3)SPSS 中处理。

在 SPSS 中调用"分析"→"描述统计"→"探索"模块(见图 4-7)，在输出结果中包括了变量 95% 的置信区间，如图 4-8 所示。

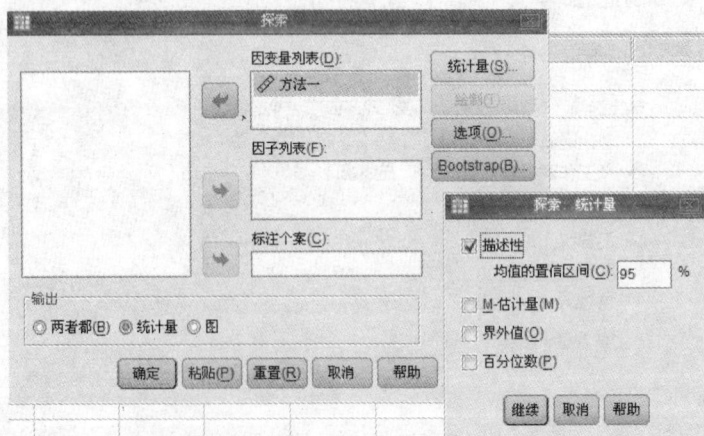

图 4-7 "探索"模块对话框

描　述		统计量	标准误
方法一	均值	72.60	4.450
	均值的 95% 置信区间　下限	62.53	
上限		82.67	
	5% 修整均值	72.89	
	中值	74.00	
	方差	198.044	
	标准差	14.073	
	极小值	49	
	极大值	91	
	范围	42	
	四分位距	25	
	偏度	-0.341	0.687
	峰度	-0.852	1.334

图 4-8　"探索"模块输出结果

在 SPSS 中调用"分析"→"比较均值"→"单样本 T 检验"模块(见图 4-9)，在输出结果中也可包括变量 95% 的置信区间，如图 4-10 所示。

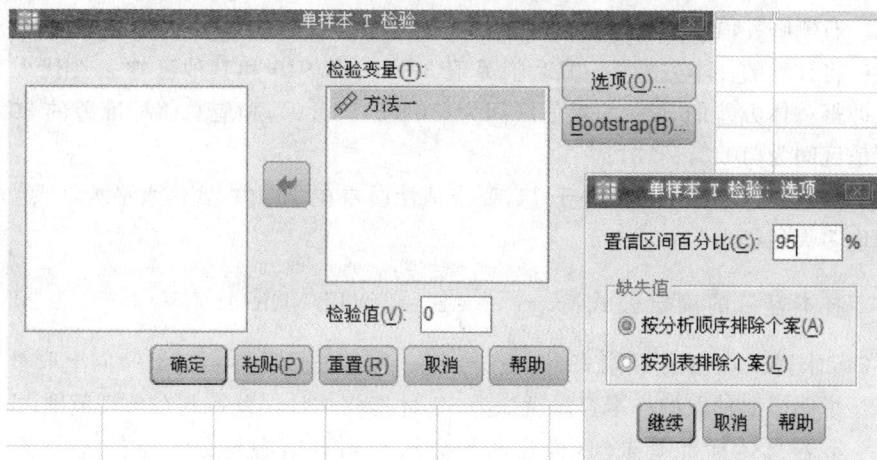

图 4-9　"单样本 T 检验"模块对话框

单个样本统计量

	N	均值	标准差	均值的标准误
方法一	10	72.60	14.073	4.450

单个样本检验

	检验值＝0					
	t	df	Sig.（双侧）	均值差值	差分的 95% 置信区间	
					下限	上限
方法一	16.314	9	0.000	72.600	62.53	82.67

图 4-10 "单样本 T 检验"模块输出结果

3.求方法一自信心得分标准差的 90% 置信区间?

这属于对总体方差进行区间估计的类型。通过调用 CHIINV 可求得临界值。CHIINV(probability，degrees_freedom) 中的 probability 为 χ^2 分布的单尾概率,degrees_freedom 为自由度($n-1$)。在方差的区间估计中需要求两个临界值,代入参数如下:

左侧临界值 $\chi^2_{1-\alpha/2}(n-1) =$ CHIINV$(1-0.1/2,9) = 3.325$

右侧临界值 $\chi^2_{\alpha/2}(n-1) =$ CHIINV$(0.1/2, 9) = 16.919$

将计算的样本方差 14.073,临界值 3.325、16.919 和其他已知条件代入公式即得总体方差的 90% 的置信区间为 $(105.3,536.0)$,相应总体标准差的 90% 置信区间为 $(10.3,23.2)$。

4.若总体标准差已知等于 14,要求估计误差在 3 以内,置信水平为 90%,应选取多大的样本?

样本容量的确定公式: $n = \dfrac{(z_{\frac{\alpha}{2}})^2 \sigma^2}{E^2}$,调用 NORMSINV$(1-0.1/2) = 1.645$ 求得 $z_{\alpha/2}$,根据题意 $E = 3$,$\sigma^2 = 14^2$,代入公式求得 $n = 58.9$,向上取整为 59。说明需要抽取的样本容量至少为 59,才能将估计误差控制在预订范围内。

5.若总体标准差未知,构建两种方法平均自信心得分之差的 99% 置信区间。

在 SPSS 中为符合自动调用的条件,数据的排列方式与在 Excel 中有所不同。需要定义两个变量:一个是"测试分数"变量,包括全部的测试分数;另一个是"方法"变量,包括方法 1 和方法 2。两个变量中具体数据的对应关系,截取一部分如图 4-11 所示。

	测试分数	方法
8	76	1
9	85	1
10	55	1
11	71	2
12	44	2
13	61	2
14	84	2

图 4-11　数据的排列方式

点击"分析"→"比较均值"→"独立样本 T 检验"模块(见图 4-12),能够自动输出两种方法平均自信心得分之差的 99% 置信区间。

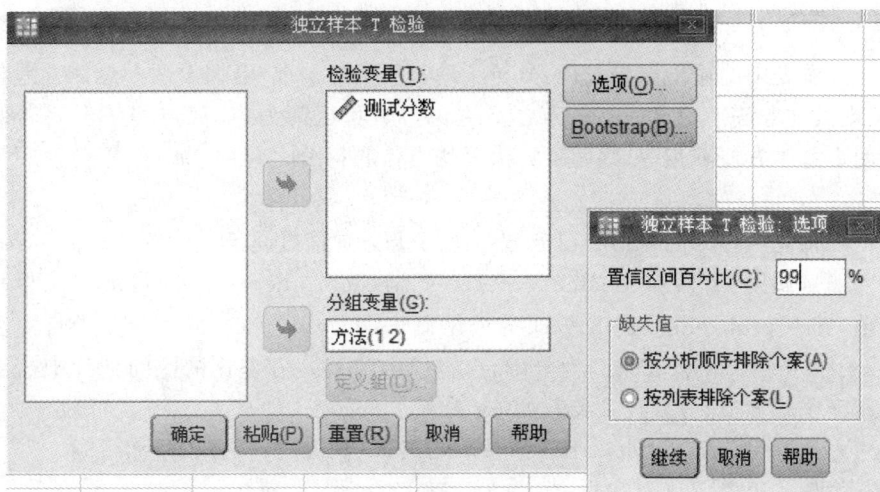

图 4-12　"独立样本 T 检验"模块对话框

输出结果如图 4-13 所示。

组统计量

均值的标准误		方法	N	均值	标准差
测试分数	方法一	10	72.60	14.073	4.450
	方法二	10	61.60	14.759	4.667

独立样本检验

		方差方程的 Levene 检验		均值方程的 t 检验						
		F	Sig.	t	df	Sig. (双侧)	均值 差值	标准 误差值	差分的 99% 置信区间	
									下限	上限
测试 分数	假设方差 相等	0.044	0.837	1.706	18	0.105	11.000	6.449	−7.562	29.562
	假设方差 不相等			1.706	17.959	0.105	11.000	6.449	−7.567	29.567

图 4-13 "独立样本 T 检验"模块输出结果

查看表中的输出结果发现,分析了两种不同的情况:若假设两个总体方差相等,则两种方法平均自信心得分之差的 99% 置信区间为$(-7.56,29.56)$;若假设两个总体方差不相等,则两种方法平均自信心得分之差的 99% 的置信区间为$(-7.57,29.57)$。

6.构建两种方法自信心得分方差比的 99% 置信区间。

通过调用 FINV(probability,degrees_freedom1,degrees_freedom2)求得临界值,其中 probability 是 F 分布的单尾概率,degrees_freedom1 为分子自由度(n_1-1),degrees_freedom2 为分母自由度(n_2-1)。方差比的区间估计中需要求得两个临界值,分别代入参数如下:

左侧临界值 $F_{1-\frac{\alpha}{2}}(n_1-1,n_2-1)=\text{FINV}(1-0.01/2,9,9)=0.153$

右侧临界值 $F_{\frac{\alpha}{2}}(n_1-1,n_2-1)=\text{FINV}(0.01/2,9,9)=6.541$

将以上计算的两个临界值 0.153、6.541,通过 STDEV 函数计算的 $s_1=14.073,s_2=14.759$ 以及其他已知条件代入公式,即得总体方差比的 99% 的置信区间为$(0.14,5.95)$。

例 4-3 从均值为 100,标准差为 10 的正态总体中随机抽取容量为 5 的随机样本,抽样次数为 100 次。

1.根据这 100 次的抽样结果计算样本均值的 95% 置信区间(假设总体方差已知)。

2.观察有多少个区间不包含总体均值的真实值？

【实验步骤】

1.根据这100次的抽样结果计算样本均值的95％置信区间。

打开 Excel,在一个新工作表中点击"工具"→"数据分析"→"随机数发生器",在"变量个数"中填样本容量5,在"随机数个数"中填抽样次数100,选择正态分布类型,输入均值与标准偏差为100、10。随机数基数取0,也可取其他的数,如图4-14所示。

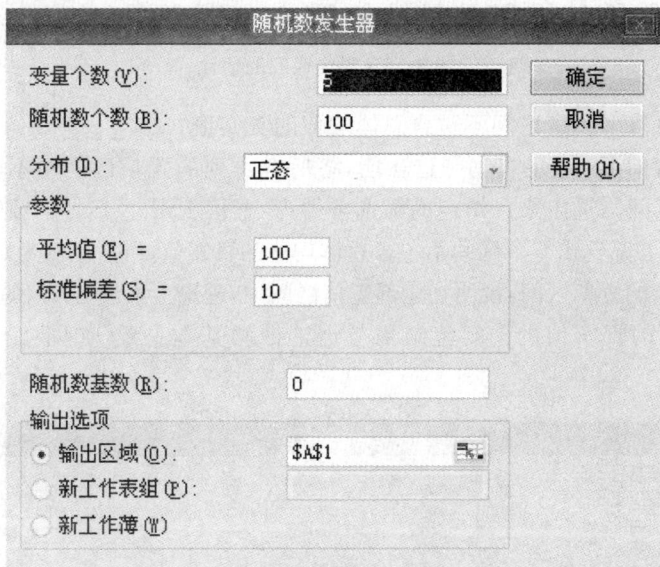

图4-14　"随机数发生器"对话框

在生成的数据表中,将每一行看作一个容量为5的随机样本,共有100个样本。为方便查看各列数据含义,插入标志行作为第一行。在样本数据旁分别计算样本均值、估计误差、置信上限、置信下限。样本均值调用函数 AVERAGE 求得,估计误差调用函数 CONFIDENCE(0.05,10，5)求得,置信上限等于样本均值加上估计误差,置信下限等于样本均值减去估计误差,计算得到100个置信区间。

	A	B	C	D	E	F	G	H	I
1	1	2	3	4	5	样本均值	估计误差	置信上限	置信下限
2	97	87.22	102.4	112.8	112	102.282	8.76523	111.048	93.5171
3	117.3	78.16	97.66	111	89.13	98.6474	8.76523	107.413	89.8821
4	93.1	83.1	81.53	90.22	92.26	88.0426	8.76523	96.8079	79.2774
5	78.82	94.32	95.96	101.3	96.35	93.3589	8.76523	102.124	84.5937
6	96.73	96.3	113.4	99.15	98.14	100.748	8.76523	109.513	91.9827
7	94.87	119.7	108.7	123.8	93.45	108.091	8.76523	116.856	99.3256
8	116.6	83.88	105.4	109	119.2	106.818	8.76523	115.583	98.053
9	99.15	94.76	106.8	96.19	107.6	100.886	8.76523	109.651	92.121
10	85.56	91.53	84.78	96.37	99.68	91.5833	8.76523	100.349	82.8181

图 4-15　置信区间的估计

2. 观察有多少个区间不包含总体均值的真实值？

可以借助 Excel 的自动筛选功能,将所有得到的置信区间中不包含总体均值 100 的区间筛选出来。给定的筛选条件为:置信上限小于 100,或者置信下限大于 100。共筛选出 6 个区间不包含总体均值的真实值,所占比例为 6%。因为估计的是 95% 的置信区间,说明在全部置信区间中,理论上大约有 5% 的区间是不包含总体均值的真实值的。实验结果与理论推测基本一致,如图 4-16 至图 4-19 所示。

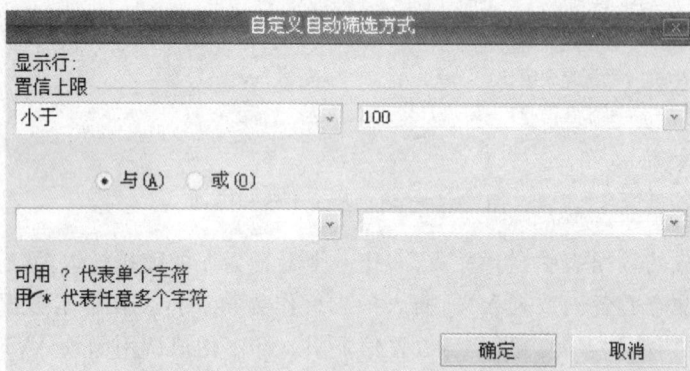

图 4-16　"自动筛选"对话框

	A	G	H	I	J	K
1	编号 ▼	样本均值 ▼	估计误差 ▼	置信上限 ▼	置信下限 ▼	样本均值 ▼
4	3	88.042632	8.7652254	96.807858	79.277407	88.042632

图 4-17　"自动筛选"的结果

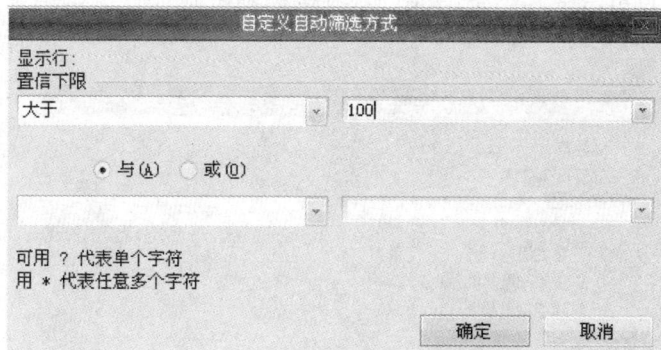

图 4-18　"自动筛选"对话框

1	A 编号	G 样本均值	H 估计误差	I 置信上限	J 置信下限	K 样本均值
18	17	110.13652	8.7652254	118.90174	101.37129	110.13652
29	28	112.13231	8.7652254	120.89754	103.36709	112.13231
34	33	110.56099	8.7652254	119.32621	101.79576	110.56099
49	48	111.66373	8.7652254	120.42896	102.89851	111.66373
59	58	109.74933	8.7652254	118.51455	100.9841	109.74933

图 4-19　"自动筛选"的结果

还可以在 Excel 中借助股价图观察置信区间。具体点击"插入"→"图表"，在图表类型中选择"股价图"。输入按次序排列的三列数据，"盘高—盘低—收盘"分别对应输入"置信上限—置信下限—样本均值"。

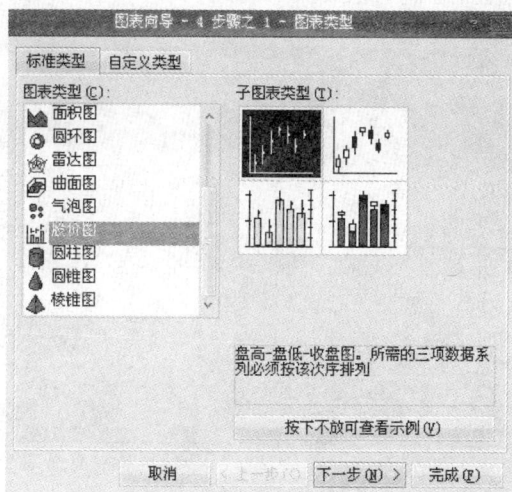

图 4-20　插入"股价图"

为了看得更清楚,需要放大图形,对坐标轴格式进行手工调整,如图 4-21
所示。

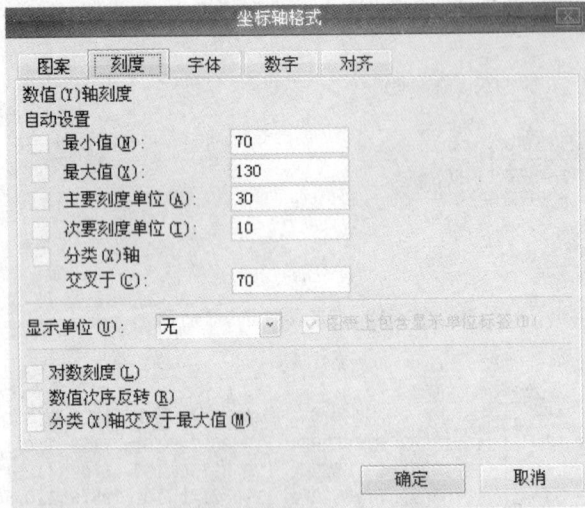

图 4-21 "坐标轴格式"对话框

借助股价图的输出结果(见图 4-22)可以直观地观察到,在 100 个 95％的置
信区间中,有 6 个区间不包含总体均值的真实值 100。由于试验的随机性,如果
重新进行试验可能会有不同的结果。就一次试验的结果而言,可能与总体的真
实值非常接近,也可能有较大差异。但是统计理论可以保证,在所有的置信区间
中大约有 5％是不包含总体均值真实值的。

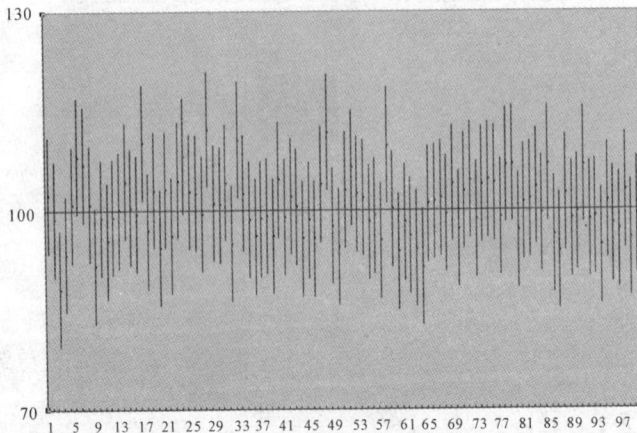

图 4-22 "股价图"输出结果

例 4-4　装配一个部件可以采用不同的方法，我们关心的问题是哪一种方法的效率更高。劳动效率可以用平均装配时间反映。现从采用不同的方法装配的部件中各随机抽取 12 件产品，记录各自的装配时间（单位：分钟），其中如下：

甲方法：31　34　29　32　35　38　34　30　29　32　31　26

乙方法：26　24　28　29　30　29　32　26　31　29　32　28

假设总体服从正态分布，显著性水平取 0.05，试回答如下问题：

1. 已知甲方法的总体标准差为 3，能否认为甲方法的平均装配时间为 35？

2. 若总体标准差未知，能否认为甲方法的平均装配时间小于 35？

3. 能否认为甲方法装配时间的方差大于 9？

4. 若已知甲、乙的总体方差各为 9、6，能否认为两种方法的平均装配时间相等？

5. 假设两总体方差未知且相等，能否认为甲方法的平均装配时间大于乙方法的平均装配时间？

6. 假设两总体方差未知且不相等，能否认为甲方法的平均装配时间大于乙方法的平均装配时间？

7. 假设得到的是配对样本，能否认为甲方法的平均装配时间大于甲方法的平均装配时间？

8. 能否认为甲方法装配时间的方差大于乙方法装配时间的方差？

【实验步骤】

1. 已知甲方法的总体标准差为 3，能否认为甲方法的平均装配时间为 35？

这属于当总体方差 σ^2 已知时，对总体均值 μ 进行双侧假设检验的类型，可分别用以下两种方法分析。

(1) 方法一：比较统计量值与临界值进行检验。

根据题意，提出检验的原假设和备择假设：$H_0: \mu = 35$；$H_2: \mu \neq 35$。具体分析步骤：打开一个新的 Excel 工作簿，将甲方法的样本观测值输入到 A2：A13 单元格中。在 B2 中输入"=AVERAGE(A2：A13)"，回车后得到样本平均值 31.75；在 B3 中输入总体标准差 3；在 B4 中输入样本容量 12；在 B5 中输入显著性水平 0.05；在 B6 中输入"=NORMSINV(1−B5/2)"，回车后得双侧分位数 $z_{\frac{\alpha}{2}}$ 的值为 1.96。由此知左侧临界值为 −1.96，右侧临界值为 1.96；在 B7 中输入检验统计量的计算公式"$= \dfrac{B2-35}{B3/\sqrt{B4}}$"，回车后得统计量 Z 的值为 −3.75，见如图 4-23 所示。

	A	B
1	**甲方法**	
2	31	31.75
3	34	3
4	29	12
5	32	0.05
6	35	1.959964
7	38	-3.75278
8	34	
9	30	

图 4-23　Z 统计量与临界值计算

结果分析:由于 $Z=-3.75<-z_{\frac{\alpha}{2}}=-1.96$,落入拒绝域内,所以拒绝原假设 H_0,不能认为甲方法的平均装配时间为 35 分钟。

(2)方法二:比较 P 值与显著性水平 α 进行检验。

求 P 值可间接调用统计函数 NORMSDIST(Z),该函数返回标准正态累积分布函数值,Z 为计算的统计量的值。此例为双侧检验,且统计量值为负,则 P 值 $=2\times[\text{NORMSDIST}(-3.75)]=0.000175$。

求 P 值还可间接调用统计函数 ZTEST 得到。ZTEST(array,μ_0,sigma) 返回 z 检验的单尾概率值。array 用来检验 μ_0 的数组或数据区域,μ_0 为被检验的值,sigma 为已知的总体标准偏差,如果省略,则使用样本标准偏差。将本例中已知条件和参数代入函数中:ZTEST(A2:A13,35,3)=0.999913,此结果为统计量值的右侧概率。在此基础上求得 $P=2\times(1-0.999913)=0.000175$。

根据以上分析,由于 P 值 $=0.000175<\alpha=0.05$,所以拒绝原假设 H_0,不能认为甲方法的平均装配时间为 35 分钟。

2.若总体标准差未知,能否认为甲方法的平均装配时间小于 35?

这属于当总体方差 σ^2 未知时,对总体均值 μ 进行左侧假设检验的类型,可分别用以下两种方法分析。

(1)方法一:比较统计量值与临界值进行检验。

根据题意,提出检验的原假设和备择假设:$H_0:\mu\geqslant 35$;$H_1:\mu<35$。具体步骤:打开一个新的 Excel 工作簿,将样本观测值输入到 A2:A13 单元格中。在 B2 中输入“=AVERAGE(A2:A13)”,回车后得到样本平均值 31.75;在 B3 中输入“=STDEV(A2:A13)”,回车后得到样本方差 3.194;在 B4 中输入样本容量 12;在 B5 中输入显著性水平 0.05;在 B6 中输入“=TINV(B5×2,B4-1)”,即输入“=TINV(0.1,11)”,回车后得到结果为 1.796,由此可知 t 分布 $\alpha=0.05$ 的

左侧分位数为-1.796；在 B7 中输入检验统计量的计算公式"$=\dfrac{B2-35}{B3/\sqrt{B4}}$"，回车后得统计量 t 的值为-3.524，如图 4-34 所示。

	A	B
1	甲方法	
2	31	31.75
3	34	3.194455
4	29	12
5	32	0.05
6	35	1.795885
7	38	-3.52433
8	34	
9	30	

图 4-24　t 统计量与临界值计算

结果分析：由于 $t=-3.524<-t_{0.05}(11)=-1.796$，落入拒绝域内，所以拒绝原假设 H_0，认为甲方法的平均装配时间小于 35 分钟。

（2）方法二：比较 P 值与显著性水平 α。

求 P 值可间接调用统计函数 TDIST(x, degrees_freedom, tails)，x 为计算的 t 统计量值（要求为正值），degrees_freedom 为自由度$(n-1)$，tails 为假设检验类型选择，选"1"为单尾检验，选"2"为双尾检验。

在此 $P=$ TDIST(3.524, 11, 1)$=0.00238$。由于 $P=0.00238<\alpha=0.05$，所以拒绝原假设 H_0，认为甲方法的平均装配时间小于 35 分钟。

3. 能否认为甲方法装配时间的方差大于 9？

这属于对总体方差 σ^2 进行右侧假设检验的类型，可分别用以下两种方法分析。

（1）方法一：比较统计量值与临界值进行检验。

根据题意，提出检验的原假设和备择假设：$H_0: \sigma^2 \leqslant 9$；$H_1: \sigma^2 > 9$。具体步骤：打开一个新的 Excel 工作簿，将样本观测值输入到 A2:A13 单元格中。在 B3 中输入"=STDEV(A2:A13)"，回车后得到样本方差 3.194；在 B4 中输入样本容量 12；在 B5 中输入显著性水平 0.05；在 B6 中输入"=CHIINV(B5,B4-1)"，即输入"=CHIINV(0.05,11)"，回车后得到结果为 19.675，由此可知 χ^2 分布的 $\alpha=0.05$ 的右侧分位数为 19.68；在 B7 中输入检验统计量的计算公式："$=\dfrac{(B4-1)\times B3\string^2}{9}$"，回车后得 χ^2 统计量的值为 12.47，如图 4-25 所示。

	A	B
1	**甲方法**	
2	31	
3	34	3.194455
4	29	12
5	32	0.05
6	35	19.67514
7	38	12.47222
8	34	
9	30	

图 4-25 χ^2 统计量与临界值计算

结果分析:由于 $\chi^2 = 12.47 < \chi^2_{0.05}(11) = 19.68$,没有落入拒绝域内,所以不拒绝原假设 H_0,不能认为甲方法装配时间的方差大于 9。

(2)方法二:比较 P 值与显著性水平 α。

求 P 值可直接调用统计函数 CHIDIST(x, degrees_freedom),其中 x 为计算的统计量值,degrees_freedom 为自由度($n-1$)。在此 P=CHIDIST(12.47, 11)=0.329。由于 $P = 0.329 > \alpha = 0.05$,没有落入拒绝域内,所以不拒绝原假设 H_0,不能认为甲方法装配时间的方差大于 9。

4. 若已知甲、乙的总体方差各为 9、6,能否认为两种方法的平均装配时间相等?

点击 Excel 中的"工具"→"数据分析",在分析工具中选择"z 检验:双样本平均差检验"。出现对话框后,在空项中输入已知条件,选择输出位置,如图4-26所示。

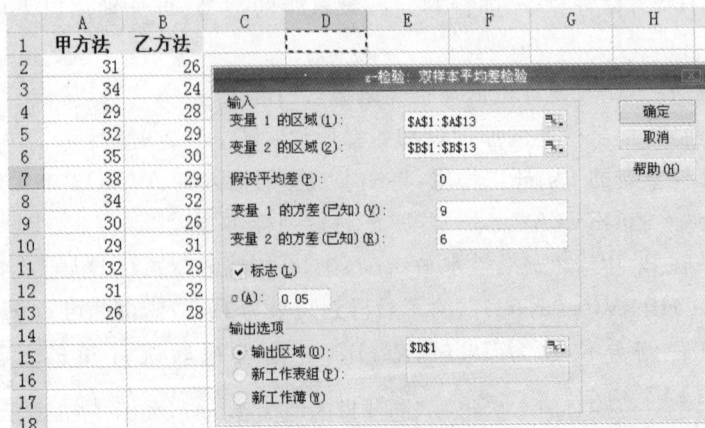

图 4-26   "z 检验:双样本平均差检验"对话框

输出结果如图 4-27 所示。

	A	B	C
1	z-检验：双样本均值分析		
2			
3		甲方法	乙方法
4	平均	31.75	28.66666667
5	已知协方差	9	6
6	观测值	12	12
7	假设平均差	0	
8	z	2.757817172	
9	P(Z<=z) 单尾	0.002909437	
10	z 单尾临界	1.644853627	
11	P(Z<=z) 双尾	0.005818873	
12	z 双尾临界	1.959963985	

图 4-27　"z 检验:双样本平均差检验"输出结果

观察到图中将双侧检验与单侧检验的结果一并给出。根据题意,本题属于双侧检验类型,所以输出图中的临界值看"z 双尾临界",求得的 P 值看"$P(Z<=z)$ 双尾"。由于 Z 统计量值 2.76 大于 z 双尾临界值 1.96,或者由于 $P=0.0058 < \alpha = 0.05$,拒绝 H_0,认为两种方法的装配时间有显著不同。

5.假设两总体方差未知且相等,能否认为甲方法的平均装配时间大于乙方法的平均装配时间?

(1)Excel 中的自动调用。

点击 Excel 中的"工具"→"数据分析",在分析工具中选择"t 检验:双样本等方差假设"。出现对话框后,在空项中输入已知条件,选择输出位置,如图 4-28 所示。

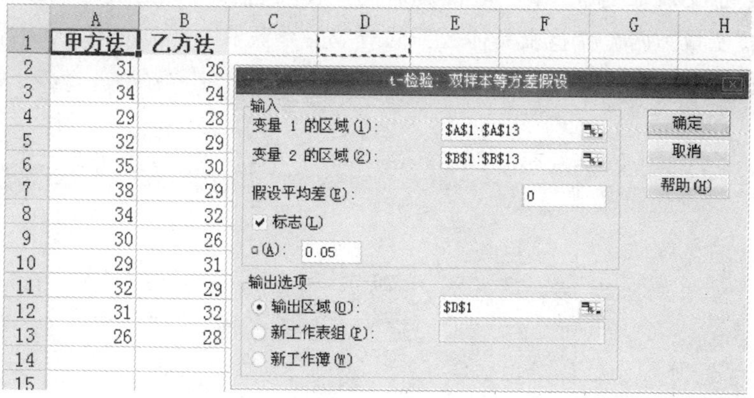

图 4-28　"t 检验:双样本等方差假设"对话框

输出结果如图 4-29 所示。

	A	B	C
1	t-检验：双样本等方差假设		
2			
3		甲方法	乙方法
4	平均	31.75	28.66666667
5	方差	10.20454545	6.060606061
6	观测值	12	12
7	合并方差	8.132575758	
8	假设平均差	0	
9	df	22	
10	t Stat	2.648390641	
11	P(T<=t) 单尾	0.007339488	
12	t 单尾临界	1.717144335	
13	P(T<=t) 双尾	0.014678975	
14	t 双尾临界	2.073873058	

图 4-29 "t 检验：双样本等方差假设"输出结果

观察到图中将双侧检验与单侧检验的结果一并给出。根据题意，本题属于右侧检验类型，所以输出图中的临界值看"t 单尾临界"，求得的 P 值看"$P(T<=t)$ 单尾"。由于 t 统计量值 2.648 大于 t 单尾临界 1.717，或者由于 $P=0.0073<\alpha=0.05$，拒绝 H_0，认为甲方法的平均装配时间大于乙方法的平均装配时间。

(2)SPSS 中的自动调用。

在 SPSS 中为符合自动调用的条件，数据的排列方式与在 Excel 中有所不同。需要定义两个变量：一个是"装配时间"变量，包括全部的时间数据；另一个是"方法"变量。两个变量中具体数据的对应关系截取一部分如图 4-30 所示。

	装配时间	方法
9	29	1
10	32	1
11	31	1
12	26	1
13	26	2
14	24	2
15	28	2

图 4-30 数据的排列方式

在 SPSS 中点击"分析"→"比较均值"→"独立样本 T 检验",如图 4-31 所示。

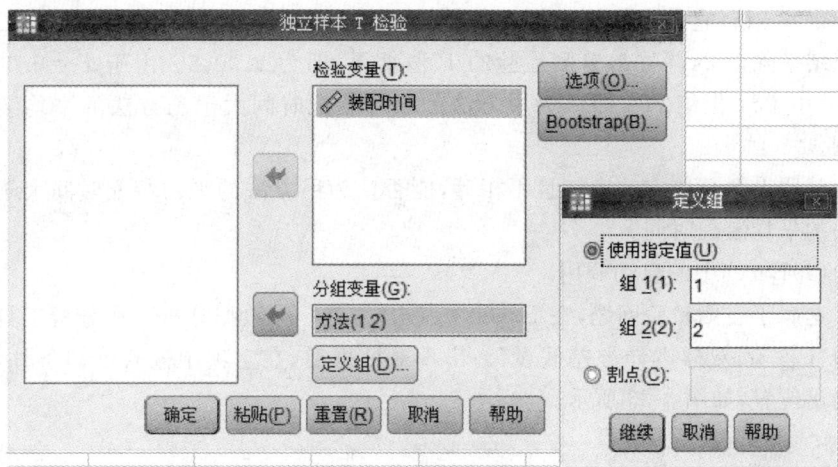

图 4-31　"独立样本 T 检验"对话框

输出结果如图 4-32 所示。

组统计量

方法		N	均值	标准差	均值的标准误
装配时间	1	12	31.75	3.194	0.922
	2	12	28.67	2.462	0.711

独立样本检验

		方差方程的 Levene 检验		均值方程的 t 检验						
		F	Sig.	t	df	Sig.（双侧）	均值差值	标准误差值	差分的95%置信区间	
									下限	上限
装配时间	假设方差相等	0.557	0.463	2.648	22	0.015	3.083	1.164	0.669	5.498
	假设方差不相等			2.648	20.659	0.015	3.083	1.164	0.660	5.507

图 4-32　"独立样本 T 检验"输出结果

注意到在 SPSS 中自动进行了方差齐性检验,即"Levene 检验",根据检验结果:Sig.＝0.463＞α＝0.05,接受方差相等的原假设。根据题意,在此查看表中假设方差相等时的检验情况。最直接的方式是查看表中对应"Sig.(双侧)"的输出结果0.015,它是双侧检验的P值结果。由于本题属于右侧检验类型,需要将P值结果除以2,调整为单侧检验的P值结果,即为0.0075。由于P＝0.0075＜α＝0.05,拒绝H_0,即认为甲方法的平均装配时间大于乙方法的平均装配时间。

6.假设两总体方差未知且不相等,能否认为甲方法的平均装配时间大于乙方法的平均装配时间?

(1)Excel中的自动调用。

这属于右侧检验问题,在Excel中点击"工具"→"数据分析",在分析工具中选择"t检验:双样本异方差假设"。出现对话框后,在空项中输入已知条件,选择输出位置,如图4-33所示。

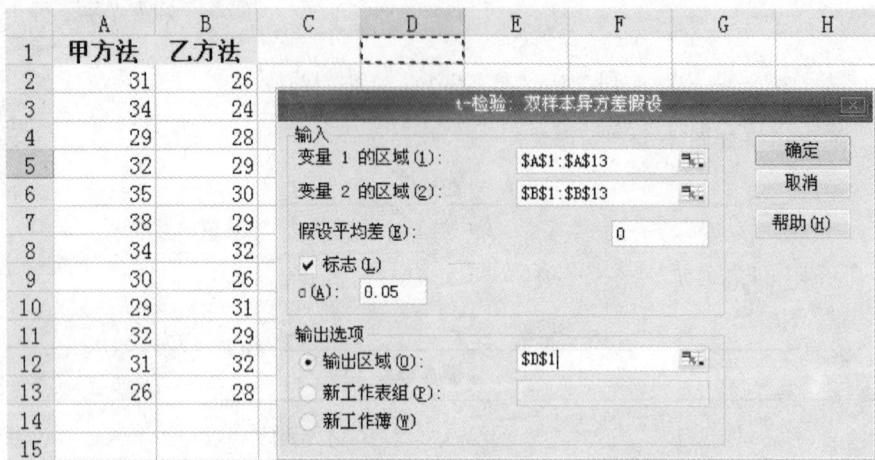

图4-33 "t检验:双样本异方差假设"对话框

输出结果如图4-34所示。

观察到图中将双侧检验与单侧检验的结果一并给出。根据题意,本题属于右侧检验类型,所以输出图中的临界值看"t单尾临界",求得的P值看"$P(T<=t)$单尾"。由于t统计量值2.648大于t单尾临界1.721,或者由于P＝0.0075＜α＝0.05,拒绝H_0,即认为甲方法的平均装配时间大于乙方法的平均装配时间。

	A	B	C
1	t-检验: 双样本异方差假设		
2			
3		甲方法	乙方法
4	平均	31.75	28.66666667
5	方差	10.20454545	6.060606061
6	观测值	12	12
7	假设平均差	0	
8	df	21	
9	t Stat	2.648390641	
10	P(T<=t) 单尾	0.007515133	
11	t 单尾临界	1.720742871	
12	P(T<=t) 双尾	0.015030267	
13	t 双尾临界	2.079613837	

图 4-34 "t 检验:双样本异方差假设"输出结果

(2)SPSS 中的自动调用。

在 SPSS 中点击"分析"→"比较均值"→"独立样本 T 检验"可以自动分析检验,具体见本例第 5 小题中的输出结果。根据题意,在此查看表中假设方差不相等时的检验情况。最直接的方式是查看表中对应"Sig.(双侧)"的输出结果 0.015,它是双侧检验的 P 值结果。由于本题属于右侧检验类型,需要将 P 值结果除以 2,调整为单侧检验的 P 值结果,即为 0.0075。由于 $P=0.0075 < \alpha = 0.05$,拒绝 H_0,即认为甲方法的平均装配时间大于乙方法的平均装配时间。

7.假设得到的是配对样本,能否认为甲方法的平均装配时间大于乙方法的平均装配时间?

(1)Excel 中的自动调用。

在 Excel 中点击"工具"→"数据分析",在分析工具中选择"t 检验:平均值的成对二样本分析"。出现对话框后,在空项中输入已知条件,选择输出位置,如图 4-35所示。

	A	B	C	D	E	F	G	H
1	甲方法	乙方法						
2	31	26						
3	34	24						
4	29	28						
5	32	29						
6	35	30						
7	38	29						
8	34	32						
9	30	26						
10	29	31						
11	32	29						
12	31	32						
13	26	28						
14								
15								

t-检验：平均值的成对二样本分析对话框

输入
变量 1 的区域(1)：$A$1:$A$13
变量 2 的区域(2)：$B$1:$B$13
假设平均差(E)：0
✓ 标志(L)
α(A)：0.05
输出选项
● 输出区域(O)：$D$1
○ 新工作表组(P)
○ 新工作簿(W)
确定　取消　帮助(H)

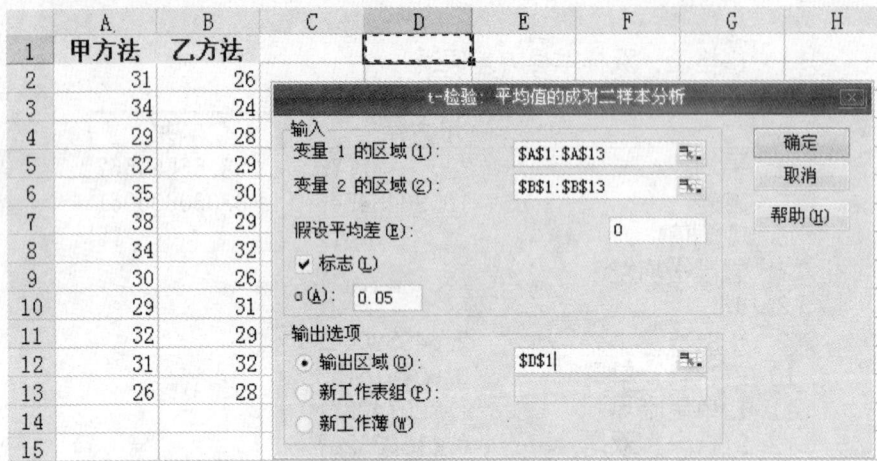

图 4-35 "t检验:平均值的成对二样本分析"对话框

输出结果如图 4-36 所示。

	A	B	C
1	t-检验: 成对双样本均值分析		
2			
3		甲方法	乙方法
4	平均	31.75	28.66666667
5	方差	10.20454545	6.060606061
6	观测值	12	12
7	泊松相关系数	0.080918998	
8	假设平均差	0	
9	df	11	
10	t Stat	2.758513855	
11	P(T<=t) 单尾	0.009302625	
12	t 单尾临界	1.795884814	
13	P(T<=t) 双尾	0.018605249	
14	t 双尾临界	2.200985159	

图 4-36 "t检验:平均值的成对二样本分析"输出结果

观察到图中将双侧检验与单侧检验的结果一并给出。根据题意，本题属于右侧检验类型，所以输出图中的临界值看"t单尾临界"，求得的 P 值看"$P(T<=t)$ 单尾"。由于统计量 $t=2.759$ 大于 t 单尾临界值 1.796，或者由于 $P=0.0093<\alpha=0.05$，拒绝 H_0，表明能够认为甲方法的平均装配时间大于乙方法

的平均装配时间。

(2)SPSS中的自动调用。

符合自动调用的数据排列方式截取一部分如图4-37所示。

	甲方法	乙方法
1	31	26
2	34	24
3	29	28
4	32	29
5	35	30
6	38	29
7	34	32

图4-37　数据的排列方式

在SPSS中点击"分析"→"比较均值"→"配对样本T检验",如图4-38所示。

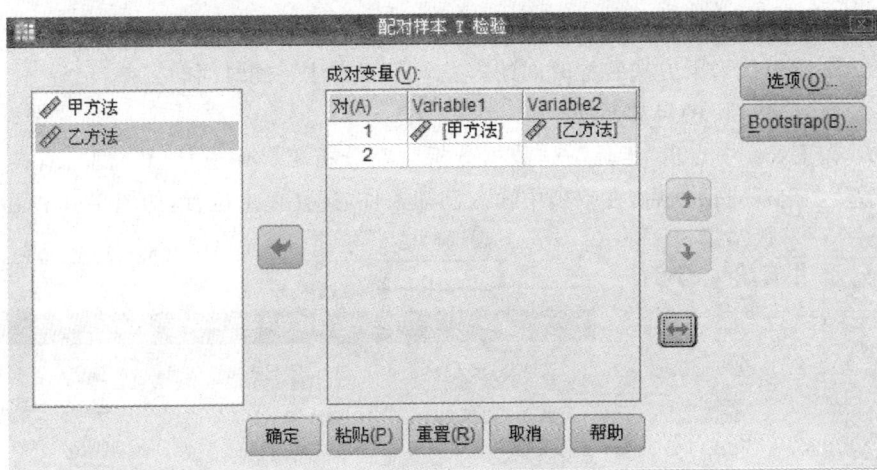

图4-38　"配对样本T检验"对话框

输出结果如图4-39所示。

成对样本统计量

		均值	N	标准差	均值的标准误
对1	甲方法	31.75	12	3.194	0.922
	乙方法	28.67	12	2.462	0.711

成对样本检验

		成对差分						t	df	Sig.（双侧）
		均值	标准差	均值的标准误	差分的95%置信区间					
					下限	上限				
对1	甲方法-乙方法	3.083	3.872	1.118	0.623	5.543		2.759	11	0.019

图 4-39 "配对样本 T 检验"输出结果

在成对样本检验结果中，最直接的方式是查看表中对应"Sig.（双侧）"的输出结果 0.019，它是双侧检验的 P 值结果。由于本题属于右侧检验类型，需要将 P 值结果除以 2，调整为单侧检验的 P 值结果，即为 0.0095。由于 $P=0.0095 < \alpha = 0.05$，拒绝 H_0，认为甲方法的平均装配时间大于乙方法的平均装配时间。

8. 能否认为甲方法装配时间的方差大于乙方法装配时间的方差？

（1）Excel 中的自动调用。

在 Excel 中点击"工具"→"数据分析"，在分析工具中选择"F 检验：双样本方差"。出现对话框后，在空项中输入已知条件，选择输出位置，如图 4-40 所示。

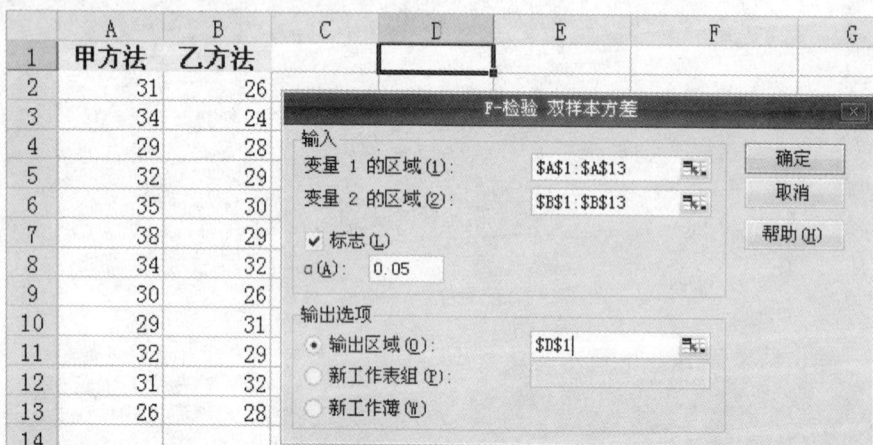

图 4-40 "F 检验：双样本方差"对话框

输出结果如图 4-41 所示。

	A	B	C
1	F-检验 双样本方差分析		
2			
3		甲方法	乙方法
4	平均	31.75	28.66666667
5	方差	10.20454545	6.060606061
6	观测值	12	12
7	df	11	11
8	F	1.68375	
9	P(F<=f) 单尾	0.200443966	
10	F 单尾临界	2.81793047	

图 4-41　"F 检验:双样本方差"输出结果

根据题意,本题属于右侧检验类型,观察到图中给出的即为右侧检验的结果。临界值看"F 单尾临界",求得的 P 值看"$P(F<=t)$ 单尾"。由于统计量 $F=1.684$ 小于 F 单尾临界值 2.818,或者由于 $P=0.200 > \alpha=0.05$,不拒绝 H_0,所以不认为甲方法装配时间的方差大于乙方法装配时间的方差。

(2)SPSS 中的自动调用。

在 SPSS 中采用"Levene 检验"方法进行方差同质性检验,点击"分析"→"比较均值"→"单因素 ANOVA",如图 4-42 所示。

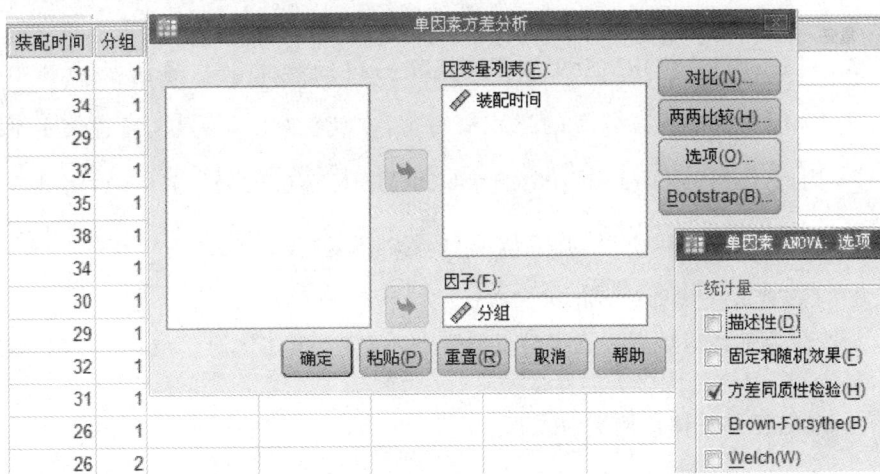

图 4-42　"单因素方差分析"对话框

检验结果如图 4-43 所示。

方差齐性检验

装配时间

Levene 统计量	df1	df2	显著性
0.557	1	22	0.463

图 4-43　方差齐性检验结果

根据检验结果：Sig.＝0.463＞α＝0.05，接受方差相等的原假设。

例 4-5　调查了 339 名 50 岁以上的人,其中 205 名吸烟者中有 43 个患慢性气管炎,在 134 名不吸烟者中有 13 人患慢性气管炎。假设两总体服从正态分布,显著性水平取 0.05,试回答如下问题：

1. 求吸烟者中患慢性气管炎比例的 95% 置信区间?

2. 想要估计吸烟者中患慢性气管炎的比例,要求估计误差在 0.1 以内,置信水平为 90%,应选取多大的样本?

3. 求吸烟者与不吸烟者中患慢性气管炎比例差别的 99% 置信区间?

4. 吸烟者患慢性气管炎的比例是否为 0.2 ?（$\alpha = 0.05$）

5. 调查数据能否支持"吸烟者比不吸烟者更容易患慢性气管炎"这种观点?（$\alpha = 0.01$）

【实验步骤】

1. 求吸烟者中患慢性气管炎比例的 95% 置信区间。

这属于对总体比例 P 的区间估计类型。在 Excel 中进行参数估计,基本方法就是调用特定的统计函数或程序模块求出统计量和临界值,代入置信区间的公式即得。调用 NORMSINV（probability）可间接求出临界值 $z_{\frac{\alpha}{2}}$,其中的 probability 是标准正态分布的累积概率值,在此为（$1-\frac{\alpha}{2}$）。当置信水平为 95%,则 NORMSINV(1−0.05/2)＝NORMSINV(0.975)＝1.960。将计算的样本比例 43/205＝0.2098,临界值 1.96,标准误差 $\sqrt{\dfrac{0.2098 \times (1-0.2098)}{205}}$＝0.0284 等代入公式即得置信区间为（0.1540，0.2655）。

2. 想要估计吸烟者中患慢性气管炎的比例,要求估计误差在 0.1 以内,置信水平为 90%,应选取多大的样本?

(1) 若已知总体比例 $P=0.2$。

样本容量的确定公式为　　$n = \dfrac{(z_{\frac{\alpha}{2}})^2 \times P \times (1-P)}{E^2}$

调用 NORMSINV$(1-0.1/2)=1.64$ 求得 $z_{\frac{a}{2}}$，根据题意 $E=0.1$，代入公式可求得 $n=43.3$，向上取整为 44。至少需要抽取的样本容量为 44，能将估计误差控制在预订范围内。

(2)若总体比例未知，则取 $P=0.5$。

样本容量的确定公式为　　$n=\dfrac{(z_{\frac{a}{2}})^2\times 0.25}{E^2}$

调用 NORMSINV$(1-0.1/2)=1.64$ 求得 $z_{a/2}$，根据题意 $E=0.1$，代入公式可求得 $n=67.6$，向上取整为 68。至少需要抽取的样本容量为 68，能将估计误差控制在预订范围内。

3.求吸烟者与不吸烟者中患慢性气管炎比例差别的 99％置信区间。

这属于对两个总体比例之差的区间估计类型。计算得到两个样本比例分别为 $43/205=0.2098$ 与 $13/134=0.0970$。调用 NORMSINV(probability)可间接求出临界值 $z_{\frac{a}{2}}$。当置信水平为 99％，则 NORMSINV$(1-0.01/2)=$ NORMSINV$(0.995)=2.58$。将计算的样本比例差 $\dfrac{43}{205}-\dfrac{13}{134}=0.1127$，临界值 2.58，标准误差 $\sqrt{\dfrac{0.2098\times(1-0.2098)}{205}+\dfrac{0.0970\times(1-0.0970)}{134}}=$ 0.0382 等代入公式即得置信区间为$(0.0142,0.2112)$。

4.吸烟者患慢性气管炎的比例是否为 0.2？（$\alpha=0.05$）

(1)方法一：比较统计量值与临界值进行检验。

根据题意，提出检验的原假设和备择假设：$H_0:P=0.2$；$H_1:P\neq 0.2$。这是一个双侧检验问题。求出 $P=43/205=0.2098$。代入检验统计量 Z 的计算公式求得：$Z=\dfrac{0.2098-0.2}{\sqrt{\dfrac{0.2\times(1-0.2)}{205}}}=0.35$。求临界值 $z_{\frac{a}{2}}$ 需要间接调用统计函数 NORMSINV，$z_{\frac{a}{2}}=$NORMSINV$(1-0.05/2)=1.96$。由于 $Z=0.35<z_{\frac{a}{2}}$ $=1.96$，未落入拒绝域内，所以不能拒绝原假设 H_0，可认为吸烟者患慢性气管炎的比例为 0.2。

(2)方法二：比较 P 值与显著性水平 α 进行检验。

求 P 值可以间接调用统计函数 NORMSDIST(Z)，该函数返回标准正态累积分布函数，Z 为计算的统计量值。由于属于双侧检验类型，所以

$P=2\times[1-$NORMSDIST$(0.35)]=0.727$

由于 $P=0.727>\alpha=0.05$，所以不能拒绝原假设 H_0，可认为吸烟者患慢性气管炎的比例为 0.2。

5.调查数据能否支持"吸烟者比不吸烟者更容易患慢性气管炎"这种观点？（$\alpha = 0.01$）

（1）方法一：比较统计量值与临界值进行检验。

根据题意，提出原假设和备择假设：$H_0: P_1 - P_2 \leqslant 0$；$H_1: P_1 - P_2 > 0$。这是一个右侧检验问题。先求两个样本合并后得到的比例估计量 $P = \dfrac{43+13}{205+143} = 0.165$，代入检验统计量 Z 的计算公式：

$$Z = \frac{\dfrac{43}{205} - \dfrac{13}{134}}{\sqrt{0.165 \times (1-0.165)(\dfrac{1}{205} + \dfrac{1}{134})}} = 2.73$$

求出临界值 $z_\alpha = \text{NORMSINV}(1-0.01) = 2.33$

由于 $Z = 2.73 > z_\alpha = 2.33$，落入拒绝域内，所以拒绝原假设 H_0，调查数据支持"吸烟者相比不吸烟者更容易患慢性气管炎"。

（2）方法二：比较 P 值与显著性水平 α 进行检验。

求 P 值可以间接调用统计函数 $\text{NORMSDIST}(Z)$，该函数返回标准正态累积分布概率，Z 为计算的统计量值。此例为右侧检验类型，所以 P 值 $= 1 - \text{NORMSDIST}(2.73) = 0.003$。由于 P 值 $= 0.003 < \alpha = 0.01$，所以拒绝原假设 H_0，调查数据支持"吸烟者相比不吸烟者更容易患慢性气管炎"这种观点。

学生实验

学生实验一

假设总体服从标准正态分布，应用随机数发生器从总体中随机抽取样本容量为 4 的样本，共抽取 1000 份这样的样本。

【实验要求】

1.计算每个样本的样本均值。

2.观察样本均值的分布状况。

3.计算样本均值的均值与方差。

4.比较样本统计量的计算值与由中心极限定理得到的总体参数理论值之间的差异。

学生实验二

为评价两所学校的英语教学质量，分别在两所学校抽取样本。在 A 学校抽取 30 名学生，在 B 学校抽取 40 名学生，对两所学校的学生同时进行一次英语考试,成绩如表 4-1 所示,假设总体服从正态分布。

A 学校						B 学校							
70	97	85	87	64	73	76	91	57	62	89	82	93	64
86	90	82	83	92	74	80	78	99	59	79	82	70	85
72	94	76	89	73	88	83	87	78	84	84	70	79	72
91	79	84	76	87	88	91	93	75	85	65	74	79	64
85	78	83	84	91	71	84	66	66	85	78	83	75	60

【实验要求】

1. 假设已知 A、B 学校考试成绩的方差分别为 64、100,分别求两个学校平均考试成绩的 90% 置信区间?

2. 假设总体方差未知,分别求两所学校平均考试成绩的 90% 置信区间?

3. 分别求两所学校考试成绩方差的 95% 置信区间?

4. 假设总体方差未知,求两所学校平均考试成绩之差的 95% 置信区间?

5. 假设已知 A 学校考试成绩的方差为 64,能否认为其平均考试成绩为 80 分?

6. 假设 A 学校考试成绩的方差未知,能否认为其平均考试成绩为 80 分?

7. 能否认为 A 学校考试成绩的方差大于 64?

8. 假设已知 A、B 学校考试成绩的方差分别为 64、100,能否认为两个学校的平均考试成绩相等?

9. 假设总体方差未知,能否认为两所学校的平均考试成绩相等?

10. 能否认为 B 学校考试成绩的方差大于 A 学校考试成绩的方差?

学生实验三

有一种理论认为服用阿司匹林有助于减少心脏病的发生,为了进行验证,研究人员把自愿参与实验的 22000 人随机平均分成两组,一组人员每星期服用三次阿司匹林(样本 1),另一组人员在相同的时间服用安慰剂(样本 2)。持续 3 年之后进行检测,样本 1 中有 104 人患心脏病,样本 2 中有 189 人患心脏病。

【实验要求】

1. 求服用阿司匹林者患心脏病比例的 90% 置信区间?

2. 求服用阿司匹林者患心脏病比例与服用安慰剂者患心脏病比例之差的 99% 置信区间?

3. 能否认为服用阿司匹林者患心脏病的比例为 1% ? ($\alpha = 0.05$)

4. 调查数据能否支持"服用阿司匹林可以降低心脏病发生率"这种观点? ($\alpha = 0.05$)

实验五　列联分析

⏩**实验目的**

1. 通过本实验理解列联表分析的意义,熟悉用列联表处理定性数据的方法和过程。
2. 掌握 SPSS 中列联表分析过程中的操作和其中各个设置选项的含义,能够针对不同的问题选择不同的分析方法,从而得到有价值的结论,特别是能够利用 SPSS 处理问卷调查中两个分类变量之间是否独立的检验问题。

一、列联分析原理

在实际工作中,经常需要分析两个分类变量之间是否存在相关关系(是否独立),例如浙江大学城市学院对某项奖学金政策做调整,学校为了了解各年级学生对该项政策的态度,进行了抽样调查,其结果可以整理成频数分布表 5-1。

表 5-1　关于奖学金政策调整调查结果　　　　　　　　　　单位:人

		年级变量				合计
		大一	大二	大三	大四	
态度变量	赞成	55	23	69	31	178
	无所谓	15	10	21	39	85
	反对	10	2	10	5	27
	合计	80	35	100	75	290

上述问题有两个变量:行变量为态度变量,共有三个类别;列变量为年级变量,共有四个类别。学校管理层需要分析学生态度与年级之间是否有关联。

一般地,假设有两个分类变量 A 和 B,A 为行变量,共有 n 类,B 为列变量,共有 m 类,属于 A_iB_j 的个体数目为 $n_{ij}(i=1,2,\cdots,n;j=1,2,\cdots,m)$,则可以得到表 5-2 所示列联表。

表 5-2　变量 A 和变量 B 的频数分布表

		变量 B				合计
		B_1	B_2	$\cdots$	B_m	
变量 A	A_1	n_{11}	n_{12}	$\cdots$	n_{1m}	$n_1.$
	A_2	n_{21}	n_{22}	$\cdots$	n_{2m}	$n_2.$
	$\cdots$	$\cdots$	$\cdots$	$\cdots$	$\cdots$	$\cdots$
	A_n	n_{n1}	n_{n2}	$\cdots$	n_{nm}	$n_n.$
	合计	$n._1$	$n._2$	$\cdots$	$n._m$	N

将上述列联表中的每一个元素都除以元素总和,即 $p_{ij} = n_{ij}/N$,于是得到频率意义上的列联表,见表 5-3。

表 5-3　变量 A 和变量 B 的频率分布表

		年级变量 B				合计
		B_1	B_2	$\cdots$	B_m	
变量 A	A_1	p_{11}	p_{12}	$\cdots$	p_{1m}	$p_1.$
	A_2	p_{21}	p_{22}	$\cdots$	p_{2m}	$p_2.$
	$\cdots$	$\cdots$	$\cdots$	$\cdots$	$\cdots$	$\cdots$
	A_n	p_{n1}	p_{n2}	$\cdots$	p_{nm}	$p_n.$
	合计	$P._1$	$P._2$	$\cdots$	$P._m$	1

如果变量 A 与变量 B 之间相互独立,则变量 A 第 i 类别与变量 B 第 j 类别同时出现的概率等于总体中变量 A 第 i 类别出现的概率与变量 B 第 j 类别出现的概率的乘积,即 $p_{ij} = p_i. \times p._j$,所以可以通过研究变量 A 第 i 类别与变量 B 第 j 类别同时出现的实际概率 p_{ij} 与期望概率 P_{ij} 的差异大小来判断变量 A 与变量 B 是否独立。因此,提出假设如下:

H_0:变量 A 与变量 B 相互独立。

H_1:变量 A 与变量 B 不独立。

构建 χ^2 统计量:$\chi^2 = N \sum\limits_{i=1}^{n} \sum\limits_{j=1}^{m} \dfrac{(p_{ij} - p_i. \cdot p._j)^2}{p_i. \cdot p._j}$

或者 $\qquad \chi^2 = \sum\limits_{i=1}^{n} \sum\limits_{j=1}^{m} \dfrac{(n_{ij} - n_{ij} n._j)^2}{N_{ij}}$

其中,N_{ij} 为第 i 行第 j 列元素的期望频数,$N_{ij} = (n_i. \times n._j)/N$

该统计量反映了所有元素的观察值与理论值经过某种加权的总离差情况,在 N 足够大的情况下,当原假设 H_0 为真时,χ^2 服从自由度为 $(n-1)(m-1)$ 的 χ^2 分布。

通过对 χ^2 的检验,可以判断两个分类变量是否独立。

二、列联分析实验

例 5-1　关于奖学金调整政策调查分析原始数据如图 5-1 所示。要求采用 Excel 软件,检验学生态度与学生年级之间是否相互独立。

		年级变量				
		大一	大二	大三	大四	合计
态度变量	赞成	55	23	69	31	178
	无所谓	15	10	21	39	85
	反对	10	2	10	5	27
	合计	80	35	100	75	290

图 5-1　原始数据

【实验步骤】

1. 假设

H_0:态度变量与年级变量相互独立。

H_1:态度变量与年级变量不独立。

2. 将 Excel 数据表转换成图 5-2 的形式。

行	列	nij	Nij	nij-Nij	(nij-Nij)2/Nij
1	1	55	49.10345	5.896552	0.70808311
1	2	23	21.48276	1.517241	0.10715669
1	3	69	61.37931	7.62069	0.94616428
1	4	31	46.03448	-15.0345	4.91013819
2	1	15	23.44828	-8.44828	3.0438641
2	2	10	10.25862	-0.25862	0.00651985
2	3	21	29.31034	-8.31034	2.35622718
2	4	39	21.98276	17.01724	13.1733469
3	1	10	7.448276	2.551724	0.87420179
3	2	2	3.258621	-1.25862	0.48613392
3	3	10	9.310345	0.689655	0.05108557
3	4	5	6.982759	-1.98276	0.56300553
					27.2259271

图 5-2　具体计算

其中，N_{ij}为第 i 行第 j 列元素的期望频数：

$N_{ij} = n_i. \times n_{.j} / N$

得到卡方统计量值 $\chi^2 = 27.22593$。

3. χ^2 的自由度为 $(3-1)(4-1)=6$，取 $\alpha=0.05$，利用 CHIINV 函数计算：

$\chi^2_{0.05}(6) = 12.59159$

$\chi^2 > \chi^2_{0.05}(6)$，拒绝 H_0，即学生态度与年级之间不独立。

例 5-2 某学校对学生逃课情况进行了抽样调查，将学生类别分为理科、文科和工科三类，分别用 1、2、3 表示，逃课情况分为逃课现象较少、逃课现象一般和逃课现象严重，分别用 1、2、3 表示，具体数值见数据文件 taoke1.sav，对该数据，采用 SPSS 软件完成列联分析。

【实验步骤】

1. 根据图 5-3 和图 5-4 建立数据文件，或者直接打开已经建立的数据文件 taoke1.sav。

	名称	类型	宽度	小数	标签	值	缺失
1	zhuanye	字符串	4	0		{1, 理科}...	无
2	taoke	字符串	2	0		{1, 逃课现象...	无
3	renshu	数值(N)	3	0		无	无
4							
5							

图 5-3　变量视图

	zhuanye	taoke	renshu	变量	变量	变量	变量
1	1	1	20				
2	1	2	30				
3	1	3	5				
4	2	1	15				
5	2	2	40				
6	2	3	25				
7	3	1	18				
8	3	2	37				
9	3	3	10				
10							

图 5-4　数据视图

2. 数据预处理,以人数对专业变量进行加权。选择"数据"→"加权个案",弹出"加权个案"对话框,如图 5-5 所示,选择加权个案,将"renshu"移入"频率变量"框中,单击"确定"。

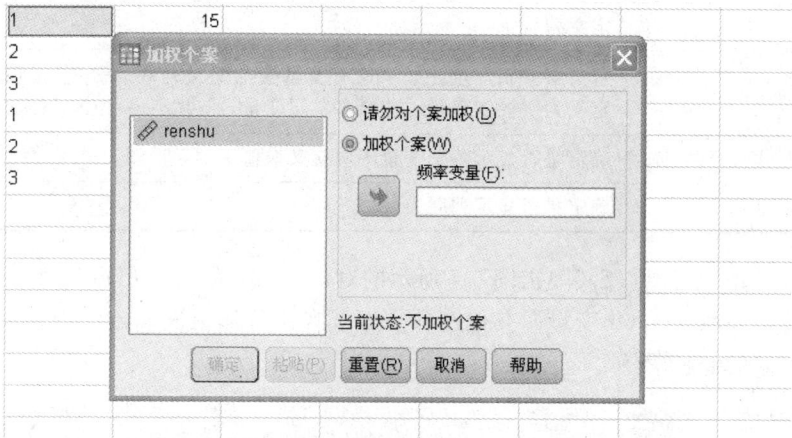

图 5-5　数据预处理

3. 单击"分析"菜单→选择"描述统计"→"交叉表",在打开的交叉表对话框中选择变量"zhuanye"进入"行(s)"变量,"taoke"进入"列(c)"变量。选中复选框"显示复式条形图",如图 5-6 所示。交叉表对话框中各选项说明见表 5-4。

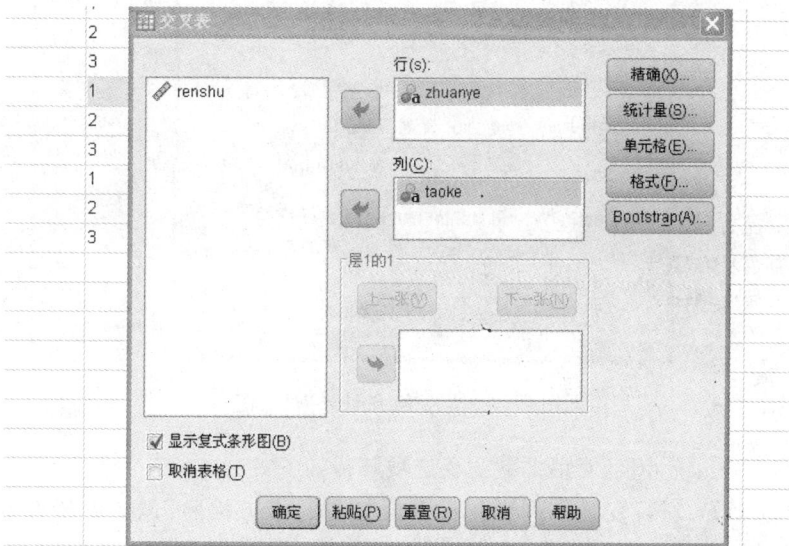

图 5-6　交叉表对话框

表 5-4 交叉表对话框各选项说明

选　项	选项说明
行(s)	定义行变量
列(c)	定义列变量
层 1 的 1	定义层控制变量。如果还有变量参与交叉列联表分析,可以将之定义为层控制变量。选择多个层变量,通过"下一张(N)"依次移入
显示复式条形图(B)	确定是否显示各个变量不同交叉取值下的条形图
取消表格(T)	确定是否显示列联表

4. 单击"统计量(S)"弹出图 5-7 所示的对话框,选择"卡方(H)"、"相依系数(O)"、"Phi 和 Cramer 变量",其他选项是否选择由具体情况确定。选定后点击"继续",如图 5-7 所示。

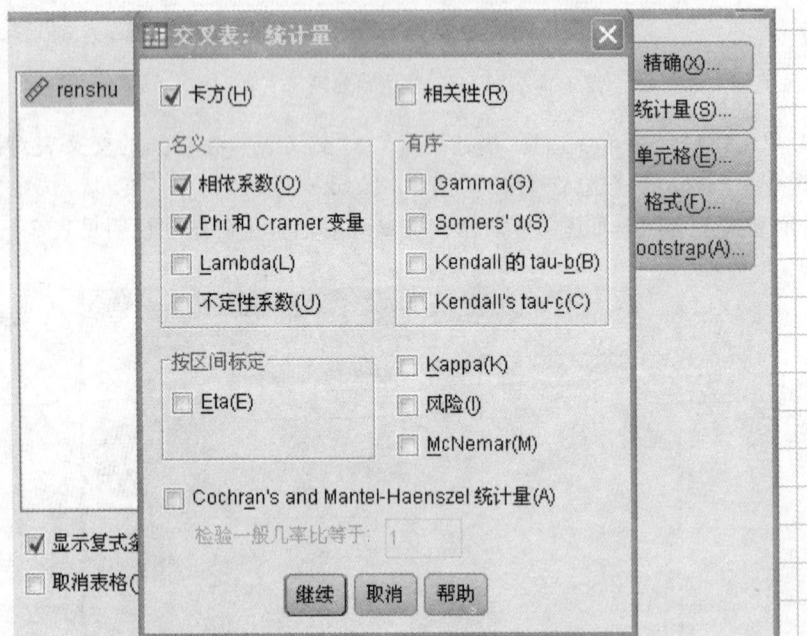

图 5-7 "交叉表:统计量"对话框

"交叉表:统计量"对话框各主要选项解释如下:

卡方(H):对行变量和列变量的独立性进行卡方检验,包括皮尔逊卡方检验、Likelihood-ratio 检验、Linear-by-Linear Association 检验等。

相关性:选择该选项还会计算列联表行列两变量的 Pearson 相关系数和 Spearman 相关系数。

名义:有四个指标。

①"相依系数",列联系数,简称为 C 系数,取值在 0 与 1 之间,越接近于 0,两个变量独立性越强。

②"Phi 和 Cramer 变量":计算 ϕ 相关系数和克拉美值即 V 相关系数。

③"Lambda(L)":λ 值,反映用自变量预测因变量值时的误差比率,Lambda(L)为 1 时,意味自变量可以很好地预测因变量的值,Lambda(L)为 0 时,则表示自变量无助于预测因变量的值

④"不定性系数":其值接近 1 时表明后一变量的信息很大程度来自前一变量,其值接近 0 时表明后一变量的信息与前一变量无关。

有序:四个指标,用于处理定序测度的数据资料。

①"Gamma":反映两个定序测度变量的对称关联程度,其值在 −1 与 1 之间,Gamma 绝对值越接近于 1 表明两个变量之间具有越高的线性相关性,越接近于 0 表明变量之间有低度或无线性关系。

②"Somers'd":是 Gamma 系数的非对称性推广,其意义与 Gamma 系数基本相同,不同点仅仅在于它包括与自变量不相关的成对数据。

③"Kendall's tau-b":肯德尔 tau-b 系数,反映相关的定序变量或秩变量的非参数关联程度,其值在 −1 与 1 之间,系数的符号反映相关方向,其绝对值越大表明变量之间的相关程度越高。

④"Kendall's tau-c":肯德尔 tau-c 系数,反映忽略定序变量之间的相关关系的非参数关联程度,其取值范围和意义与 Kendall's tau-b 系数一致。

Eta:Eta 系数反映行列变量的关联程度,其值在 0 与 1 之间,值越接近于 1 表明变量之间的关联度越高,值越接近于 0 表明变量之间的关联度越低。

Kappa:Kappa 系数用来检验两个模型对同一对象进行评估时是否具有相同的判断。其值为 1 表明两者判断完全相同,0 表明两者没有共同点。

风险:相对风险比率系数,反映一个因素与发生的某一特定事件之间的关联程度。

McNemar:McNemar 系数,适用于对二维列联表的非参数检验,用于探索试验设计中由于试验的干扰而引起的变化。

5.单击"单元格"按钮,弹出图 5-8 所示的对话框,主要功能设置输出结果的显示。选中"计数"、"百分比"、"残差"等指标,点击"继续"。

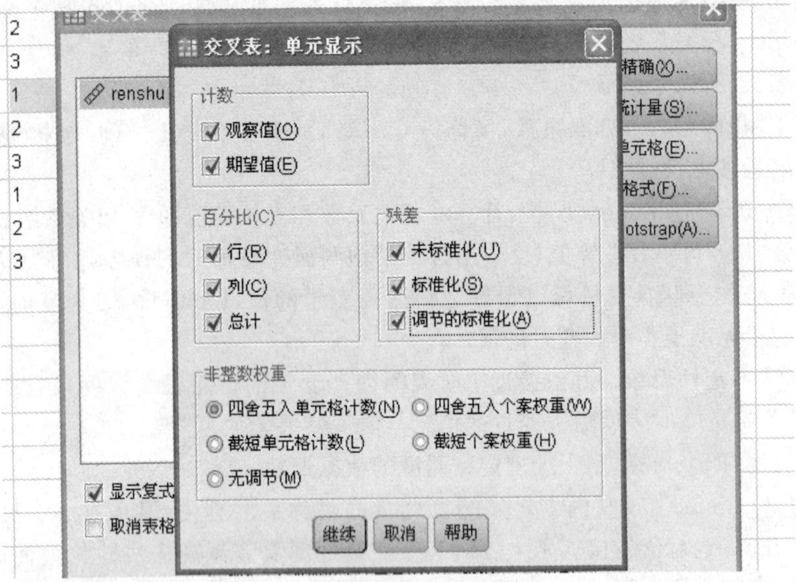

图 5-8　"交叉表:单元显示"对话框

"交叉表:单元显示"对话框各选项解释如下:

观察值:表示显示观察值频数,这是系统默认的选项。

期望频数:在行列变量独立的假设下,显示期望的理论频数。

行:显示观察值占该行观察值总数的百分比。

列:显示观察值占该列观察值总数的百分比。

总计:显示观察值占全部观察值总数的百分比。

未标准化:非标准化残差,实际观察值与理论值之差。

标准化:标准化残差,均值为 0,标准差为 1 的 Pearson 残差。

调节的标准化:调整的标准化残差,实际观察值与理论值之差除以标准差的值。

四舍五入单元格计数:对单元格的累计权重进行四舍五入后才进行统计量的计算。

截短单元格计数:对单元格的累计权重先进行舍位,即舍去小数点后数字,才进行统计量的计算。

无调节:对个案权重和单元格计数均使用小数,不做调整。

四舍五入个案权重:在加权前对个案权重进行四舍五入。

截短个案权重:在加权前对个案权重进行舍位。

6.单击"格式"按钮,弹出图 5-9 所示对话框,选择默认"升序",点击"继续"。

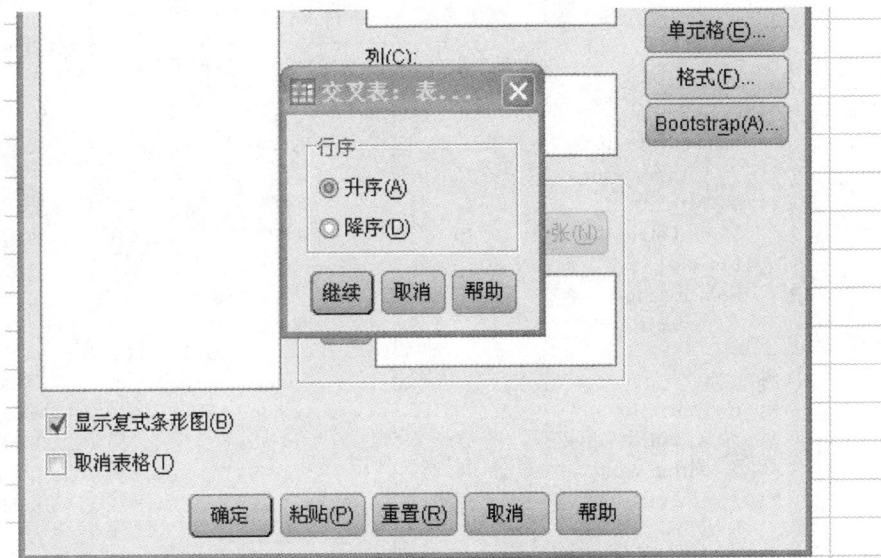

图 5-9　"格式"对话框

7.单击"确定"按钮,运算处理,输出结果见图 5-10 至图 5-14。

8.结论:

(1)如图 5-10 所示,参加分析样本总数 200 个,有效数据 200 个,没有缺失值。

Case Processing Summary

	\multicolumn{6}{c}{Casses}
	\multicolumn{2}{c}{Valid}	\multicolumn{2}{c}{Missing}	\multicolumn{2}{c}{Total}
	N	Percent	N	Percent	N	Percent
zhuanye×taoke	200	100.0%	0	0.0%	200	100.0%

图 5-10　样本统计表

(2)列联表输出。

zhuanye×taoke Crosstabulation

			逃课现象较少	逃课现象一般	逃课现象严重	Total
			taoke			Total
zhuanye 理科	Count		20	30	5	55
	Expected Count		14.6	29.4	11.0	55.0
	% within zhuanye		36.4%	54.5%	9.1%	100.0%
	% within taoke		37.7%	28.0%	12.5%	27.5%
	% of Total		10.0%	15.0%	2.5%	27.5%
	Residual		5.4	0.6	−6.0	
	Std. Residual		1.4	0.1	−1.8	
	Adjusted Residual		1.9	0.2	−2.4	
文科	Count		15	40	25	80
	Expected Count		21.2	42.8	16.0	80.0
	% within zhuanye		18.8%	50.0%	31.3%	100.0%
	% within taoke		28.3%	37.4%	62.5%	40.0%
	% of Total		7.5%	20.0%	12.5%	40.0%
	Residual		−6.2	−2.8	9.0	
	Std. Residual		−1.3	−0.4	2.3	
	Adjusted Residual		−2.0	−0.8	3.2	
工科	Count		18	37	10	65
	Expected Count		17.2	34.8	13.0	65.0
	% within zhuanye		27.7%	56.9%	15.4%	100.0%
	% within taoke		34.0%	34.6%	25.0%	32.5%
	% of Total		9.0%	18.5	5.0%	32.5%
	Residual		0.8	2.2	−3.0	
	Std. Residual		0.2	0.4	−0.8	
	Adjusted Residual		0.3	0.7	−1.1	
Total	Count		53	107	40	200
	Expected Count		53.0	107.0	40.0	200.0
	% within zhuanye		26.5%	53.5%	20.0%	100.0%
	% within taoke		100.0%	100.0%	100.0%	100.0%
	% of Total		26.5%	53.5%	20.0%	100.0%

图 5-11　输出列联表

　　从图 5-11 可以看出,本次调查,理科专业"逃课现象较少"有 20 人,占理科调查人数 55 人的 36.4%,占"逃课现象较少"的全部调查人数 53 人的 37.7%,占本次全部总调查人数 200 人的 10%,期望频数为 14.6 人,残差是 5.4。其他数据解释类似。从图中可以比较直观地看出各专业逃课现象的差异,明显文科专业"逃课现象严重"比例较高。

(3)卡方检验。

Chi-Square Tests

	Value	df	Asymp. Sig. (2-sided)
Pearson Chi-Square	13.232^a	4	0.010
Likelihood Ratio	13.383	4	0.010
N of Valid Cases	200		

a. 0 cells(0.0%) have expected count less than 5. The
minimum expected count is 11.00.

图 5-12　卡方检验结果

从图 5-12 可知,Pearson 卡方值为 13.232,其 p 值为 0.010,取 $\alpha = 0.05$,
p 值小于 0.05,因此,应该拒绝 H_0,认为逃课现象与专业之间是不独立的,两者
之间存在相关性。

(4)相关系数。

从图 5-13 可知,φ 相关系数为 0.257,V 相关系数为 0.182,C 相关系数为
0.249,三个数据均不大,可以认为逃课现象与专业之间有一定关系,但是这种关
系的密切程度不太高。

Symmetric Measures

		Value	Approx. Sig.
Nominal by Nominal	Phi	0.257	
	Cramer's V	0.182	0.010
	Contingency Coefficient	0.249	0.010
N of Valid Cases		200	0.010

图 5-13　相关系数测度表

(5)条形图(见图 5-14)。

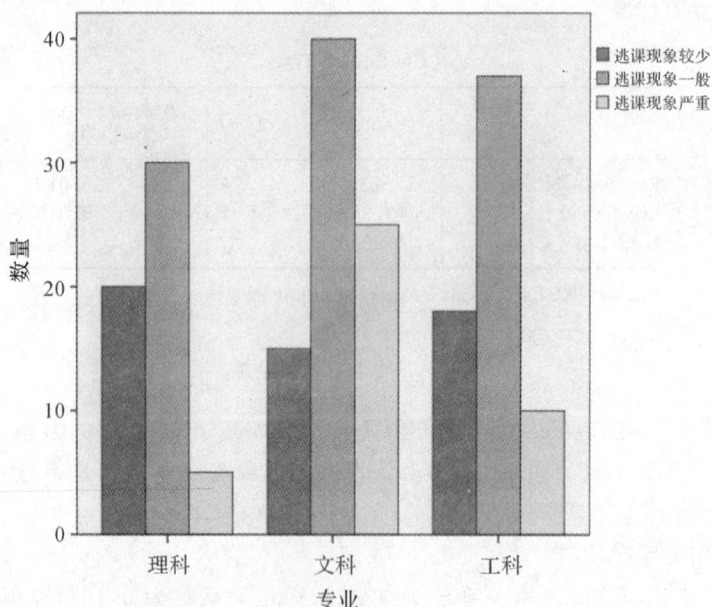

图 5-14　条形图

例 5-3　学校对食堂的服务质量进行了一项问卷调查,其中一个题目是关于食堂卫生情况的调查,有三个备选答案:满意、一般、不满意,根据回收问卷,将数据录入电脑,得到数据文件"食堂满意度调查.sav",请分析食堂满意度与性别之间是否有关联。

【实验步骤】

1.根据图 5-15 和图 5-16 建立数据文件,1 代表男,2 代表女,满意度有三个类别,1 代表满意,2 代表一般,3 代表不满意。或者直接打开已经建立的数据文件"食堂满意度调查.sav"。

文件(F)	编辑(E)	视图(V)	数据(D)	转换(T)	分析(A)	直销(M)	图形(G)	实用程序(U)	窗口(W)	帮助
	名称	类型	宽度	小数	标签	值	缺失	列		
1	sex	字符串	3	0		{1,男}...	无	8		
2	myd	字符串	2	0		{1,满意}...	无	8		

图 5-15　食堂满意度调查变量视图

	sex	myd
1	1	1
2	1	2
3	2	1
4	2	1
5	2	2
6	2	3
7	1	1
8	1	1
9	1	3
10	1	1
11	2	1
12	1	2
13	1	1
14	1	2
15	2	1
16	1	2
17	1	1
18	2	1
19	2	1
20	1	3
21	2	2
22	1	3
23	2	2
24	1	1
25	1	1
26	1	3
27	2	2
28	2	1
29	2	2
30	1	2

图 5-16　食堂满意度调查数据视图

2.单击"分析"菜单,选择"描述统计"→"交叉表"→"选择变量到行框中"→"选择变量到列框中"→"确定是否显示各变量不同交叉值下的条形图"→"确定是否显示列联表",单击"统计量"选择输出的统计量,单击"单元格"选择列联表中需要计算和输出的指标,单击"格式"选择行变量的排列方式,单击"确定"。如图 5-17 至图 5-21 所示。

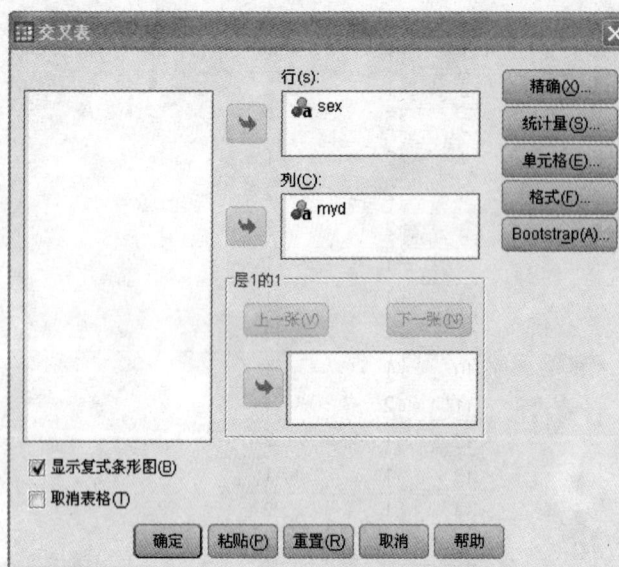

图 5-17

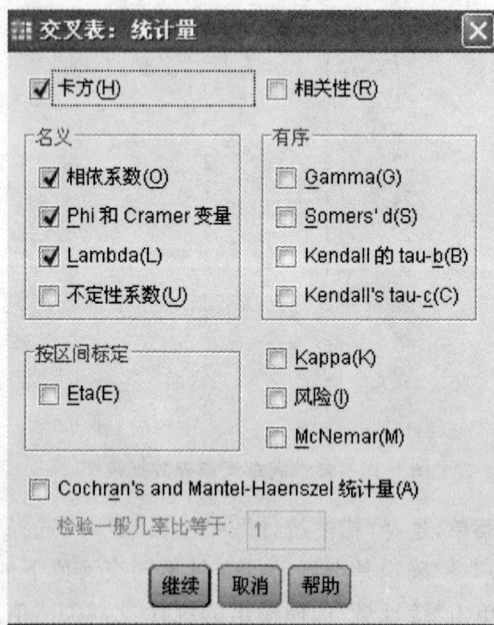

图 5-18

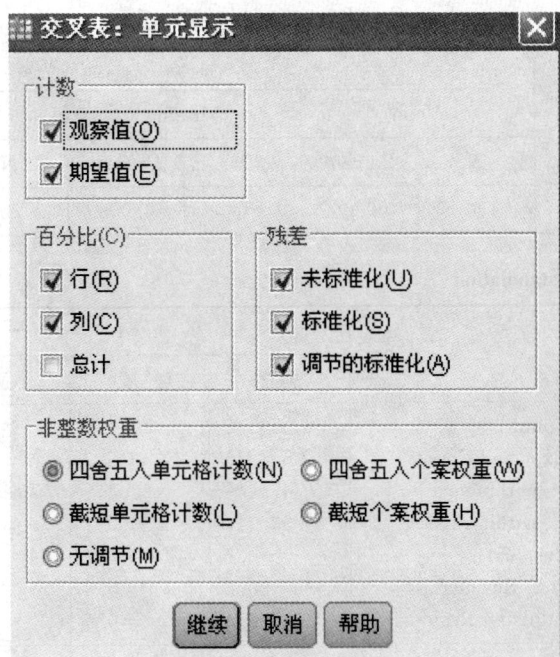

图 5-19

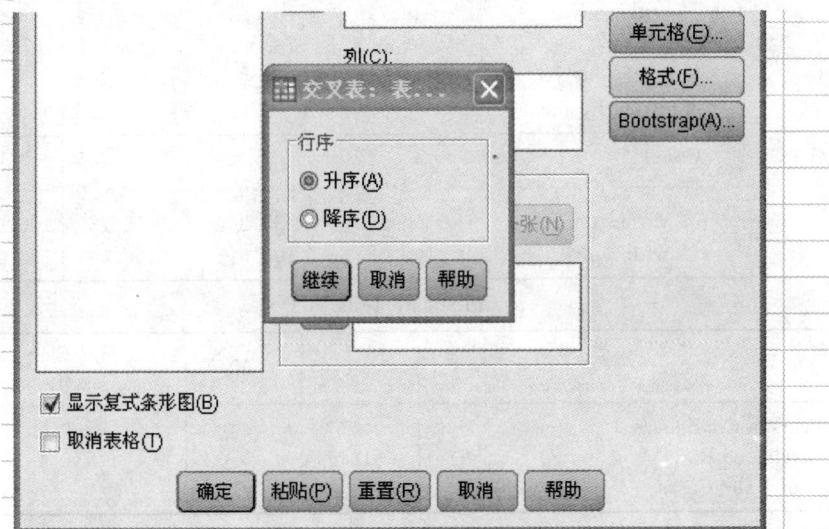

图 5-20

Case Processing Summary

	Cases					
	Valid		Missing		Total	
	N	Percent	N	Percent	N	Percent
sex×myd	30	100.0%	0	0.0%	30	100.0%

sex×myd Crosstabulation

			myd			Total
			满意	一般	不满意	
sex	男	Count	8	5	4	17
		Expected Count	8.5	5.7	2.8	17.0
		% within sex	47.1%	29.4%	23.5%	100.0%
		% within myd	53.3%	50.0%	80.0%	56.7%
		Residual	−0.5	−0.7	1.2	
		Std. Residual	−0.2	−0.3	0.7	
		Adjusted Residual	−0.4	−0.5	1.2	
	女	Count	7	5	1	13
		Expected Count	6.5	4.3	2.2	13.0
		% within sex	53.8%	38.5%	7.7%	100.0%
		% within myd	46.7%	50.0%	20.0%	43.3%
		Residual	0.5	0.7	−1.2	
		Std. Residual	0.2	0.3	−0.8	
		Adjusted Residual	0.4	0.5	−1.2	
Total		Count	15	10	5	30
		Expected Count	15.0	10.0	5.0	30.0
		% within sex	50.0%	33.3%	16.7%	100.0%
		% within myd	100.0%	100.0%	100.0%	100.0%

Chi-Square Tests

	Value	df	Asymp. Sig. (2-sided)
Pearson Chi-Square	1.357[a]	2	0.507
Likelihood Ratio	1.459	2	0.482
N of Valid Cases	30		

a. 3 cells (50.0%) have expected count less than 5. The minimum expected count is 2.17.

Directional Measures

			Value	Asymp. Std. Error[a]	Approx	Approx. Sig.
Nominal by Nominal	Lambda	Symmetric	0.000	0.000	.[b]	.[b]
		sex Dependent	0.000	0.000	.[b]	.[b]
		myd Dependent	0.000	0.000	.[b]	.[b]
	Goodman and Kruskal tau	sex Dependent	0.045	0.066		0.519[c]
		myd Dependent	0.045	0.024		0.643[c]

a. Not assuming the null hypothesis.

b. Cannot be computed because the asymptotic standard error equals zero.

c. Based on chi-square approximation

Symmetric Measures

		Value	Approx. Sig.
Nominal by Niminal	Phi	0.213	0.507
	Cramer's V	0.213	0.507
	Contingency Coefficient	0.208	0.507
N of Valid Cases		30	

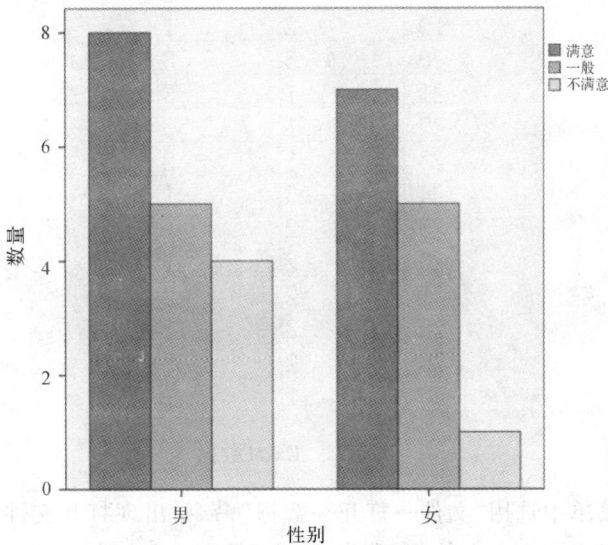

图 5-21

例 5-4　两个分类变量 V_1 和 V_2，V_1 和 V_2 各有 3 个类别，分别用 1、2、3 表示，数据已经输入 Excel 表，文件名"列联分析. xls"，实验要求调用该文件，并对变量 V_1 和 V_2 制作列联表，分析 V_1 和 V_2 是否独立。

【实验步骤】

1. 建立 Excel 文件"列联分析. xls"，如图 5-22 所示。

	A	B
4	3	2
5	1	2
6	1	1
7	2	1
8	1	2
9	2	1
10	1	3
11	2	1
12	3	3
13	2	2
14	1	2
15	3	3
16	3	1
17	2	1
18	1	2
19	2	1
20	3	3
21	1	3
22	1	3
23	1	2
24	3	1
25	2	1
26	2	1
27	2	2
28	3	1
29	2	2
30	1	1

图 5-22　Excel 数据

2. 在主菜单中选用"文件→打开→数据"命令，出现打开文件操作窗口。在"查找范围"栏指定文本文件"列联分析. xls"保存的文件夹；在"文件类型"栏里，单击该输入框或者右边的下拉三角形按钮，在下拉选项里选中"Excel？

（＊. xls）"，然后在文件列表框里选中"列联分析. xls"文件，再单击"打开"按钮，或者双击该文件（见图 5-23）。

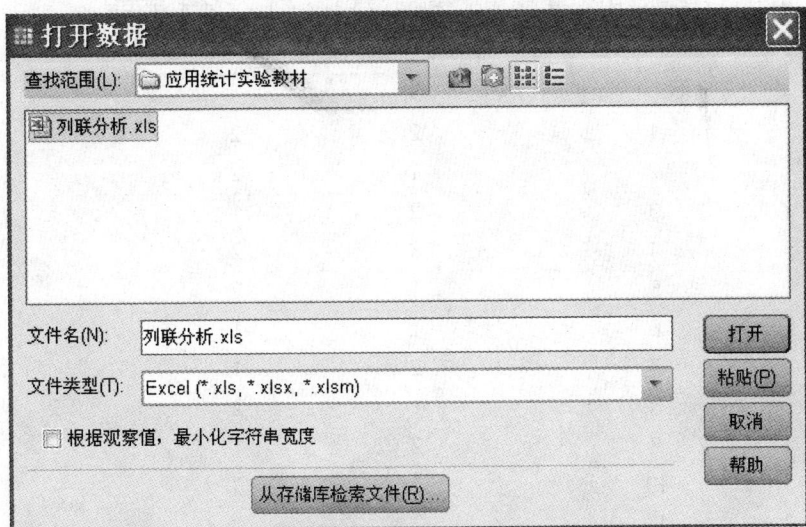

图 5-23　打开数据对话框

3. 弹出"打开 Excel 数据源"对话框，选择工作表、数据区域等，系统缺省指定第一个工作表。本例采用第二个工作表（见图 5-24）。点击"确定"就完成了数据转换（见图 5-25）。

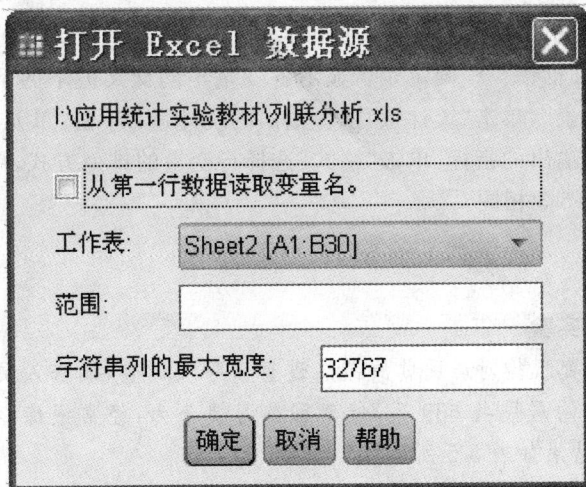

图 5-24

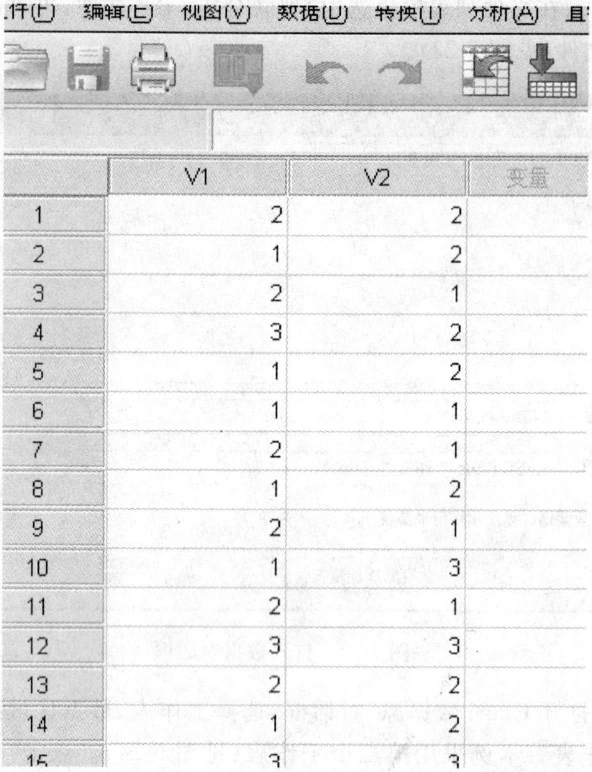

图 5-25

4. 单击"分析"菜单,选择"描述统计"→"交叉表"→"选择变量到行框中"→"选择变量到列框中"→"确定是否显示各变量不同交叉值下的条形图"→"确定是否显示列联表",单击"统计量"选择输出的统计量,单击"单元格"选择列联表中需要计算和输出的指标,单击"格式"选择行变量的排列方式,单击"确定"。过程与例 5-2、例 5-3 相同。

▷ 学生实验

学生实验一

某研究机构对居民健康锻炼进行了一项调查,调查人员调查了四个不同收入组的居民共 639 人,健康锻炼习惯分为:经常锻炼,有时锻炼,不锻炼,调查结果如表 5-5 所示。

锻炼习惯	低收入组	偏低收入组	偏高收入组	高收入组
经常锻炼	21	27	87	75
有时锻炼	12	41	65	63
不锻炼	97	83	37	21

表 5-5　　　　　　　　单位:人

试分析锻炼习惯与收入是否相关。

【实验要求】

1.写成具体实验步骤。

2.对实验结果进行分析解释。

3.分析实验中碰到的问题及解决方法。

学生实验二

某报社关心其读者的阅读习惯是否与其文化程度有关,随机调查了254 名读者,得到数据如表 5-6 所示。

表 5-6　　　　　　　　单位:人

阅读习惯	大学及以上	高中	高中以下
早上看	19	14	17
中午看	28	8	8
晚上看	78	11	6
有空看	43	9	13

试分析锻炼习惯与文化程度是否相关。

【实验要求】

1.写成具体实验步骤。

2.对实验结果进行分析解释。

3.分析实验中碰到的问题及解决方法。

实验六　方差分析

实验目的

1. 理解方差分析的概念与原理,掌握运用 Excel 与 SPSS 进行单因素方差分析的方法,学会运用 SPSS 进行多重比较。
2. 理解双因素方差分析的概念,掌握运用 Excel 与 SPSS 进行单因素方差分析的方法。

例 6-1　单因素方差分析(Excel):为了对几个行业的服务质量进行评价,消费者协会在 4 个行业分别抽取了不同的企业作为样本。最近一年中消费者对总共 23 家企业投诉的次数如图 6-1 所示。分析 4 个行业的服务质量(投诉次数)是否有显著差异(取显著性水平为 0.05)?

	A	B	C	D
1	零售业	旅游业	航空公司	家电制造业
2	57	68	31	44
3	66	39	49	51
4	49	29	21	65
5	40	45	34	77
6	34	56	40	58
7	53	51		
8	44			

图 6-1　原始数据

【实验步骤】
1. 在表格范围内选中任一单元格,在菜单栏上选择"工具"→"数据分析"。

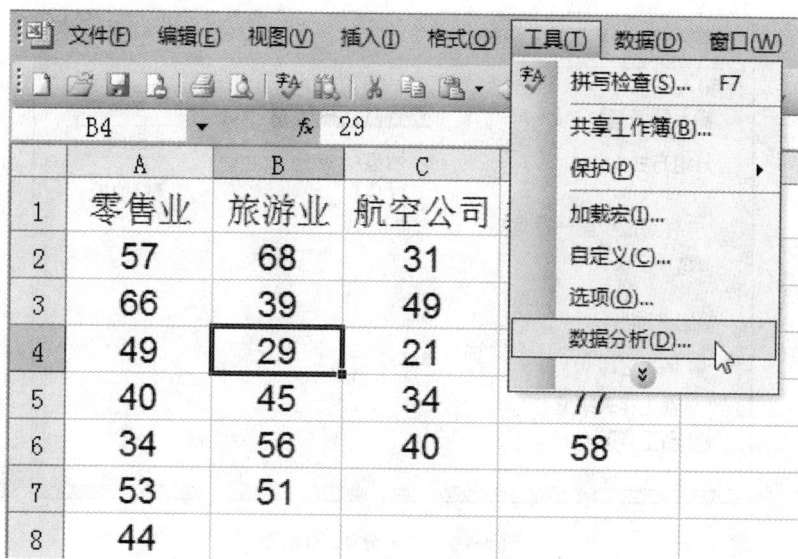

图 6-2　数据分析选项

2. 选择"单因素方差分析",点击"确定",如图 6-3 所示。

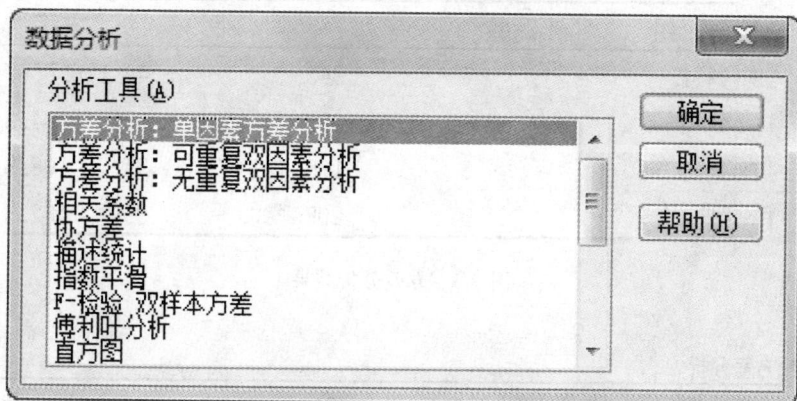

图 6-3　数据分析对话框

3. 点击确定后弹出对话框,确定输入与输出区域,确定"分组方式为:列",过程如图 6-4 所示。

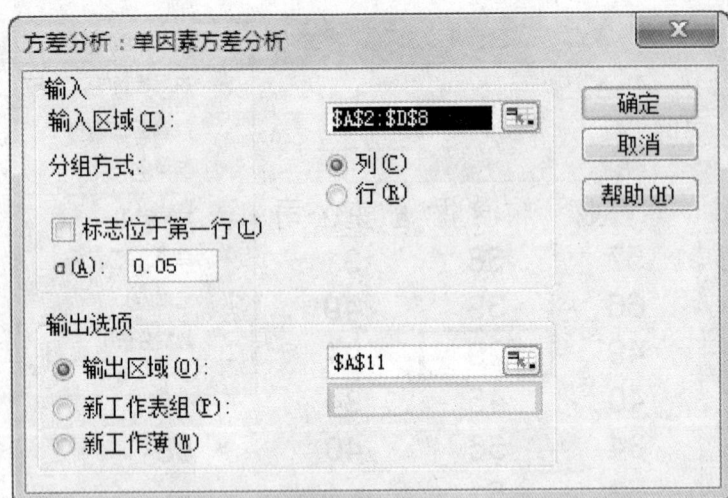

图 6-4 "方差分析"对话框

4.点击"确定",最终得到方差分析的结果,如图 6-5 和图 6-6 所示。

13	SUMMARY				
14	组	观测数	求和	平均	方差
15	列 1	7	343	49	116.6667
16	列 2	6	288	48	184.8
17	列 3	5	175	35	108.5
18	列 4	5	295	59	162.5

图 6-5 方差分析结果 1

21	方差分析						
22	差异源	SS	df	MS	F	P-value	F crit
23	组间	1456.6087	3	485.5362319	3.406643	0.038765	3.12735
24	组内	2708	19	142.5263158			
25							
26	总计	4164.6087	22				

图 6-6 方差分析结果 2

图 6-5 显示了 4 个行业数据样本的主要描述性统计量,可以看到列 3 的平均值与方差最小;而图 6-6 则显示了整个方差分析的过程,进行判断只需根据 P 值即表格的倒数第二列的 P-value 作出判断即可。由于 P-value＝0.038765＜0.05,故拒绝原假设,从而认为 4 个行业的服务质量差异显著。

例 6-2 单因素方差分析(SPSS)同例 6-1。

【实验步骤】

1. 由于 SPSS 的表格窗口与 Excel 不同,所以不能够简单地复制粘贴数据到 SPSS 的表格窗口中。首先需要根据 SPSS 的规则定义变量,如图 6-7 所示。

	名称	类型	宽度	小数	标签
1	times	数值(N)	8	0	投诉次数
2	industry	数值(N)	8	0	所在行业

图 6-7 变量设定

2. 按照设定的变量录入数据,其中,对于 industry 变量,用 1,2,3,4 表示 4 个行业,如图 6-8 所示。

	times	industry
1	57	1
2	66	1
3	49	1
4	40	1
5	34	1
6	53	1
7	44	1
8	68	2
9	39	2
10	29	2
11	45	2

图 6-8 原始数据截图

3. 选择"分析"→"比较均值"→"单因素 ANOVA",如图 6-9 所示。

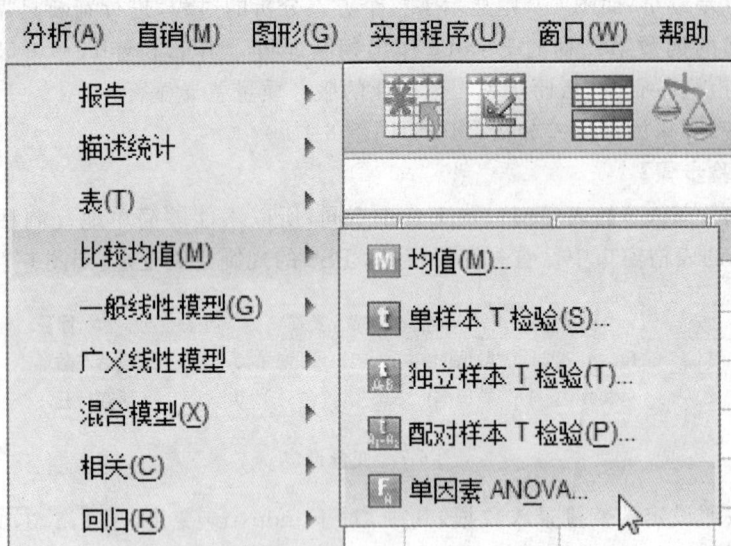

图 6-9　菜单选择

4. 分别将 times 和 industry 2 个变量导入"因变量列表"和"因子"下方的框中,如图 6-10 所示。

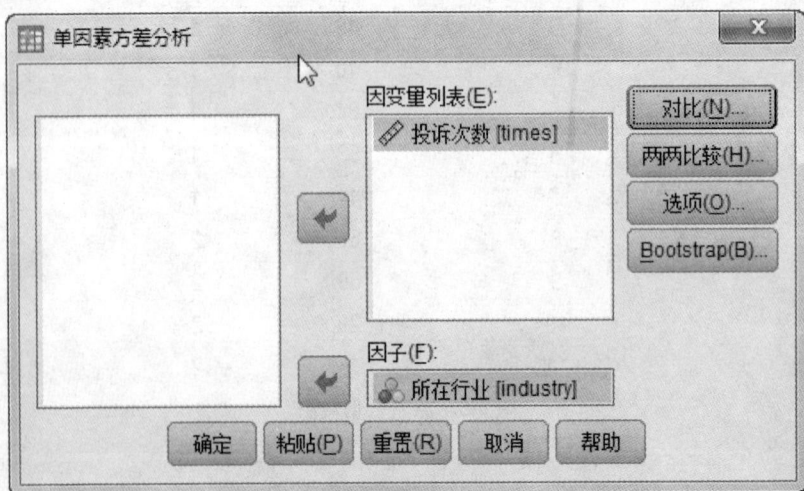

图 6-10　对话框设置

5.点击确定,即得到方差分析的结果,如图 6-11 所示。

ANOVA

投诉次数

	平方和	df	均方	F	显著性
组间	1456.609	3	485.536	3.407	0.039
组内	2708.000	19	142.526		
总数	4164.609	22			

图 6-11　方差分析结果

图 6-11 的最后一列"显著性"即为 P 值,由于 $0.039 < 0.05$,故拒绝原假设,从而认为 4 个行业的服务质量差异显著。由此可见,无论是 Excel 还是 SPSS 进行单因素方差分析均方便快捷,只是需要注意不同软件对数据存储的形式有不同的要求,不能简单地复制 Excel 的数据到 SPSS 中进行方差分析。

例 6-3　单因素方差分析的多重比较(SPSS)接例 6-1,经过方差分析,已做出拒绝原假设的判断,从而认为 4 个行业的服务质量差异显著,试找出这种显著的差异到底出现在哪些行业之间?

【实验步骤】

1.重复例 6-2 步骤 1～4,在图 6-10 中点击"两两比较"按钮,弹出对话框,如图 6-12 所示。

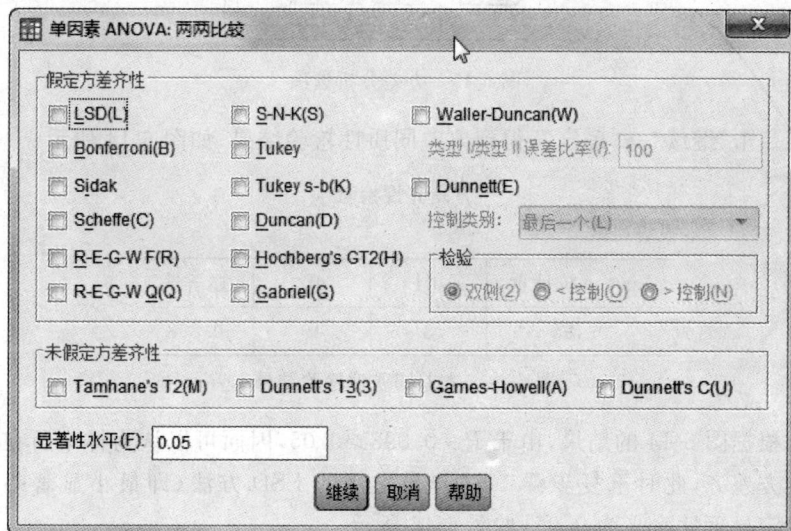

图 6-12　两两比较选项

2.SPSS 提供了多种方法进行两两比较的假设检验,总体而言分为"假定方差齐性"和"未假定方差齐性"两类,因此首先需对数据进行方差齐性检验,在图 6-10 中点击"选项"按钮,在对话框中选择"方差同质性检验",如图 6-13 所示。

图 6-13　方差分析选项

3.点击"继续"→"确定",得到方差同质性检验结果,如图 6-14 所示。

方差齐性检验

投诉次数

Levene 统计量	df1	df2	显著性
0.195	3	19	0.898

图 6-14　方差同质性检验结果

4.根据图 6-14 的结果,由于 $P=0.898>0.05$,因而可以认为样本所在的各总体的方差齐,此时重复步骤 1,选择最常用的 LSD 方法(即最小显著差异方法),设定显著性水平为 0.05,如图 6-15 所示。

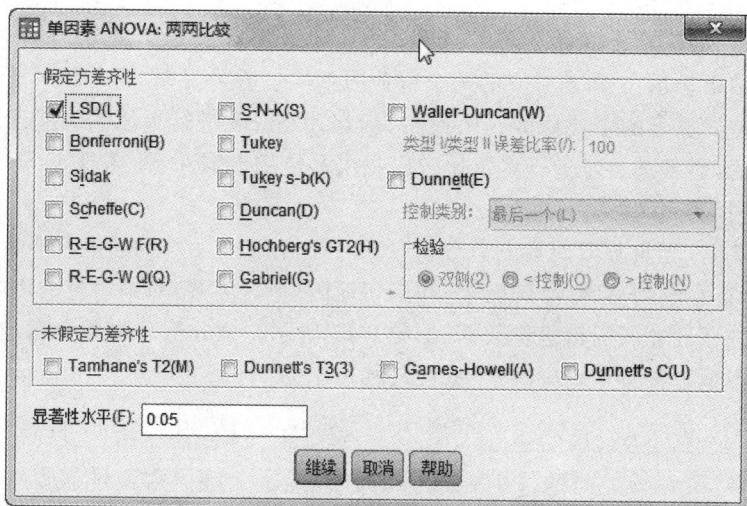

图 6-15   方法选择

5.点击"继续"→"确定",得到两两比较后的结果,如图 6-16 所示。

多重比较

投诉次数

LSD

(I)所在行业	(J)所在行业	均值差值(I−J)	标准误差	Sig.	95%置信区间	
					下限	上限
1	2	1.000	6.642	0.882	−12.90	14.90
	3	14.000	6.990	0.060	−0.63	28.63
	4	−10.000	6.990	0.169	−24.63	4.63
2	1	−1.000	6.642	0.882	−14.90	12.90
	3	13.000	7.229	0.088	−2.13	28.13
	4	−11.000	7.229	0.145	−26.13	4.13
3	1	−14.000	6.990	0.060	−28.63	0.63
	2	−13.000	7.229	0.088	−28.13	2.13
	4	−24.000*	7.551	0.005	−39.80	−8.20
4	1	10.000	6.990	0.619	−4.63	24.63
	2	11.000	7.229	0.145	−4.13	26.13
	3	24.000*	7.551	0.005	8.20	39.80

*.均值差值在 0.05。

图 6-16   多重比较结果

由图 6-16 可见,3 和 4 对应的两个行业的检验 P 值为 $0.005<0.05$,因此多重比较结果显示:3 和 4 对应的两个行业服务质量差异显著,是导致 4 个行业服务质量差异显著的主要原因。由此可见,运用 SPSS 进行单因素方差分析不仅简单快捷,还可进一步进行多重比较以找出具体的差异来源,体现了 SPSS 的丰富功能和优势。

例 6-4 无重复双因素方差分析(Excel)。有 4 个品牌的彩电在 5 个地区销售,为分析彩电的品牌(品牌因素)和销售地区(地区因素)对销售量的影响,收集每个品牌在各地区的销售量数据,如图 6-17 所示。试分析品牌和销售地区对彩电的销售量是否有显著影响?(取显著性水平为 0.05)

	A	B	C	D	E	F
1		地区1	地区2	地区3	地区4	地区5
2	品牌1	365	350	343	340	323
3	品牌2	345	368	363	330	333
4	品牌3	358	323	353	343	308
5	品牌4	288	280	298	260	298

图 6-17 原始数据

【实验步骤】

1. 在表格范围内选中任一单元格,在菜单栏上选择"工具"→"数据分析",如图 6-18 所示。

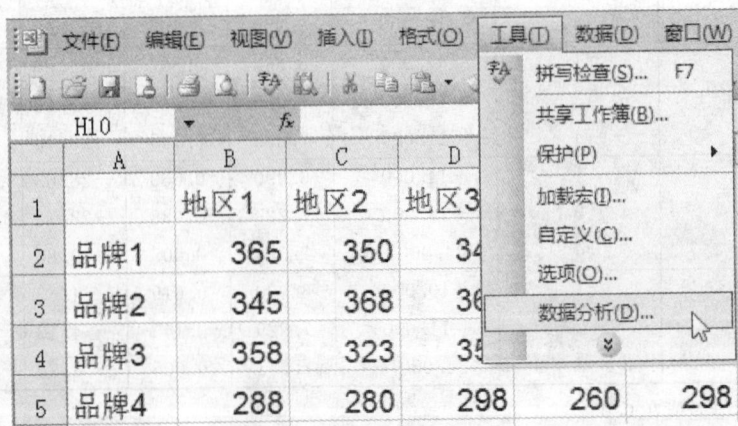

图 6-18 "数据分析"选项

2.选择"方差分析:无重复双因素分析",如图 6-19 所示。

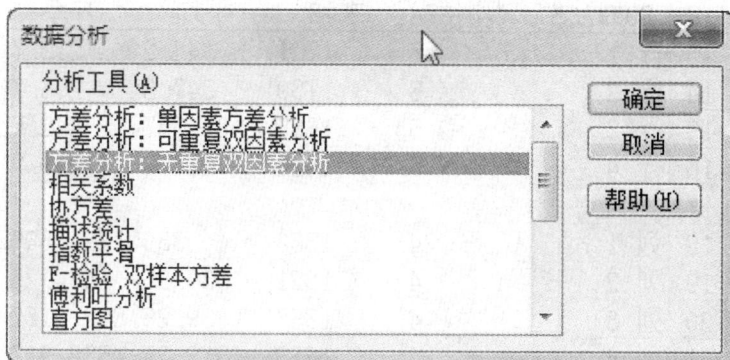

图 6-19　"数据分析"对话框

3.点击"确定"后弹出对话框,确定输入与输出区域,过程如图 6-20 所示。

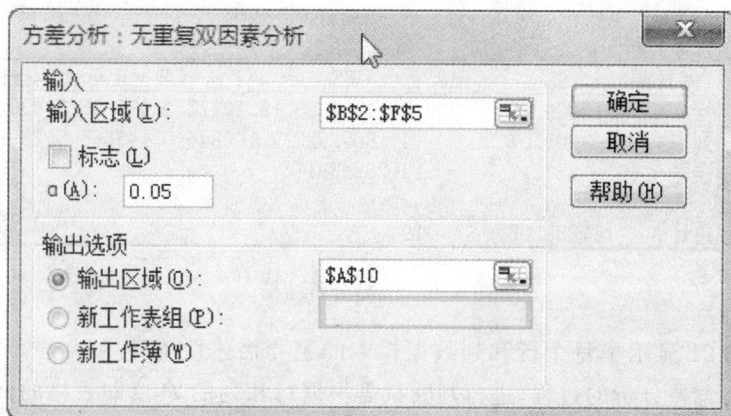

图 6-20　方差分析对话框

4.点击"确定",最终得到方差分析的结果,如图 6-21 和图 6-22 所示。

12	SUMMA卡	观测数	求和	平均	方差
13	行 1	5	1721	344.2	233.7
14	行 2	5	1739	347.8	295.7
15	行 3	5	1685	337	442.5
16	行 4	5	1424	284.8	249.2
17					
18	列 1	4	1356	339	1224.667
19	列 2	4	1321	330.25	1464.25
20	列 3	4	1357	339.25	822.9167
21	列 4	4	1273	318.25	1538.917
22	列 5	4	1262	315.5	241.6667

图 6-21　方差分析结果 1

25	方差分析					
26	差异源	SS	df	MS	F	P-value	F crit
27	行	13004.55	3	4334.85	18.10777	9.46E-05	3.490295
28	列	2011.7	4	502.925	2.100846	0.143665	3.259167
29	误差	2872.7	12	239.3917			
30							
31	总计	17888.95	19				

图 6-22　方差分析结果 2

图 6-21 显示了每个行和列数据样本的主要描述性统计量;而图 6-22 则显示了整个方差分析的过程,进行判断只需根据行和列的 P 值即表格的倒数第二列的 P-value 作出判断即可。由于行 P-value=0.000946<0.05,故拒绝原假设,认为不同品牌对销量影响显著;由于列 P-value=0.143665>0.05,故无法拒绝原假设,认为没有足够的证据表明不同地区对销量具有显著影响。

例 6-5 无重复双因素方差分析(SPSS)同例 6-4。

【实验步骤】

1. 由于 SPSS 的表格窗口与 Excel 不同,所以不能够简单的复制粘贴数据到 SPSS 的表格窗口中,首先需要根据 SPSS 的规则定义变量,如图 6-23 所示。

	名称	类型	宽度	小数	标签
1	sales	数值(N)	8	0	销售里
2	brand	数值(N)	8	0	品牌
3	area	数值(N)	8	0	地区

图 6-23　变量设定

2.按照设定的变量录入数据,其中,对于 brand 和 area 变量,用 1,2,3,4,表示不同的因素水平,如图 6-24 所示。

	sales	brand	area
1	365	1	1
2	345	2	1
3	358	3	1
4	288	4	1
5	350	1	2
6	368	2	2
7	323	3	2
8	280	4	2
9	343	1	3
10	363	2	3
11	353	3	3
12	298	4	3
13	340	1	4
14	330	2	4

图 6-24　原始数据截图

3.选择"分析"→"一般线性模型"→"单变量",如图 6-25 所示。

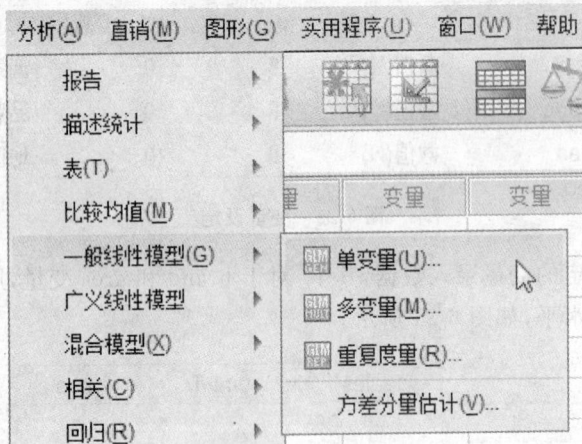

图 6-25 菜单选择

4.将 sales 变量导入"因变量"下方的框中,分别将 brand 和 area 2 个变量导入"固定因子"下方的框中,如图 6-26 所示。

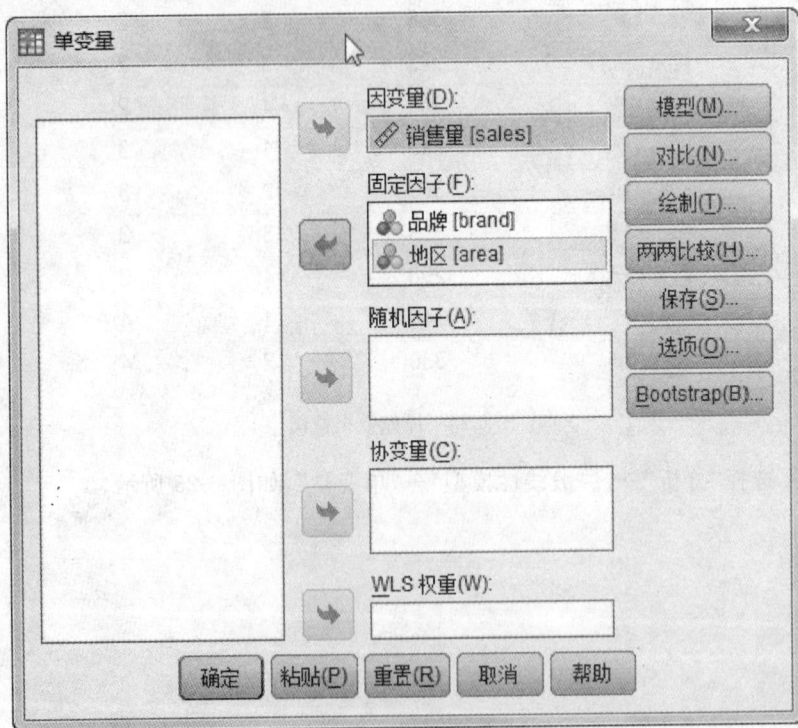

图 6-26 对话框设置

5.由于此例为无重复双因素方差分析,即不考虑交互相应,所以需要进一步设置,点击"模型"按钮进行设置,如图 6-27 所示。

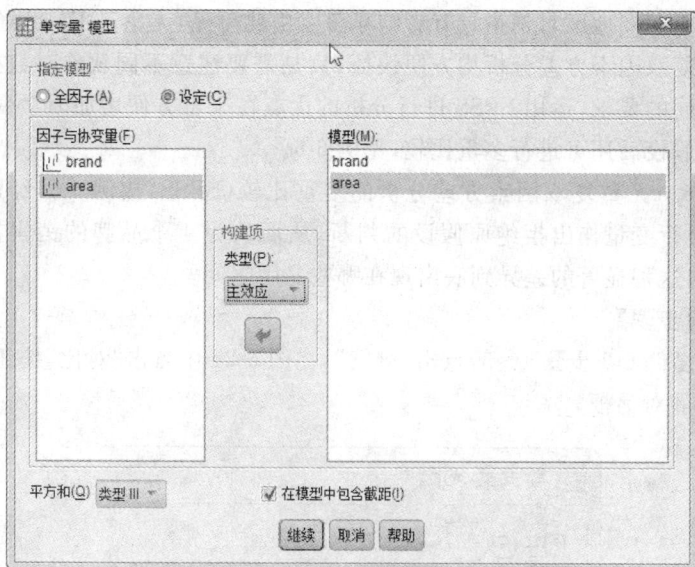

图 6-27　模型设置

6.其中"全因子"选项包括交互作用,因此选择设定,进一步在类型选项中选择对应此例的"主效应",将左侧的两个因子变量导入右侧的方框中,其他选项保持默认,点击"继续"→"确定",得到方差分析的结果如图 6-28 所示。

主体间效应的检验

因变量销售量

源	Ⅲ型平方和	df	均方	F	Sig.
校正模型	15016.250ª	7	2145.179	8.961	0.001
截距	2157588.050	1	2157588.050	9012.795	0.000
brand	13004.550	3	4334.850	18.108	0.000
area	2011.700	4	502.925	2.101	0.144
误差	2872.700	12	239.392		
总计	2175477.000	20			
校正的总计	17888.950	19			

a. $R^2 = 0.839$(调整 $R^2 = 0.746$)

图 6-28　方差分析结果

表的最后一列的"Sig."即为 P 值,此时主要参考 brand 和 area 行的 P 值,由于 $0.000<0.05$、$0.144>0.05$,故认为不同品牌对销量影响显著,而没有足够的证据表明不同地区对销量具有影响显著。由此可见,无论是 Excel 还是 SPSS 进行无重复双因素方差分析均方便快捷,只是需要注意不同软件对数据存储的形式有不同的要求,运用 SPSS 进行分析的优点在于可方便增加因素变量,同时在拒绝原假设后还可进行多重比较,见例 6-6。

例 6-6 无重复双因素方差分析的多重比较(SPSS)接例 6-5,经过方差分析,已针对行变量作出拒绝原假设的判断,从而认为 4 个品牌的销售量差异显著,试找出这种显著的差异到底出现在哪些品牌之间?

【实验步骤】

1.重复例 6-2 步骤 1~5,点击"继续",在图 6-26 中点击"对比"按钮,弹出图 6-29 所示的对话框。

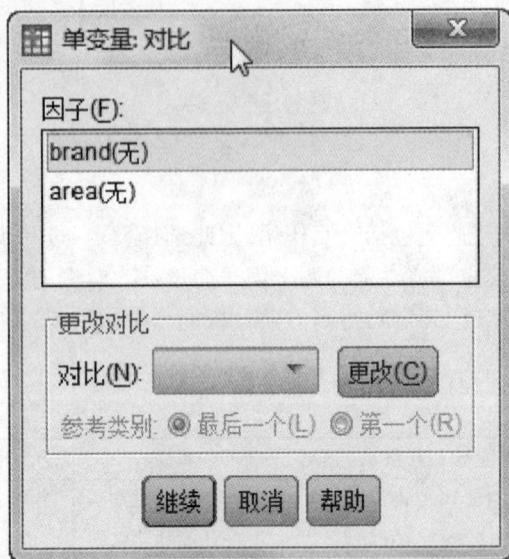

图 6-29　对比选项

2.在对比下拉菜单中选择"简单"(此选项最常用,表示选择第一或是最后一个水平为参考水平,其他水平的均值都与参考水平的均值做比较),在下方选择缺省的"最后一个"单选按钮,在因子框中选择"brand"变量,点击"更改",完成设置,如图 6-30 所示。

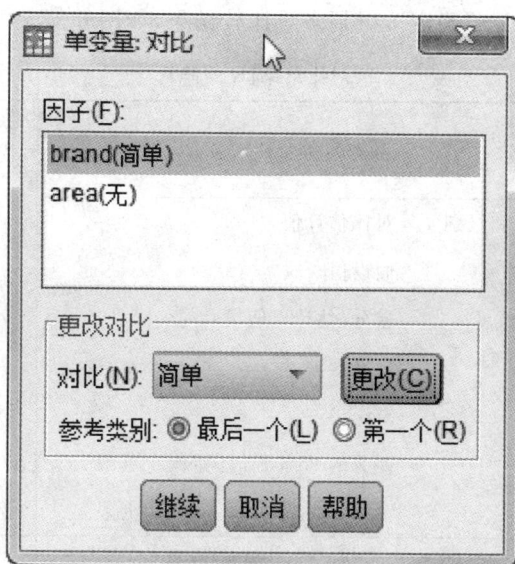

图 6-30　对比选项设置

3.点击"继续",选择"两两比较"选项,选择"LSD"方法,如图 6-31 所示。

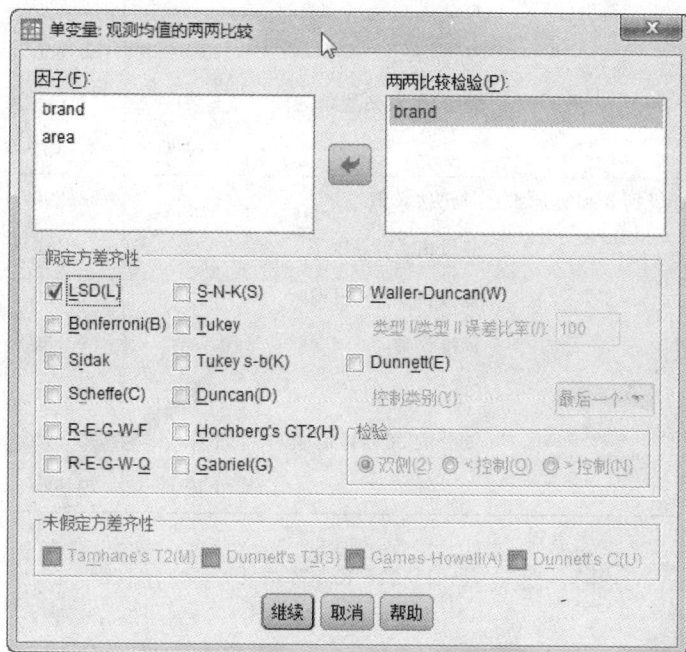

图 6-31　"两两比较"设置

4.点击"继续"→"确定",得到多重比较结果,如图 6-32 和图 6-33 所示。

对比结果(K 矩阵)

品牌简单对比[a]		因变量
		销售量
级别 1 和级别 4	对比估算值	59.400
	假设值	0
	差分(估计－假设)	59.400
	标准误差	9.786
	Sig.	0.000
	差分的 95% 置信区间　下限	38.079
	上限	80.721
级别 2 和级别 4	对比估算值	63.000
	假设值	0
	差分(估计－假设)	63.000
	标准误差	9.786
	Sig.	0.000
	差分的 95% 置信区间　下限	41.679
	上限	84.321
级别 3 和级别 4	对比估算值	52.200
	假设值	0
	差分(估计－假设)	52.200
	标准误差	9.786
	Sig.	0.000
	差分的 95% 置信区间　下限	30.879
	上限	73.521

a.参考类别＝4

图 6-32　K 矩阵结果

多个比较

销售量

LSD

(I)品牌	(J)品牌	均值差值(I−J)	标准误差	Sig.	95%置信区间	
					下限	上限
1	2	−3.60	9.786	0.719	−24.92	17.72
	3	7.20	9.786	0.476	−14.12	28.52
	4	59.40*	9.786	0.000	38.08	80.72
2	1	3.60	9.786	0.719	−17.72	24.92
	3	10.80	9.786	0.291	−10.52	32.12
	4	63.00*	9.786	0.000	41.68	84.32
3	1	−7.20	9.786	0.476	−28.52	14.12
	2	−10.80	9.786	0.291	−32.12	10.52
	4	52.20*	9.786	0.000	30.88	73.52
4	1	−59.40*	9.786	0.000	−80.72	−38.08
	2	−63.00*	9.786	0.000	−84.32	−41.68
	3	−52.20*	9.786	0.000	−73.52	−30.88

基于观测到的均值。

误差项为均值方(错误)=239.392。

*.均值差值在 0.05 级别上较显著。

图 6-33　LSD 结果

由图 6-32 和 6-33 可见,1,2,3 和 4 两两比较的 P 值均为 0.000<0.05,因此得到多重比较结果:品牌 4 对应的销量和其他品牌差异显著;进一步分析图 6-33 发现,1、2、3 品牌之间的销量差异不显著,而品牌 4 销量和其他品牌差异显著,因此品牌 4 是四个品牌销量差异显著的主要原因。

例 6-7　可重复双因素方差分析(Excel)。城市道路交通管理部门为研究不同的路段和不同的时间段对行车时间的影响,让一名交通警察分别在两个路段的高峰期与非高峰期亲自驾车进行试验,通过试验共获得了 20 个行车时间(单位:min)的数据,如图 6-34 所示。试分析路段、时段以及路段和时段的交互作用对行车时间的影响(取显著性水平为 0.05)。

	A	B	C
1		路段1	路段2
2		26	19
3		24	20
4		27	23
5		25	22
6	高峰期	25	21
7		20	18
8		17	17
9		22	13
10		21	16
11	非高峰期	17	12

图 6-34　原始数据

【实验步骤】

1. 在表格范围内选中任一单元格，在菜单栏上选择："工具"→"数据分析"，如图 6-35 所示。

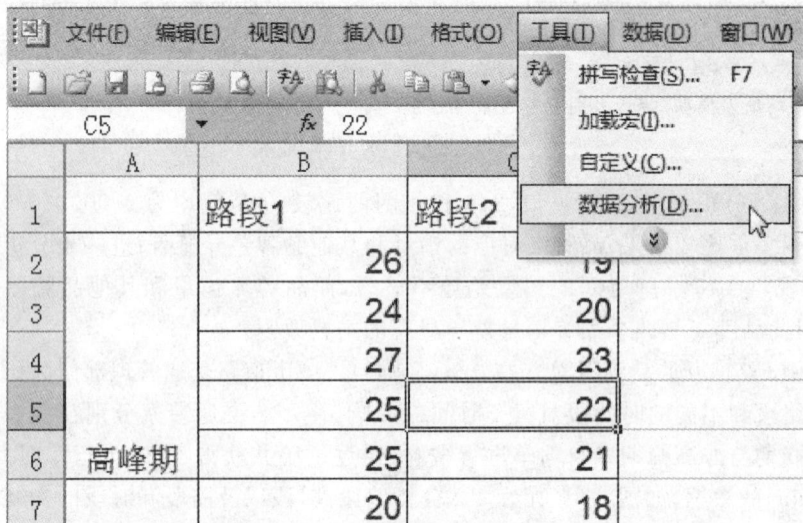

图 6-35　"数据分析"选项

2.选择"方差分析：可重复双因素分析"，如图 6-36 所示。

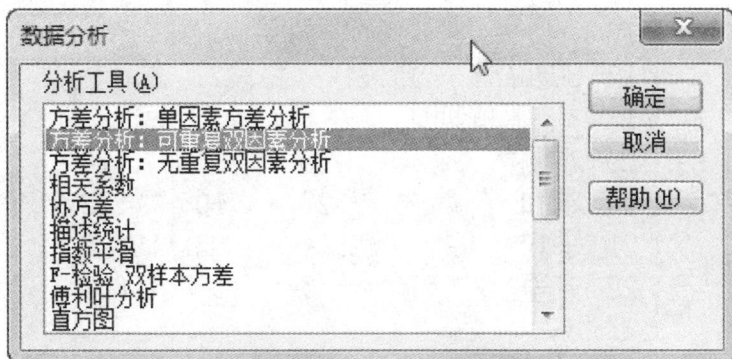

图 6-36　数据分析对话框

3.点击"确定"后弹出对话框，确定"输入区域"与"输出区域"，根据数据设定每一样本的行数为 5，过程如图 6-37 所示。

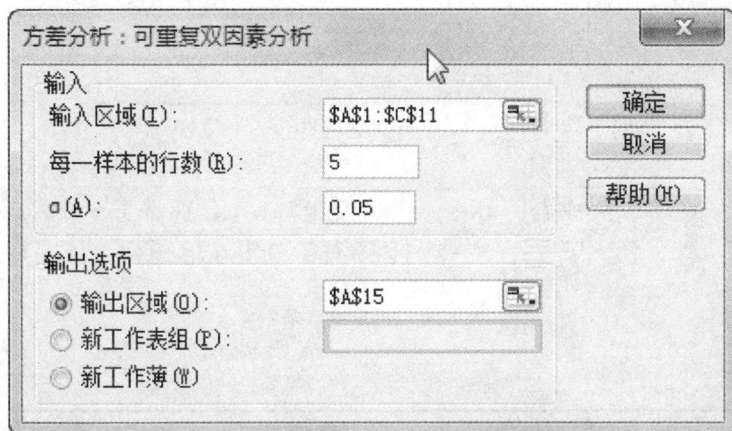

图 6-37　"方差分析"对话框

4.点击"确定"，最终得到方差分析的结果，如图 6-38 和图 6-39 所示。

15	方差分析：可重复双因素分析			
16				
17	SUMMARY	路段1	路段2	总计
18	高峰期			
19	观测数	5	5	10
20	求和	127	105	232
21	平均	25.4	21	23.2
22	方差	1.3	2.5	7.067
23				
24	非高峰期			
25	观测数	5	5	10
26	求和	97	76	173
27	平均	19.4	15.2	17.3
28	方差	5.3	6.7	10.23
29				
30	总计			
31	观测数	10	10	
32	求和	224	181	
33	平均	22.4	18.1	
34	方差	12.9333	13.433	

图 6-38　方差分析结果 1

37	方差分析						
38	差异源	SS	df	MS	F	P-value	F crit
39	样本	174.05	1	174.1	44.06329114	5.70232E-06	4.493998418
40	列	92.45	1	92.45	23.40506329	0.00018175	4.493998418
41	交互	0.05	1	0.05	0.012658228	0.911819478	4.493998418
42	内部	63.2	16	3.95			
43							
44	总计	329.75	19				

图 6-39　方差分析结果 2

图 6-38 显示了每个行和列数据样本的主要描述性统计量；而图 6-39 则显

示了整个方差分析的过程,进行判断只需根据"样本"(即为行因素)、"列"和"交互"行对应的 P 值即表格的倒数第二列的 P-value 作出判断即可,由于样本 P-value=5.70232×10^{-6}<0.05,故拒绝原假设,认为不同时段对行车时间影响显著;由于列 P-value=0.00018175<0.05,故拒绝原假设,认为不同路段对行车时间影响显著;由于交互 P-value=0.911819478>0.05,故无法拒绝原假设,认为没有足够的证据表明路段和时段的交互作用对行车时间具有显著影响。

例 6-8　可重复双因素方差分析(SPSS)同例 6-7。

【实验步骤】

1. 由于 SPSS 的表格窗口与 Excel 不同,所以不能够简单地复制粘贴数据到 SPSS 的表格窗口中,首先需要根据 SPSS 的规则定义变量,如图 6-40 所示。

	名称	类型	宽度	小数	标签
1	time	数值(N)	8	0	行车时间
2	road	数值(N)	8	0	路段
3	period	数值(N)	8	0	时段

图 6-40　变量设定

2. 按照设定的变量录入数据,其中,对于 road 和 period 变量,用 1,2,3,4,5 表示不同的因素水平,如图 6-41 所示。

	time	road	period
1	26	1	1
2	24	1	1
3	27	1	1
4	25	1	1
5	25	1	1
6	20	1	2
7	17	1	2
8	22	1	2
9	21	1	2
10	17	1	2
11	19	2	1
12	20	2	1

图 6-41　原始数据截图

3.选择"分析"→"一般线性模型"→"单变量",如图 6-42 所示。

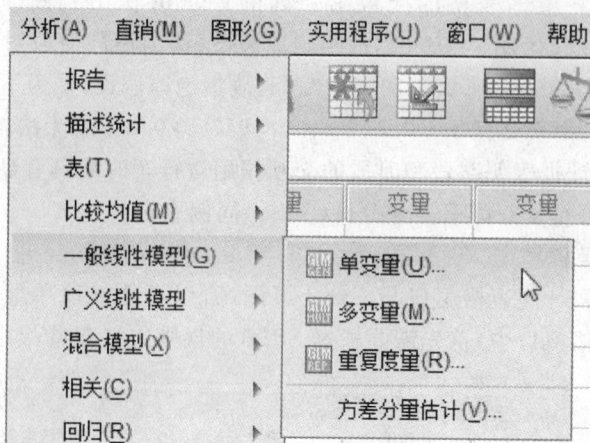

图 6-42　菜单选择

4.将 time 变量导入"因变量"下方的框中,分别将 road 和 period 两个变量导入"固定因子"下方的框中,如图 6-43 所示。

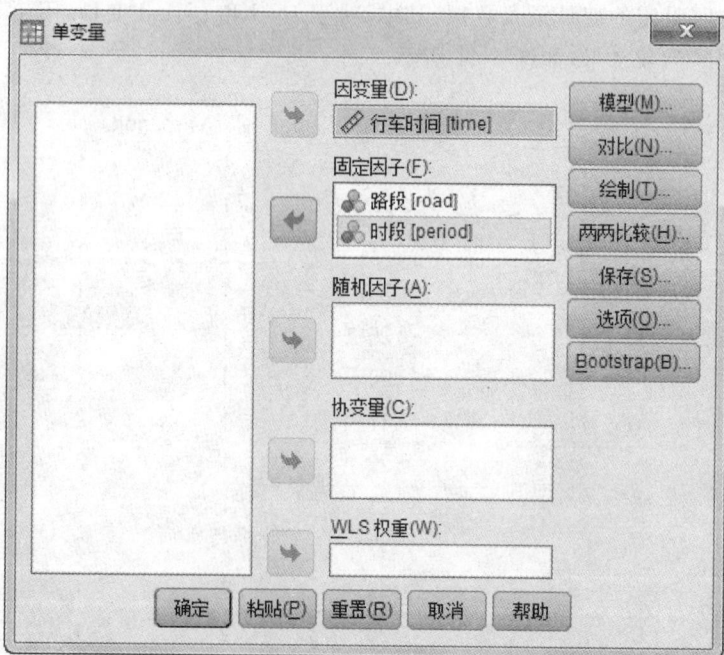

图 6-43　对话框设置

5.由于此例为有重复双因素方差分析,即考虑交互相应,故点击"模型"按钮进行设置,如图 6-43 所示。

图 6-43　模型设置

6.选择"全因子"单选按钮,此时已包括交互作用,点击"继续",在图 6-42 中点击"确定",得到方差分析结果,如图 6-44 所示。

主体间效应的检验

因变量:行车时间

源	III 型平方和	df	均方	F	Sig.
校正模型	266.550ᵃ	3	88.8509	22.494	0.000
截距	8201.250	1	8201.250	2076.2665	0.000
road	92.450	1	92.450	23.405	0.000
period	174.050	1	174.050	44.063	0.000
road×period	0.050	1	0.050	0.013	0.912
误差	63.200	16	9.950		
总计	8531.000	20			
校正的总计	329.750	19			

a. $R^2 = 0.808$(调整 $R^2 = 0.772$)

图 6-44　方差分析结果

进行判断只需分析图 6-44 的最后一列的"Sig."即 P 值,此时主要参考 road、period 和 road×period(表示两个变量的交互作用)行的 P 值,由于 0.000 <0.05、0.000<0.05、0.912>0.05,故认为不同时段对行车时间影响显著;不同路段对行车时间影响显著;而没有足够的证据表明路段和时段的交互作用对行车时间影响显著。运用 SPSS 进行分析后还可进行多重比较,方法与前例相同。

学生实验

学生实验一
图 6-45 所示为来自 5 个总体的样本数据。

	A	B	C	D	E
1	样本1	样本2	样本3	样本	样本5
2	14	10	11	16	14
3	13	9	12	17	12
4	10	12	13	14	13
5		9	12	16	13
6		10		17	12
7					14

图 6-45

【实验要求】
取显著性水平为 0.01,检验 5 个总体的均值是否相等。

学生实验二
有 5 种不同品种的种子和 4 种不同的施肥方案,在 20 块同样面积的土地上,分别采用 5 种种子和 4 种施肥方案搭配进行试验,取得的收获量数据如图 6-46 所示。

	A	B	C	D	E
1		施肥方案			
2	品种	1	2	3	4
3	1	12.0	9.5	10.4	9.7
4	2	13.7	11.5	12.4	9.6
5	3	14.3	12.3	11.4	11.1
6	4	14.2	14.0	12.5	12.0
7	5	13.0	14.0	13.1	11.4

图 6-46

【实验要求】

1. 检验种子的不同品种对收获量的影响是否显著。

2. 不同的施肥方案对收获量的影响是否显著(取显著性水平为 0.05)。

学生实验三

为检查广告媒体和广告方案对产品销售量的影响,一家营销公司做了一项试验,考察 3 种广告方案和 2 种广告媒体,获得销售量数据如图 6-47 所示。

	A	B	C	D
1			广告媒体	
2			报纸	电视
3		A	8	12
4		A	12	8
5	广告方案	B	22	26
6		B	14	30
7		C	10	18
8		C	18	14

图 6-47

【实验要求】

1.检验广告媒体。

2.广告方案或其交互作用对销售量的影响是否显著(取显著性水平为 0.05)。

实验七　相关与回归分析

⇨**实验目的**

1.学会使用 Excel 和 SPSS 软件进行相关与回归分析。

2.具备初步运用相关与回归分析法解决实际问题的能力。

例 **7-1**　从某一行业中随机抽取 12 家企业,所得产量与生产费用的数据如图 7-1 所示。要求采用 Excel 软件:

1.绘制产量与生产费用的散点图,判断两者之间的关系形态。

2.计算产量与生产费用之间的线性相关系数。

	A	B	C
1	企业编	产量	生产费用（万元）
2	1	40	130
3	2	42	150
4	3	50	155
5	4	55	140
6	5	65	150
7	6	78	154
8	7	84	165
9	8	100	170
10	9	116	167
11	10	125	180
12	11	130	175
13	12	140	185

图 7-1　原始数据

【实验步骤】

1.绘制产量与生产费用的散点图。

(1)点击"图表向导"按钮,进入图表向导对话框。在图表向导第一步中,图表类型选择"XY 散点图",图表子类型选择"散点图",点击"下一步"进入"源数据"对话框,如图 7-2 所示。在数据区域选项下:

　　数据区域:输入带分析数据区域的单元格引用 $B$2:$C$13。

　　系列产生在:选择"列",指出输入区域中的数据是按列排列。

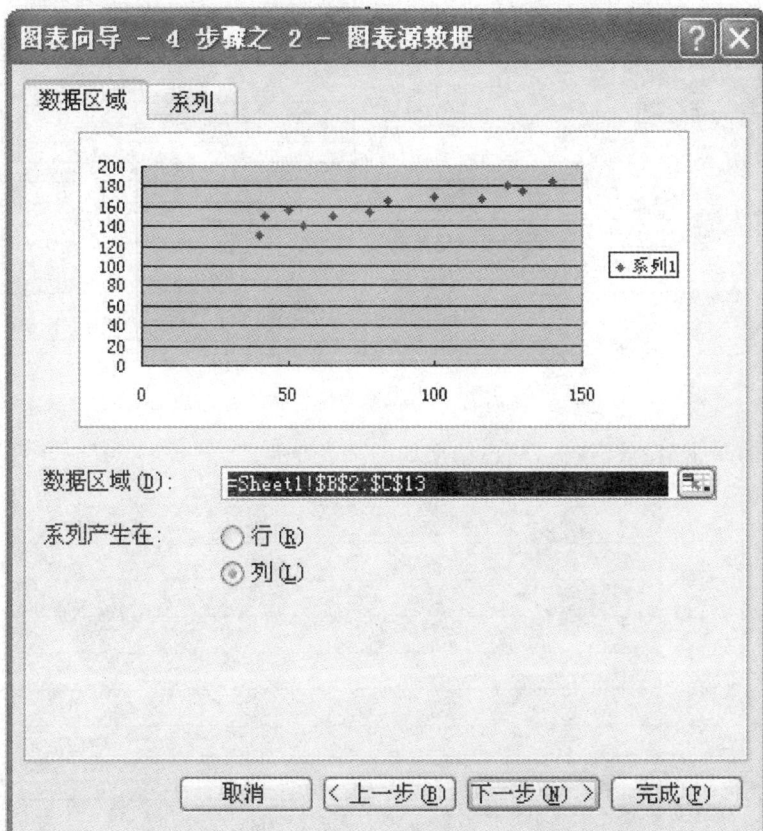

图 7-2　"图表源数据"对话框

　　(2)为了使散点图看上去美观些,可对散点图进行适当修改。点击"下一步",则进入图表选项对话框,如图 7-3 所示。在"坐标"选项下,标注 X 轴的名称"产量",Y 轴名称"生产费用";在"标题"选项下:"数值(X)Z 轴"下空白处填写"产量",在"数值(Y)轴"下填写"生产费用"。在"图例"选项下,取消"显示图例"。

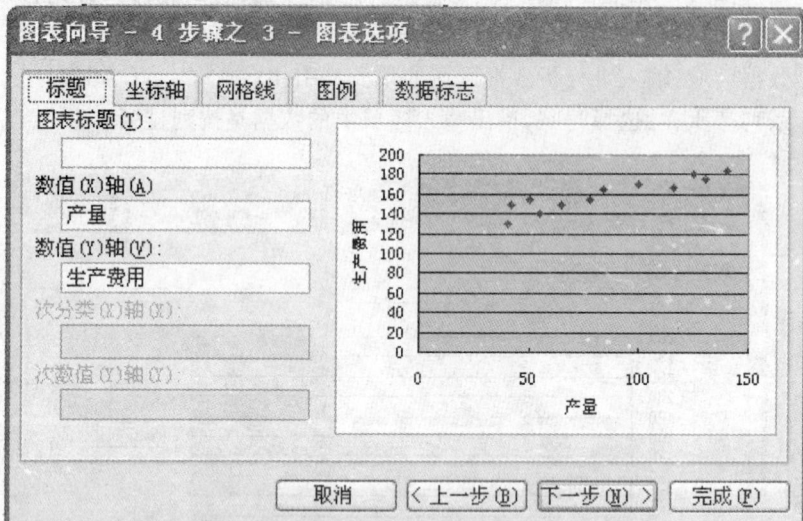

图 7-3　图表选项对话框

(3)单击"完成"按钮,输出结果如图 7-4 所示。

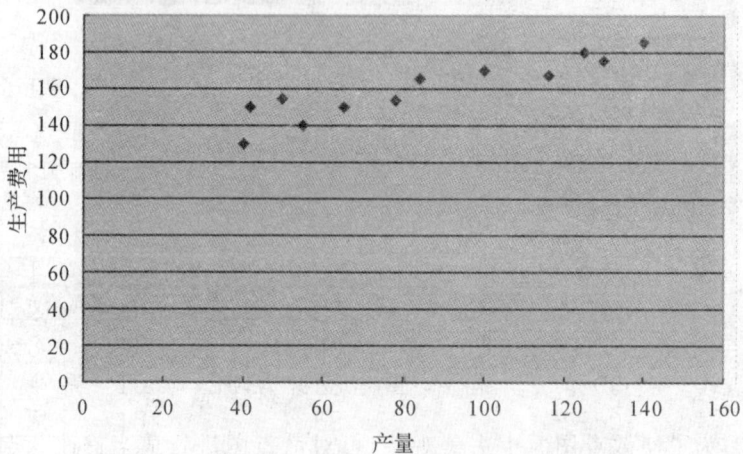

图 7-4　产量与生产费用的散点图

从散点图可以看出,产量与生产费用之间存在较强的正相关关系。

2.计算产量与生产费用之间的线性相关系数。

(1)点击菜单"工具"→"数据分析"→"相关系数"→"确定",出现"相关系数"
对话框,如图 7-5 所示。

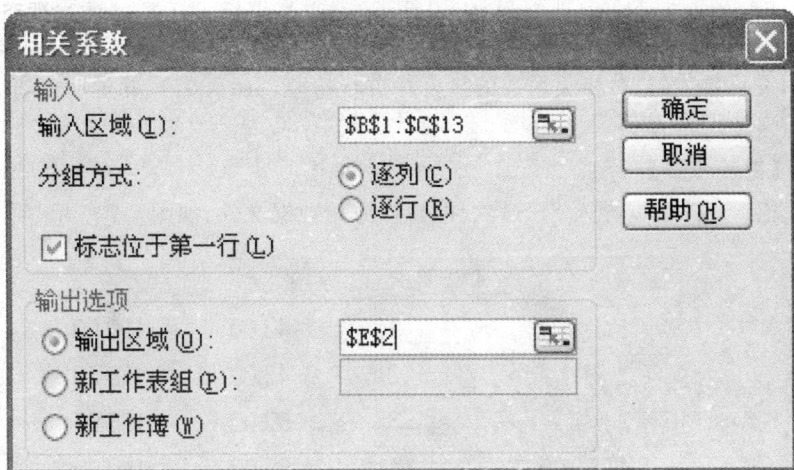

图 7-5　"相关系数"对话框

输入区域：输入带分析数据区域的单元格引用＄B＄1：＄C＄13。

分组方式：单击"逐列"，指出输入区域中的数据是按列排列。

标志位于第一行：输入区域的第一行中包含标志项，因此选中"标志位于第一行"复选框。

输出区域：输入原始数据右边一个空格的引用＄E＄2。

新工作表组：单击此选项，可在当前工作簿中插入新的工作表，并由新工作表的 A1 单元格开始粘贴计算结果。如果需要给新工作表命名，可在右侧的编辑框中键入名称。

新工作簿：单击此选项，可创建一新工作簿，并在新工作簿的新工作表中粘贴计算结果。

(2)单击"确定"按钮，输出计算结果，如图 7-6 所示。

	产量（台）	生产费用（万元）
产量（台）	1	
生产费用（万元）	0.920232426	1

图 7-6　相关系数计算结果

从图 7-6 可知，产量与生产费用直接的相关系数为 0.920，两变量高度相关。Excel 软件不提供相关系数的显著性检验功能，相关系数检验在下一案例中采用 SPSS 软件实现。

例7-2 针对例7-1数据,采用SPSS软件完成以下任务:(1)绘制产量与生产费用的散点图,判断两者之间的关系形态。(2)计算产量与生产费用之间的线性相关系数。(3)对相关系数的显著性进行检验($\alpha=0.01$),并说明两者之间的关系强度。

【实验步骤】

把 Excel 数据导入 SPSS 软件,建立原始数据文件,如图 7-7 所示。

	企业编号	产量	生产成本
1	1	40.00	130.00
2	2	42.00	150.00
3	3	50.00	155.00
4	4	55.00	140.00
5	5	65.00	150.00
6	6	78.00	154.00
7	7	84.00	165.00
8	8	100.00	170.00
9	9	116.00	167.00
10	10	125.00	180.00
11	11	130.00	175.00
12	12	140.00	185.00

图 7-7 原始数据的 SPSS 文档

1. 绘制产量与生产费用的散点图,判断两者之间的关系形态。

(1)单击"图形"菜单→"旧对话框"→"散点/点状",进入"散点图/点图"对话框,选择"简单分布"图形,单击"定义"按钮,进入"简单散点图"对话框,如图 7-8 所示。

X 轴和 Y 轴:分别设置散点图所代表的变量。本例把"产量"选入"X 轴","生产成本"选入"Y 轴"。

设置标志:在散点图中通过图例方式来标注散点图中的点,本例保留默认值。

标注个案:给散点图上的点添加文字标识,本例保留默认值。

面板依据:用于设置多组散点图,本例保留默认值。

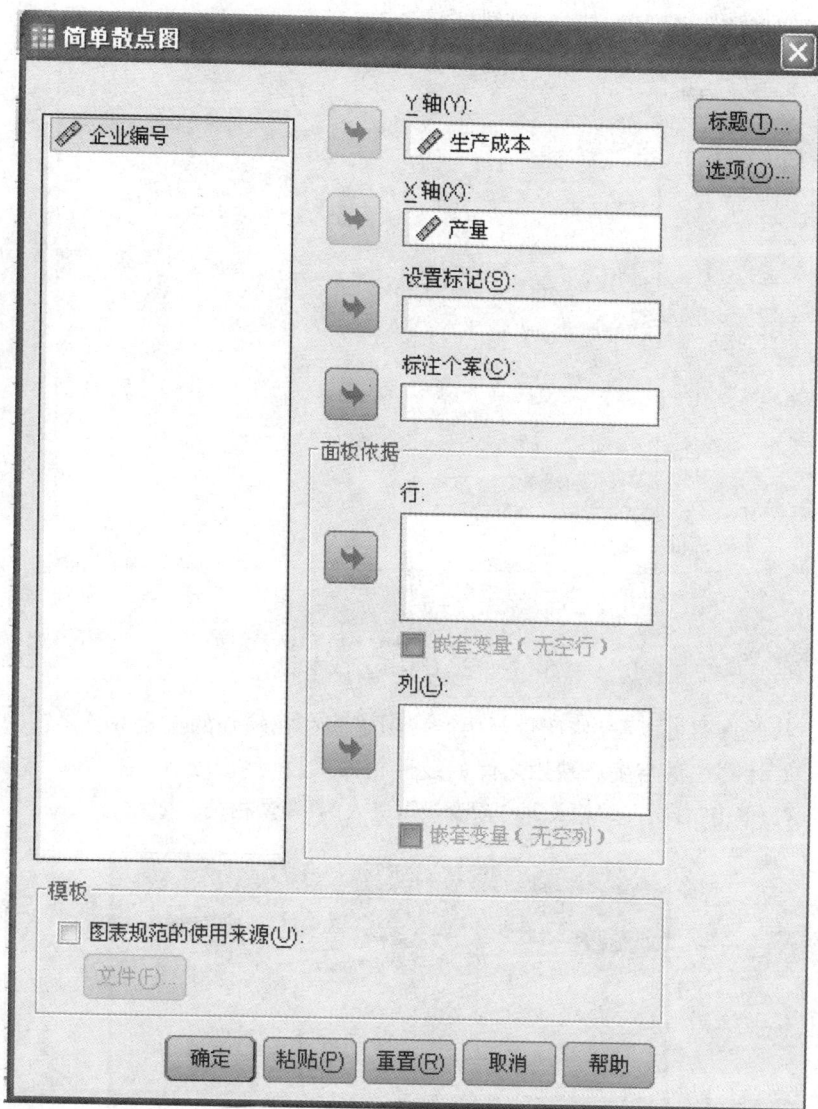

图 7-8 "简单散点图"对话框

(2)单击"确定"按钮,输出结果如图7-9所示。

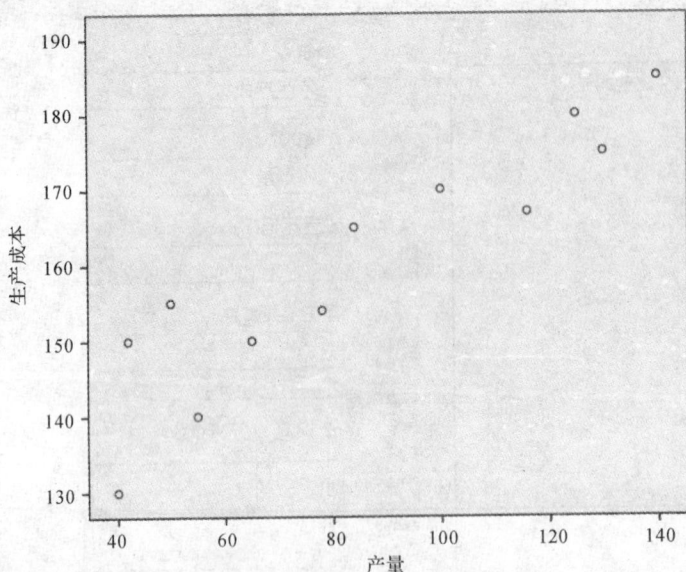

图7-9 产量与生产成本散点图

从散点图可以看出,产量与生产费用之间存在较强的正相关关系。

2.计算产量与生产费用之间的线性相关系数

(1)单击"分析"→"相关"→"双变量",进入"双变量相关"对话框,如图7-10所示。

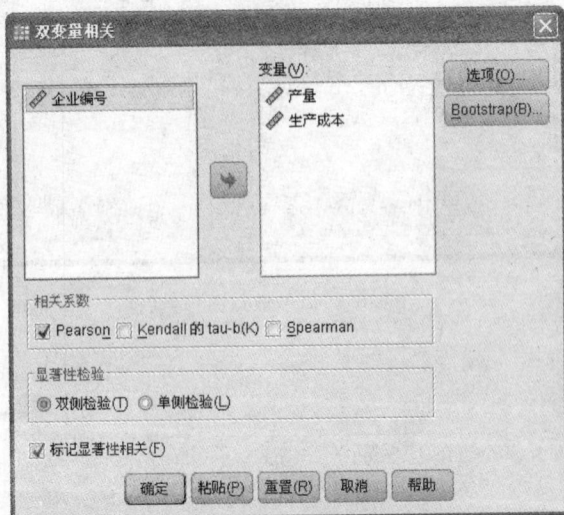

图7-10 "双变量相关"对话框

相关系数:指相关系数的类型,本例选择 Pearson。

显著性检验:选择相关系数检验的类型。如果事先知道关联的方向,选择单侧检验。否则,选择双侧检验。

标记显著性相关:用"＊"标识在显著性水平 0.05 下显著的相关系数,用"＊＊"标识在显著性水平 0.01 下显著的相关系数。

(2)单击"确定",输出结果见图 7-11。

		产量	生产成本
产量	Pearson 相关性	1	0.920＊＊
	显著性(双侧)		0.000
	N	12	12
生产成本	Pearson 相关性	0.920＊＊	1
	显著性(双侧)	0.000	
	N	12	12

＊＊. 在 0.01 水平(双侧)上显著相关。

图 7-11　相关系数及显著性检验结果

3. 对相关系数的显著性进行检验($\alpha=0.01$),并说明两者之间的强度

从图 7-10 可知,产量与生产费用之间的相关系数为 0.920,两变量高度相关。双尾检验的显著性概率为 0.00,产量与生产成本在显著性水平 0.01 下相关。

例 7-3　图 7-12 是 20 个城市写字楼出租率和每平方米月租金数据。设月租金为自变量,出租率为因变量,用 Excel 进行回归,并对结果进行解释和分析。

	A	B	C
1	地区编号	出租率（%）	每平方米月租金（元）
2	1	70.6	99
3	2	69.8	74
4	3	73.4	83
5	4	67.1	70
6	5	70.1	84
7	6	68.7	65
8	7	63.4	67
9	8	73.5	105
10	9	71.4	95
11	10	80.7	107
12	11	71.2	86
13	12	62.0	66
14	13	78.7	106
15	14	69.5	70
16	15	68.7	81
17	16	69.5	75
18	17	67.7	82
19	18	68.4	94
20	19	72.0	92
21	20	67.9	76

图 7-12　出租率和租金原始数据

【实验步骤】

1. 以出租率为因变量 Y，每平方米租金为自变量 X，建立一元线性回归模型：

$$Y = \beta_0 + \beta_1 X + \varepsilon$$

2. 单击"工具"菜单→"数据分析"→"回归"→"确定"，进入"回归"对话框，如图 7-13。

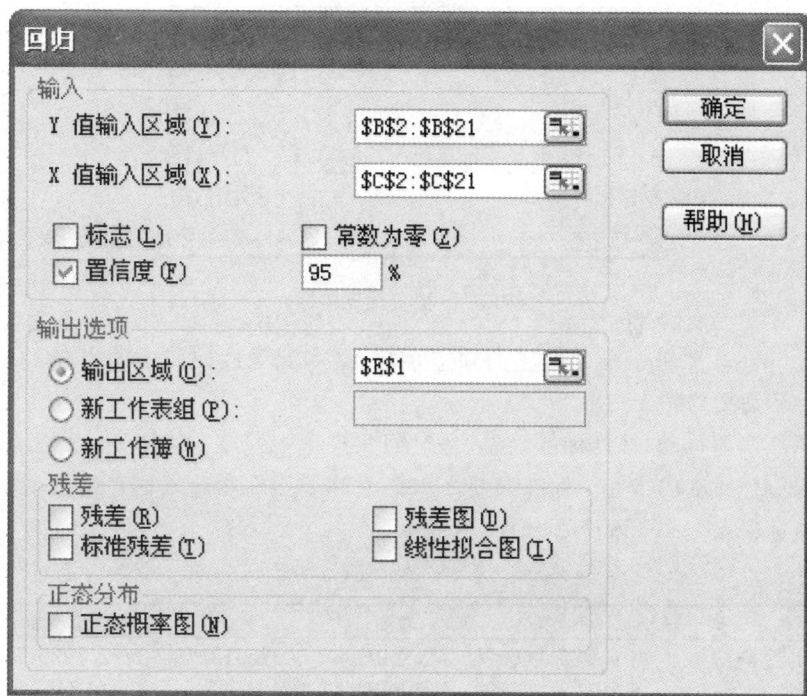

图 7-13　"回归"对话框

Y 轴输入区域：选取因变量出租率数据区域的单元格引用 $B$2：$B$21。

X 轴输入区域：选取因变量出租率数据区域的单元格引用 $C$2：$C$21。

置信度：选择默认置信度 95%。

输出区域：选择空白单元格 $E$1。

3. 单击"确定"，输出运算结果见图 7-14、图 7-15 和图 7-16。

判定系数是度量回归直线拟合优度的指标。判定系数 R Square 为 0.632，表示在出租率取值的变差中，有 63.2% 可以由出租率与租金之间的线性关系来解释，或者，在出租率取值的变动中，有 63.2% 是由租金所决定的。因此，出租率与租金之间有较强的线性关系。

判定系数的平方根 Multiple R 为 0.795。在一元线性回归中，判定系数的平方根实际就是相关系数。相关系数为正，表明出租率与租金之间存在正的相关关系，相关系数小于 0.8，两变量之间存在中度相关关系。

回归统计	
Multiple R	0.795079524
R Square	0.63215145
Adjusted R Square	0.611715419
标准误差	2.68581877
观测值	20

图 7-14 拟合优度指标

Adjusted R Square 是修正的判定系数,是多元线性回归中的指标,一元线性回归不需要修正。

标准误差,也称估计标准误差,是对回归模型中残差 ε 的估计,也是度量回归直线拟合优度的指标。标准误差 2.686,意味着根据租金来估计出租率时,平均的估计误差为 2.686 个百分点。

方差分析					
	df	SS	MS	F	Significance F
回归分析	1	223.140296	223.140296	30.93318186	2.79889E-05
残差	18	129.845204	7.21362247		
总计	19	352.9855			

图 7-15 方差分析表

方差分析表包含了自由度(df)、回归平方和、残差平方和、总平方和(SS)、回归和残差的均方(MS)、检验统计量(F)、F 检验的显著性水平(Significance F)等内容。方程分析表给出了线性关系显著性检验的全部结果。F 统计量的值为 30.933,出现的概率 Significance F 为 0.00,小于给定的显著性水平 $\alpha = 0.05$,表明出租率与租金之间存在显著的线性关系。

	Coefficients	标准误差	t Stat	P-value	Lower 95%	Upper 95%
Intercept	49.31767686	3.805016	12.96123	1.45E-10	41.32364	57.31172
X Variable	0.249222697	0.04481	5.561761	2.8E-05	0.15508	0.343365

图 7-16 回归参数估计

回归参数估计部分内容包括回归方程的截距(Intercep)、斜率(X Variable 1)、截距和斜率的标准误差、用于检验回归系数的 t 统计量(t Stat)和 P 值(P value),以及截距和斜率的置信区间(Lower 95% 和 Upper 95%)等。从上图可知,回归方程的常数项为 49.318,X 变量(租金)的系数为 0.249。X 变量回归系数显著性检验的 t 统计量为 5.562,P 值为 0.00,因此,X 变量的系数不为 0,即租金是影响出租率的一个显著性因素。

例 7-4   对例 7-3 数据,采用 SPSS 软件进行一元线性回归分析。

【实验步骤】

1.以出租率为因变量 Y,每平方米租金为自变量 X,建立一元线性回归模型:

$$Y = \beta_0 + \beta_1 X + \varepsilon$$

2.单击"分析"→"回归"→"线性",进入"线性回归"对话框,如图 7-17 所示。把出租率选入因变量框,每平方米租金选入自变量框。

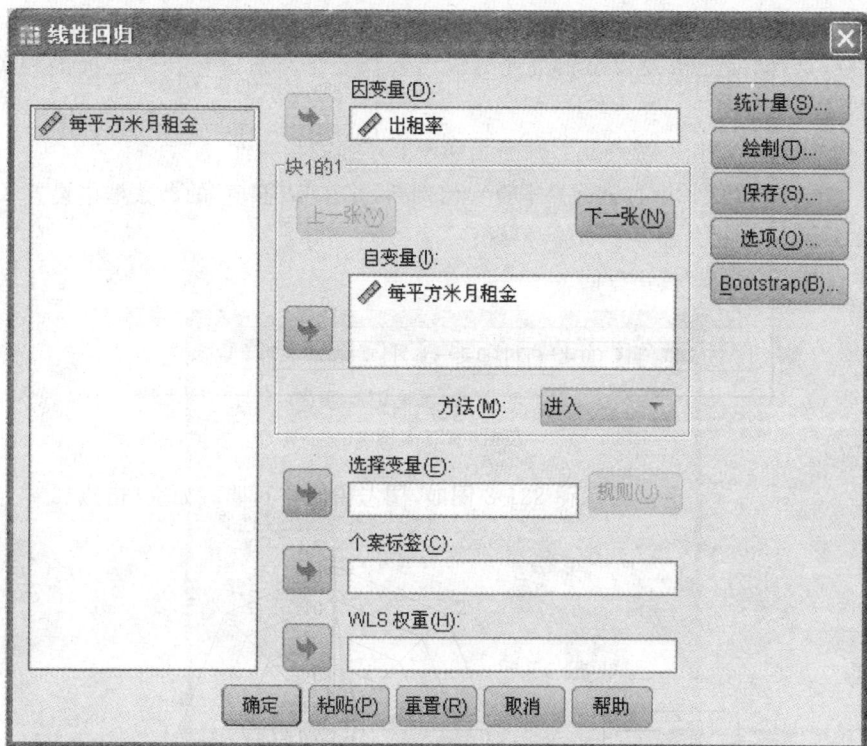

图 7-17   "线性回归"对话框

方法:选择自变量进入方式,因为只有一个自变量,所以选择"进入"。

选择变量:选入一个筛选变量,并利用右侧的"规则"建立条件,只有满足这个条件的记录才会进入回归分析。

个案标签:选择一个变量,其取值作为每条记录的标签。

WLS权重:利用该按钮可进行加权最小二乘法的计算。

统计量:单击统计量按钮,打开图7-18所示的对话框,该对话框用来定义输出各种常用判别统计量。

①选择"估计",输出回归系数、回归系数的标准差、对回归系数检验的 t 值、t 值双侧检验的 P 值。

②选择"置信区间",输出每个非标准化回归系数的95％置信区间。置信水平可改动。本例保留默认状态。

③选择"协方差矩阵",输出回归系数的方差。本例保留默认状态。

④选择"模型拟合度",输出各种默认值,包括判定系数 R^2、调整的判定系数、回归方程的标准误差、回归方程显著性的 F 检验的方差分析表。

⑤选择"部分相关和偏相关性",输出解释变量与被解释变量之间的相关系数。

⑥选择"Durbin-Watson",判断相邻残差序列的相关性。

⑦选择"个案诊断",进行样本奇异值判断,并在"离群值"的参数框中设置3,设置观测标准差大于等于3的奇异值。

⑧单击"继续"按钮返回。

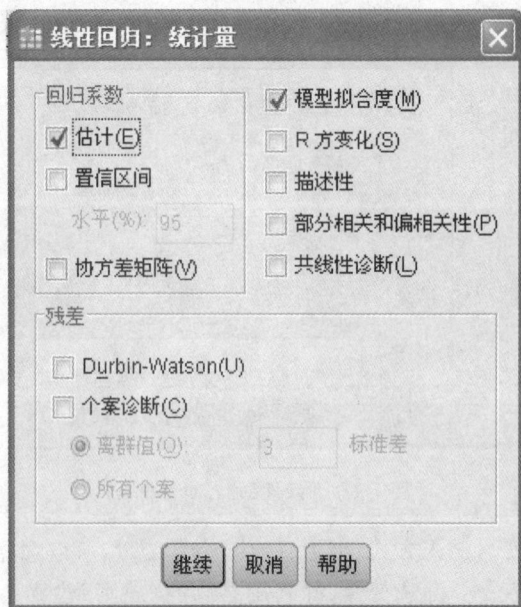

图 7-18 "线性回归:统计量"对话框

　　绘制：单击"绘制"按钮，弹出如图 7-19 所示对话框。该对话框主要通过图形进行残差序列分析。窗口左边各变量名的含义如下："DEPENDNT"为解释变量，"＊ZPRED"为标准化预测值，"＊ZRESID"为标准化残差，"＊DRESID"为剔除残差，"＊ADJPRED"为调整的预测值，"＊SRESID"为学生会残差，"＊SDRESID"为剔除学生化残差。

　　①选取"＊ZRESID"为 Y 轴，"＊ZPRED"为 X 轴绘制图形研究观察变量的分布规律、异常值，点击"下一张"可以选择其他组合进行观察。

　　②选择"直方图"，输出带有正态曲线的标准化残差的直方图，观察残差序列是否服从正态分布。

　　③选择"正态概率图"，输出标准化残差图，观察残差波动幅度。

　　④单击"继续"返回主对话框。

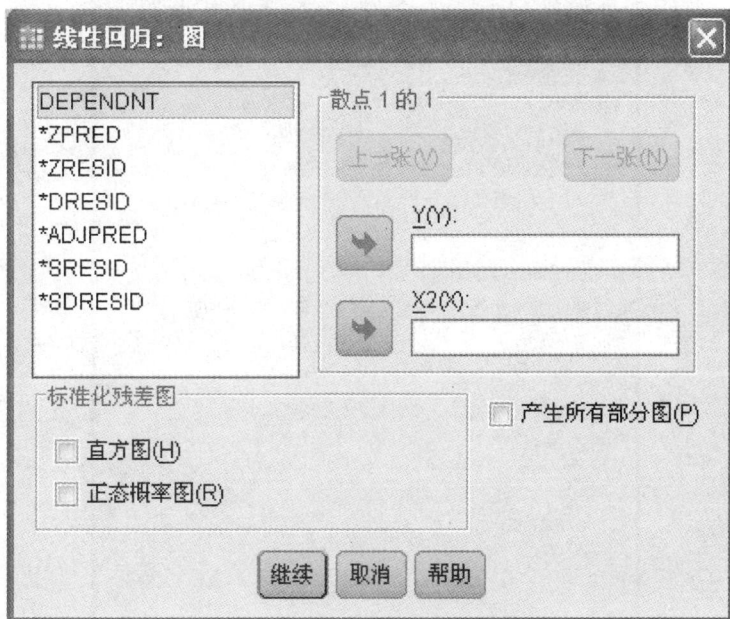

图 7-19　"线性回归:图"对话框

　　保存：单击"保存"按钮，弹出如图 7-20 所示的对话框，该对话框主要是在数据编辑窗口保存一些变量。

　　①在"预测值"选框中选择"未标准化"，输出由方程计算出的因变量的非标准化预测值。

　　②在"距离"选框中选择"Mahalanobis 距离"，计算马氏距离；选择"Cook 距

离",计算 Cook 距离;选择"杠杠值",计算中性化杠杠值。这三个统计量的计算都是为了找到强影响点和高杠杠值。

③在预测区间选框中选择"单值",输出个别值预测区间。

④在"残差"选框中选择"未标准化",输出未标准化残差。

⑤在"影响统计量"选框中选择"DfBeta(B)",输出因排除一个特定的观察值所引起的回归系数的变化值。

⑥在"系数统计"选框中选择"创建系数统计",将回归系数保存在一个指定的文件中。

⑦"将模型信息输出到 XML 文件"可将模型信息输出到指定的文件夹中。

⑧单击"继续",回到主对话框。

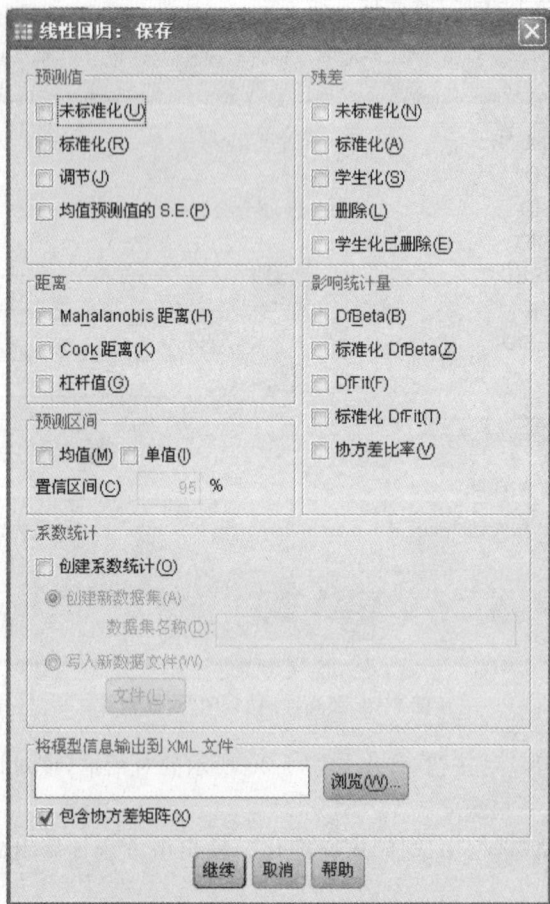

图 7-20　"线性回归:保存"对话框

选项:单击"选项"按钮,弹出如图 7-21 对话框。

①在"步进方法标准"选框中,选择"使用 F 的概率"选项,采用 F 检验的概率值作为依据。系统默认"进入"值为 0.05,"删除"值为 0.10。当一个变量的 Sig. 值小于等于进入值时,该变量被引入方程。当一个变量的 Sig. 值大于等于删除值时,该变量从方程中剔除。

②选择"在等式中包含常量"选项,在回归方程中加入常数项。

③在"缺失值"选框中选择"按列表排除个案",排除缺失值。

④单击"继续",返回主对话框。

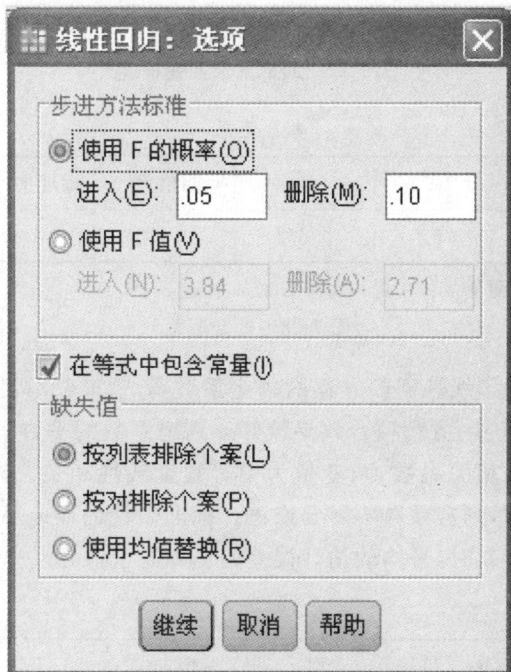

图 7-21　"线性回归:选项"对话框

3. 单击"确定",输出运算结果见图 7-22、图 7-23 和图 7-24。

非标准化系数下的 B 栏给出了线性回归方程的常数项为 49.318,变量每平方米租金的系数为 0.249。据此可以写成出租率与租金之间的直线回归模型:

$$Y = 49.318 + 0.249X + \varepsilon$$

标准误差栏给出了回归系数的标准误差。用于检验回归系数的 t 统计量的值为 5.562,显著性概率为 0.00,因此,自变量的系数不为 0,租金是影响出租率的一个显著性因素。另外,输出结果中还给出标准系数,是标准化预测变量和响应变量后的回归系数。

系数^a

模型		非标准化系数		标准系数	t	Sig.
		B	标准误差	试用板		
1	(常量)	49.318	3.805		12.961	0.000
	每平方米月租金	0.249	0.045	0.795	5.562	0.000

a.因变量:出租率

图 7-22　回归系数及其检验

模型汇总

模型	R	R^2	调整 R^2	标准估计的误差
1	0.795^a	0.632	0.612	2.68582

a.预测变量:(常量),每平方米月租金

图 7-23　模型汇总

模型汇总给出了线性回归方程的判定系数 $R^2 = 0.632$,说明租金可以解释出租率 63.2% 的变差,方程拟合效果较好。判定系数的平方根 $R = 0.795$,为租金与出租率之间的相关系数,两变量为中等程度线性相关。调整 R^2 值可忽略在一元线性回归中,判定系数不需要修正。标准估计的误差 2.686,意味着根据租金来估计不良贷款时,平均的估计误差为 2.686 个百分点。

Anova^b

模型		平方和	df	均方	F	Sig.
1	回归	223.140	1	223.140	30.933	0.000^a
	残差	129.845	18	7.214		
	总计	352.986	19			

a.预测变量:(变量),每平方米月租金

b.因变量:出租率

图 7-24　线性关系检验

线性回归方程显著性检验的统计量 F = 30.933,显著性概率 0.000,因此,线性关系显著。

例 7-5 一家房地产评估公司想对某城市的房地产销售价格(Y)与地产估价(X_1)、房产估价(X_2)和使用面积(X_3)建立一个模型,以便对销售价格做出合理解释。为此,收集了 20 栋住宅房地产评估数据(见图 7-25)。请使用 SPSS 软件进行回归分析,并解释结果。

【实验步骤】

1. 以房地产销售价格为因变量 Y,地产股价 X_1、房产股价 X_2 和使用面积 X_3 为自变量,建立多元线性回归模型:

$$Y = \beta_0 + \beta_1 X_1 + \beta_2 X_2 + \beta_3 X_3 + \varepsilon$$

	房地产编号	销售价格	地产估价	房产估价	使用面积
1	1	6890.00	596.00	4497.00	18730.00
2	2	4850.00	900.00	2780.00	9280.00
3	3	5550.00	950.00	3144.00	11260.00
4	4	6200.00	1000.00	3959.00	12650.00
5	5	11650.00	1800.00	7283.00	22140.00
6	6	4500.00	850.00	2732.00	9120.00
7	7	3800.00	800.00	2986.00	8990.00
8	8	8300.00	2300.00	4775.00	18030.00
9	9	5900.00	810.00	3912.00	12040.00
10	10	4750.00	900.00	2935.00	17250.00
11	11	4050.00	730.00	4012.00	10800.00
12	12	4000.00	800.00	3168.00	15290.00
13	13	9700.00	2000.00	5851.00	24550.00
14	14	4550.00	800.00	2345.00	11510.00
15	15	4090.00	800.00	2089.00	11730.00
16	16	8000.00	1050.00	5625.00	19600.00
17	17	5600.00	400.00	2086.00	13440.00
18	18	3700.00	450.00	2261.00	9880.00
19	19	5000.00	340.00	3595.00	10760.00
20	20	2240.00	150.00	578.00	9620.00

图 7-25　房地产价格原始数据

2. 单击"分析"→"回归"→"线性",弹出如图 7-26 所示的对话框。把销售价格选入因变量框,地产股价、房产股价和使用面积选入自变量框。

方法:"方法"下拉框有 5 个选项,代表 5 种回归方法。这几种回归方法均可选择,最后得出的有效回归表达式应当是相同的。本例选择"逐步"选项。

①"进入"是强行进入法,即所选自变量全部进入回归模型,该选项是默认方法。

②"删除"选项是消去法,建立回归方程时根据设定条件剔除部分自变量。

③"向后"选项是向后剔除法,先建立全模型,然后根据在"选项"对话框中所设定的判断依据,每次剔除一个最不符合进入模型判断依据的变量。

④"向前"选项是向前剔除法,模型开始时无自变量,根据"选项"对话框设定的判断依据,每次让一个最符合条件的变量进入模型。

⑤"逐步"是逐步回归法,是前向选择法与后向剔除法的结合。根据"选项"对话框设定的判断依据,选择符合条件且对因变量贡献最大的自变量进入回归方程。然后根据向后剔除法,将模型中 F 值最小且符合剔除判据的自变量剔除出模型。

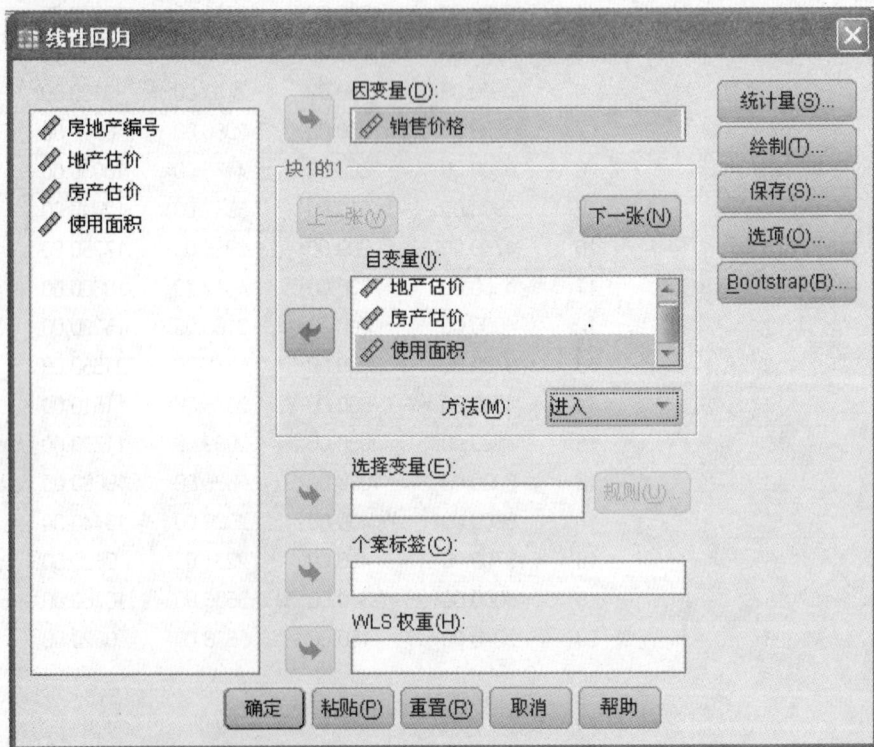

图 7-26 "线性回归"对话框

统计量:单击"统计量"按钮,弹出如图 7-27 所示的对话框,输出各种常用判别统计量。

①在"回归系数"框中,选择"估计"输出回归系数、回归系数的标准差、对回归系数检验的 t 统计量及 P 值。选择"置信区间"输出每个非标准化回归系数的 95% 置信区间。选择"协方差矩阵"输出非标准化回归系数的协方差矩阵、各变量的相关系数矩阵。

②选择"模型拟合度",输出各种默认值:判定系数、调整的判定系数、回归方程的标准误差、检验回归方程显著性的 F 检验的方差分析表。

③选择"R^2 变化",输出回归方程中引入或剔除一个变量后 R^2 的变化。

④选择"描述性",输出合法观察量的数量、变量的平均值、标准差、相关系数矩阵及单侧检验显著性水平矩阵。

⑤选择"部分相关和偏相关性",输出部分相关系数、偏相关系数与零阶相关系数。

⑥选择"共线性诊断",输出用来诊断自变量共线性的各种统计量,如容忍度、方差膨胀因子、特征值、条件指标、方差比例等。其中容忍度 Tolerance 越接近于 0,表示共线性越强。方差膨胀因子 VIF 的值越接近于 1,解释变量之间的多重共线性越弱。

⑦在"残差"框中,选择"Durbin-Watson"选项,判断相邻残差序列的相关性。选择"个案诊断",要求进行样本奇异值判断,并在"离群值"的参数框中键入 3,设置观察标准差大于等于 3 的奇异值。

⑧单击"继续",返回主对话框。

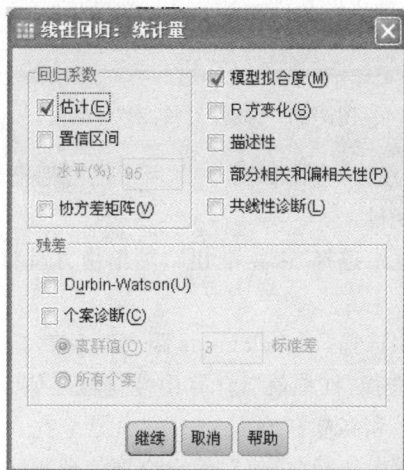

图 7-27　"线性回归:统计量"对话框

绘制:单击"绘制"按钮,弹出如图 7-28 所示的对话框。该对话框主要通过图形进行残差序列分析。

①选取"＊ZRESID"为 Y 轴,"＊ZPRED"为 X 轴绘制图形研究观察变量的分布规律、异常值,点击"下一张"可以选择其他组合进行观察。

②选择"直方图"输出带有正态曲线的标准化残差的直方图,观察残差序列是否服从正态分布。

③选择"正态概率图"输出标准化残差图,观察残差波动幅度。

④单击"继续"返回主对话框。

图 7-28 "线性回归:图"对话框

保存:单击"保存"按钮,弹出如图 7-29 所示的对话框,该对话框主要是在数据编辑窗口保存一些变量。

①在"预测值"选框中选择"未标准化",输出由方程计算出的因变量的非标准化预测值。

②在"距离"选框中选择"Mahalanobis 距离",计算马氏距离;选择"Cook 距离",计算 Cook 距离;选择"杠杠值",计算中性化杠杠值。这三个统计量的计算都是为了找到强影响点和高杠杠值。

③在预测区间选框中选择"单值",输出个别值预测区间。

④在"残差"选框中选择"未标准化",输出未标准化残差。

⑤在"影响统计量"选框中选择"DfBeta(B)",输出因排除一个特定的观察值所引起的回归系数的变化值。

⑥在"系数统计"选框中选择"创建系数统计",将回归系数保存在一个指定的文件中。

⑦"将模型信息输出到 XML 文件"可将模型信息输出到指定的文件夹中。

⑧单击"继续",回到主对话框。

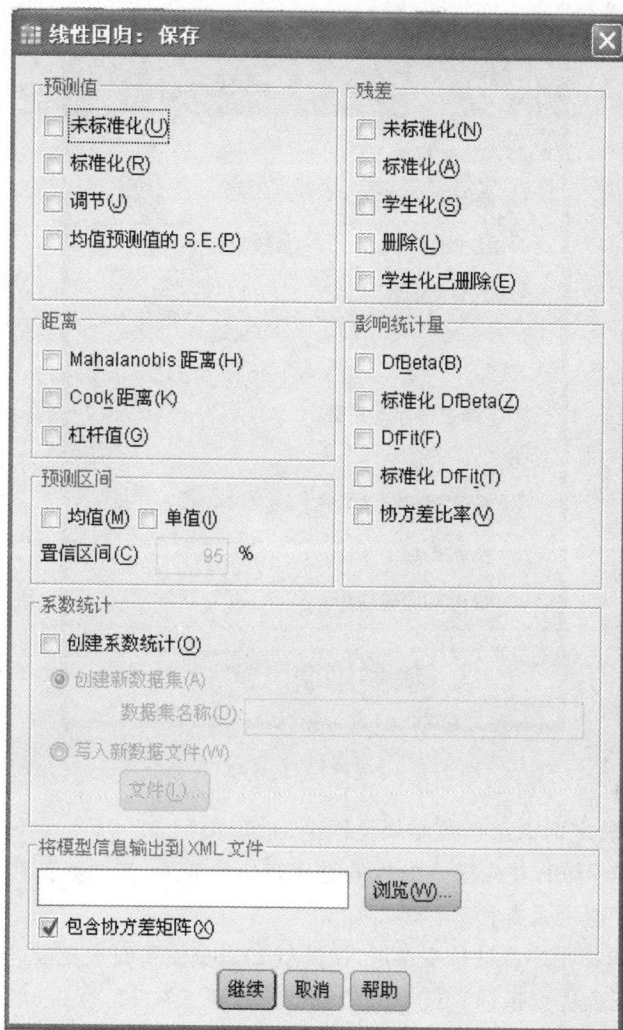

图 7-29　"线性回归:保存"对话框

选项:单击"选项"按钮,弹出如图7-30对话框。

①在"步进方法标准"选框中,选择"使用F的概率"选项,采用F检验的概率值作为依据。系统默认"进入"值为0.05,"删除"值为0.10。当一个变量的Sig.值小于等于进入值时,该变量被引入方程。当一个变量的Sig.值大于等于删除值时,该变量从方程中剔除。

②选择"在等式中包含常量"选项,回归方程中加入常数项。

③在"缺失值"选框中选择"按列表排除个案",排除缺失值。

④单击"继续",返回主对话框。

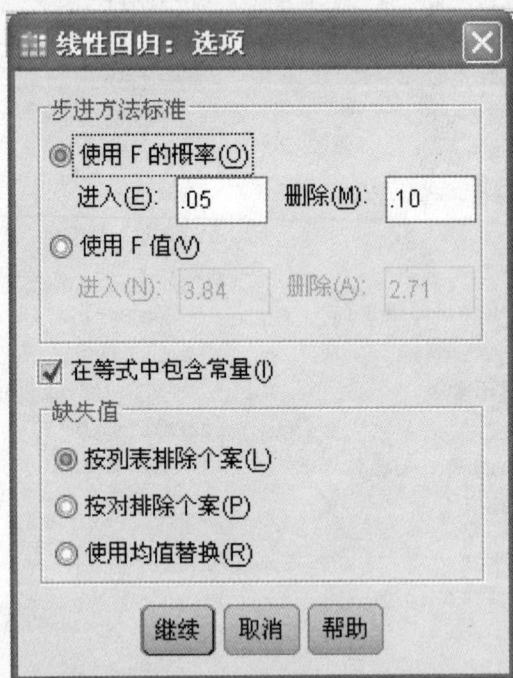

图7-30 "线性回归:选项"对话框

3.单击"确定",输出运算结果见图7-31至图7-34。

从图7-31可知,首先进入方程的是房产估价变量,其次是使用面积变量,地产估价变量未能进入方程。

图7-32给出了房产估价变量进入(模型1)以及使用面积变量进入后(模型2)的回归模型拟合优度指标。最终回归模型的判断系数 R^2 为0.881,修正的判断系数为0.867,说明房产估价与使用面积可以解释86.7%的变差,方程拟合效果

非常好。标准估计误差为 826.592,意味着根据房产估价与使用面积来估计销售价格时,平均的估计误差为 826.592 元。

输入/移去的变量[a]

模型	输入的变量	移去的变量	方法
1	房产估价		步进(准则:F-to-enter 的概率≤=0.050,F-to-remove 的概率>=0.100)
2	使用面积		步进(准则:F-to-enter 的概率≤=0.050,F-to-remove 的概率>=0.100)

a.因变量:销售价格

图 7-31　变量进入/剔除情况

模型汇总

模型	R	R^2	调整 R^2	标准估计的误差
1	0.916[a]	0.839	0.830	936.42276
2	0.939[b]	0.881	0.867	826.59198

a.预测变量:(常量),房产估价

b.预测变量:(常量),房产估价,使用面积

图 7-32　模型汇总

图 7-33 给出了模型 1 与模型 2 的线性关系显著性检验过程,包括回归平方和、残差平方和、总平方和、自由度、回归均方、残差均方、线性关系显著性检验的 F 统计量的值及显著性概率值。本例线性关系显著性检验的 F 统计量值为 63.092,显著性概率 Sig. 为 0.000,因此,线性关系显著。

Anova^c

模型		平方和	df	均方	F	Sig.
1	回归	8.205E7	1	8.205E7	93.567	0.000^a
	残差	1.578E7	18	876887.580		
	总计	9.783E7	19			
2	回归	8.622E7	2	4.311E7	63.092	0.000^b
	残差	1.162E7	17	683254.309		
	总计	9.783E7	19			

a. 预测变量:(常量),房产估价

b. 预测变量:(常量),房产估价,使用面积

c. 因变量:销售价格

图 7-33　线性关系检验

图 7-34 给出了模型 1 及模型 2 的回归系数及系数的显著性检验结果。估计模型 2 数据,可写出回归模型:

$$Y = 11.653 + 0.961X_2 + 0.163X_3 + \varepsilon$$

其中,X_2(房产估价)系数显著性检验的 t 值为 4.794,显著性概率 Sig. =0.000,在 $\alpha=0.01$ 的显著性水平下不等于 0;X_3(使用面积)系数显著性检验的 t 值为 2.470,显著性概率 Sig. =0.024,在 $\alpha=0.05$ 的显著性水平下不等于 0。

系数^a

模型		非标准化系数		标准系数	t	Sig.
		B	标准误差	试用板		
1	(常量)	895.020	535.833		1.670	0.112
	房产估价	1.351	0.140	0.916	9.673	0.000
2	(常量)	11.653	592.972		0.020	0.985
	房产估价	0.961	0.200	0.651	4.794	0.000
	使用面积	0.163	0.066	0.336	2.470	0.024

a. 因变量:销售价格

图 7-34　回归系数及显著性检验

图 7-35 显示了回归方程的剔除变量。在模型 2 中,地产估价被剔除出多元线性回归方程,销售价格与房产估价、使用面积存在显著的线性关系。

已排除的变量[c]

模型		Betaln	t	Sig.	偏相关	共线性统计量
						容差
1	地产估价	0.261[a]	2.047	0.056	0.445	0.469
	使用面积	0.336[a]	2.470	0.024	0.514	0.378
2	地产估价	0.193[b]	1.591	0.131	0.370	0.434

a.模型中的预测变量:(常量),房产估价

b.模型中的预测变量:(常量),房产估价,使用面积

c.因变量:销售价格

图 7-35　方程剔除变量

学生实验

学生实验一

随机抽取 10 家航空公司,对其最近一年的航班正点率和顾客投诉次数进行了调查,所得数据如表 7-1 所示。要求:(1)分析航班正点率与顾客投诉次数之间的相关关系,包括图形分析与相关系数计算。(2)以航班正点率为自变量,顾客投诉次数为因变量进行一元线性回归分析。

【实验要求】

1.写出具体实验步骤。

2.对实验结果进行分析解释。

3.分析实验中碰到的问题及解决方法。

表 7-1

航空公司编号	航班正点率(%)	投诉次数(次)
1	81.8	21
2	76.6	58
3	76.6	85
4	75.7	68
5	73.8	74
6	72.2	93
7	71.2	72
8	70.8	122
9	91.4	18
10	68.5	125

学生实验二

表 7-2 是随机抽取的 15 家大型商场销售的同类产品的有关数据(单位:元)。要求:以销售价格为因变量,购进价格与销售费用为自变量进行多元线性回归分析。

【实验要求】

1.写出具体实验步骤。

2.对实验结果进行分析解释。

3.分析实验中碰到的问题及解决方法。

表 7-2

企业编号	销售价格	购进价格	销售费用
1	1238	966	223
2	1266	894	257
3	1200	440	387
4	1193	664	310
5	1106	791	339
6	1303	852	283
7	1313	804	302
8	1144	905	214
9	1286	771	304
10	1084	511	326
11	1120	505	339
12	1156	851	235
13	1083	659	276
14	1263	490	390
15	1246	696	316

实验八　时间序列分析与预测

📌**实验目的**

1. 学会使用 Excel 和 SPSS 软件进行时间序列分析及预测。
2. 具备初步的运用时间序列分析及预测方法解决实际问题的能力。

例 8-1　图 8-1 是 1981—1999 年国家财政用于农业的支出额数据。要求：
(1)绘制时间序列图描述其形态；(2)计算年平均增长率；(3)根据年平均增长率预测 2000 年的支出额。

	A	B	C	D
1	年份	支出额（亿元）	年份	支出额（亿元）
2	1981	110.21	1991	347.57
3	1982	120.49	1992	376.02
4	1983	132.87	1993	440.45
5	1984	141.29	1994	532.98
6	1985	153.62	1995	574.93
7	1986	184.2	1996	700.43
8	1987	195.72	1997	766.39
9	1988	214.07	1998	1154.76
10	1989	265.94	1999	1085.76
11	1990	307.84		

图 8-1　国家财政用于农业的支出额

【实验步骤】

1. 绘制支出额的时间序列图

在 Excel 中，一般常用折线图来画时间序列图。单击"插入"→"图表"，在"图表类型"选项中选择"折线图"。如图 8-2 至图 8-6 所示。

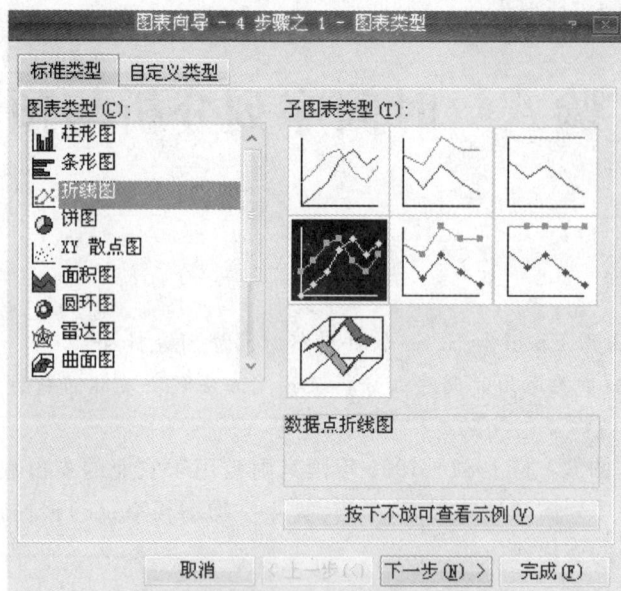

图 8-2　插入"折线图"

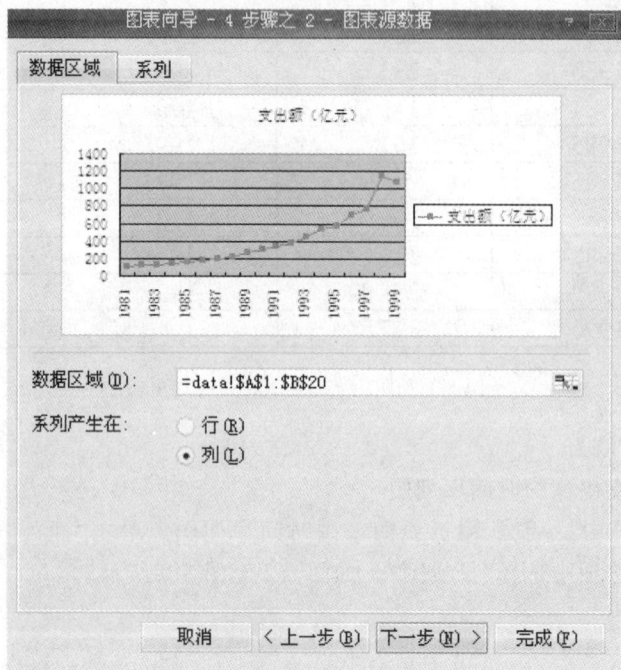

图 8-3　输入图表源数据

图 8-4　确定图表选项

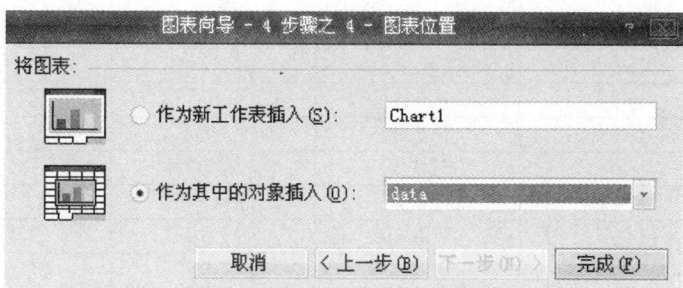

图 8-5　选择图表输出位置

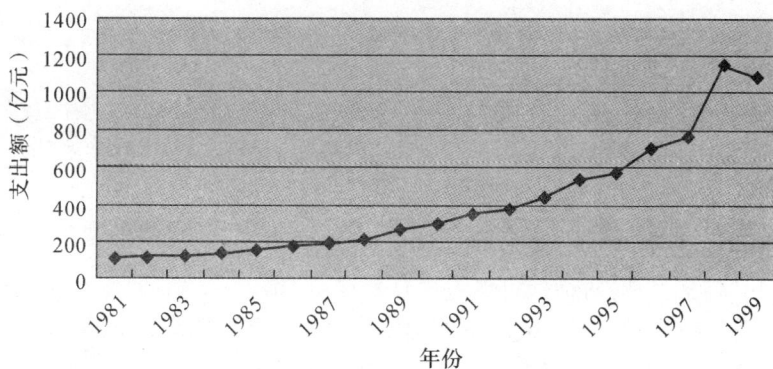

图 8-6　"折线图"输出结果

2.增长率分析及预测

增长率分析通常包含对定基增长率、环比增长率以及平均增长率的分析(见图 8-7)。

	A	B	C	D
1	年份	支出额(亿元)	定基增长率	环比增长率
2	1981	110.21		
3	1982	120.49	9.33%	9.33%
4	1983	132.87	20.56%	10.27%
5	1984	141.29	28.20%	6.34%
6	1985	153.62	39.39%	8.73%
7	1986	184.2	67.14%	19.91%
8	1987	195.72	77.59%	6.25%
9	1988	214.07	94.24%	9.38%
10	1989	265.94	141.30%	24.23%
11	1990	307.84	179.32%	15.76%
12	1991	347.57	215.37%	12.91%
13	1992	376.02	241.19%	8.19%
14	1993	440.45	299.65%	17.13%
15	1994	532.98	383.60%	21.01%
16	1995	574.93	421.67%	7.87%
17	1996	700.43	535.54%	21.83%
18	1997	766.39	595.39%	9.42%
19	1998	1154.76	947.78%	50.68%
20	1999	1085.76	885.17%	-5.98%

图 8-7 增长率的计算结果

$$平均增长率 = (\sqrt[18]{\frac{1085.76}{110.21}} - 1) \times 100\% = 13.55\%$$

未来第一年的预测值=1085.76×(1+13.55%)=1232.90

例 8-2 针对例 8-1 数据,采用 SPSS 软件进行分析。

【实验步骤】

1.给时间序列定义时间

使用"定义日期"对话框可以生成日期变量,用于建立时间序列周期性和标注来自时间序列分析的输出。单击"数据"→"定义时间",如图 8-8 所示。

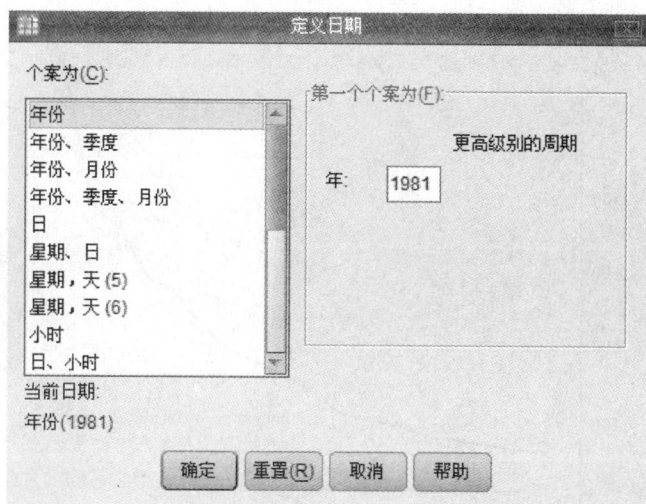

图 8-8　"定义日期"对话框

2.绘制时间序列图

单击"分析"→"预测"→"序列图"，如图 8-9 和图 8-10 所示。

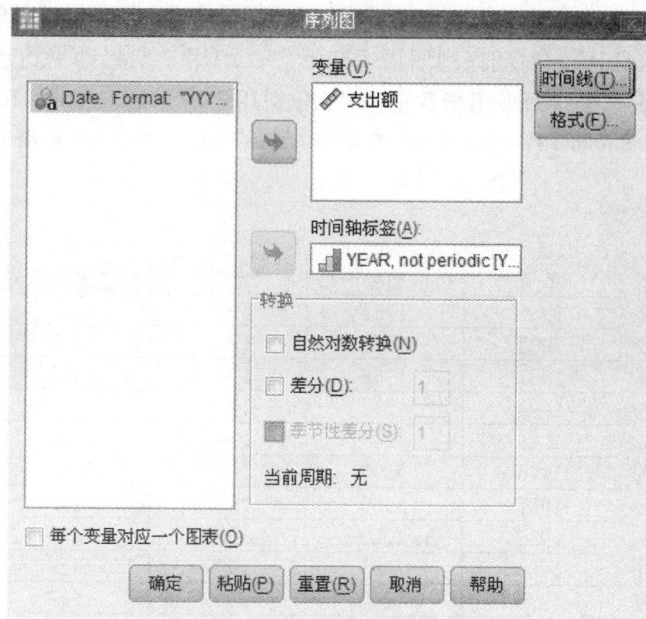

图 8-9　"序列图"对话框

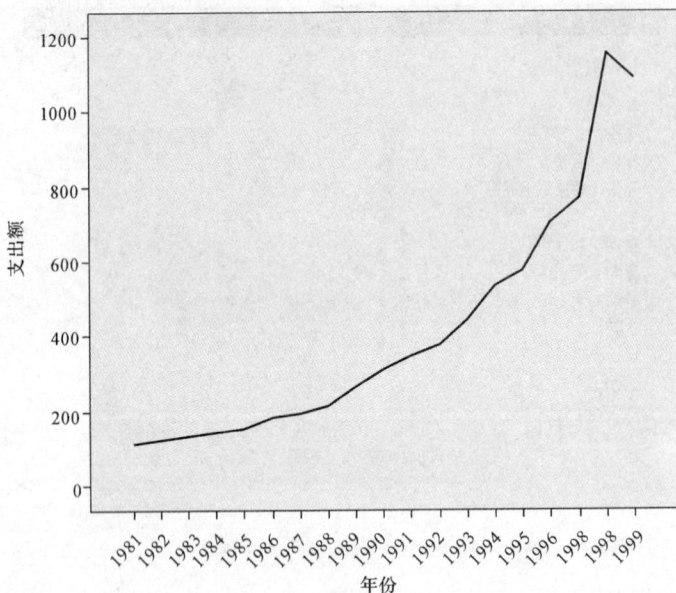

图 8-10 时间序列图的输出结果

例 8-3 图 8-11 是 1981—2000 年我国油菜子单位面积产量数据(单位:kg/hm²)。要求:(1)绘制时间序列图描述其形态;(2)用 5 期移动平均法预测 2001 年的单位面积产量;(3)采用指数平滑法,分别用平滑系数 $\alpha=0.3$ 和 $\alpha=0.5$ 预测 2001 年的单位面积产量;(4)分析预测误差,说明用哪一个平滑系数预测更合适。

	A	B	C	D
1	年份	单位面积产量	年份	单位面积产量
2	1981	1451	1991	1215
3	1982	1372	1992	1281
4	1983	1168	1993	1309
5	1984	1232	1994	1296
6	1985	1245	1995	1416
7	1986	1200	1996	1367
8	1987	1260	1997	1479
9	1988	1020	1998	1272
10	1989	1095	1999	1469
11	1990	1260	2000	1519

图 8-11 油菜子单位面积产量

【实验步骤】

1. 平滑法的计算与分析

(1)移动平均法的应用(见图8-12)

	A	B	C	D	E	F
1	年份	单位面积产量	5MA	计算SSE(5MA)	3MA	计算SSE(3MA)
2	1981	1451				
3	1982	1372				
4	1983	1168				
5	1984	1232			1330.333333	9669.444444
6	1985	1245			1257.333333	152.1111111
7	1986	1200	1293.6	8760.96	1215	225
8	1987	1260	1243.4	275.56	1225.666667	1178.777778
9	1988	1020	1221	40401	1235	46225
10	1989	1095	1191.4	9292.96	1160	4225
11	1990	1260	1164	9216	1125	18225
12	1991	1215	1167	2304	1125	8100
13	1992	1281	1170	12321	1190	8281
14	1993	1309	1174.2	18171.04	1252	3249
15	1994	1296	1232	4096	1268.333333	765.4444444
16	1995	1416	1272.2	20678.44	1295.333333	14560.44444
17	1996	1367	1303.4	4044.96	1340.333333	711.1111111
18	1997	1479	1333.8	21083.04	1359.666667	14240.44444
19	1998	1272	1373.4	10281.96	1420.666667	22101.77778
20	1999	1469	1366	10609	1372.666667	9280.111111
21	2000	1519	1400.6	14018.56	1406.666667	12618.77778
22				∑=12370.29867		∑=10224.02614

图8-12　应用"移动平均法"

比较用5MA的拟合值序列与3MA的拟合值序列哪个更好？分别计算两个拟合值序列与观察值序列的均方误差(MSE)，认为均方误差较小所对应的拟合值序列拟合效果更佳。此例中根据如下计算，选择移动平均取3步长。

$$\text{MSE}_{(5MA)} = \frac{\text{SSE}}{(20-5)} = \frac{12370.3}{15} = 824.69$$

$$\text{MSE}_{(3MA)} = \frac{\text{SSE}}{(20-3)} = \frac{10224.0}{17} = 601.41$$

选择3MA法计算2001年的预测值=(1420.67+1372.67+1406.67)/3
=1420

预测序列与观察值序列如图8-13所示。

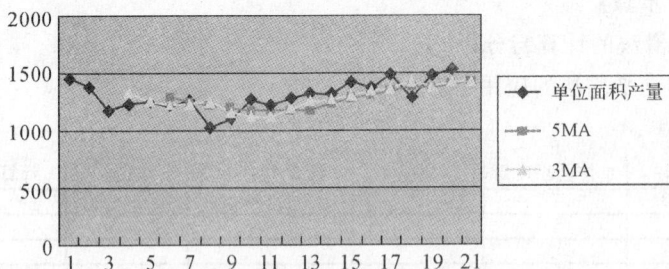

图 8-13　移动平均法的预测序列

（2）指数平滑法的应用（见图 8-14）

	A	B	C	D	E	F
1	年份	单位面积产量	平滑系数0.3	SSE(α=0.3)	平滑系数0.5	SSE(α=0.5)
2	1981	1451				
3	1982	1372	1451	6241	1451	6241
4	1983	1168	1427.3	67236.49	1411.5	59292.25
5	1984	1232	1349.51	13808.6001	1289.75	3335.0625
6	1985	1245	1314.257	4796.532049	1260.875	252.015625
7	1986	1200	1293.4799	8738.491704	1252.9375	2802.378906
8	1987	1260	1265.43593	29.54933496	1226.46875	1124.344727
9	1988	1020	1263.805151	59440.95165	1243.234375	49833.58618
10	1989	1095	1190.663606	9151.525456	1131.617188	1340.81842
11	1990	1260	1161.964524	9610.954557	1113.308594	21518.36867
12	1991	1215	1191.375167	558.1327441	1186.654297	803.4788857
13	1992	1281	1198.462617	6812.419633	1200.827148	6427.686128
14	1993	1309	1223.223832	7357.551043	1240.913574	4635.761376
15	1994	1296	1248.956682	2213.073749	1274.956787	442.8168088
16	1995	1416	1263.069678	23387.68353	1285.478394	17035.88975
17	1996	1367	1308.948774	3369.944807	1350.739197	264.4137214
18	1997	1479	1326.364142	23297.70515	1358.869598	14431.31339
19	1998	1272	1372.154899	10031.00387	1418.934799	21589.83521
20	1999	1469	1342.10843	16101.47064	1345.4674	15260.30336
21	2000	1519	1380.175901	19272.13054	1407.2337	12491.70586
22				∑=291455.2106		∑=239123.0295

图 8-14　应用"指数平滑法"

比较平滑系数为 0.3 的拟合值序列与平滑系数为 0.5 的拟合值序列哪个更好？可分别计算两个拟合值序列与观察值序列的误差平方和（SSE），认为误差平方和较小所对应的拟合值序列拟合效果更佳。此例中根据图 8-14 计算，选择平滑系数取 0.5 更适合。

根据所选 0.5 的平滑系数：

2001 年的预测值＝0.5×1519＋0.5×1407.23＝1463.12

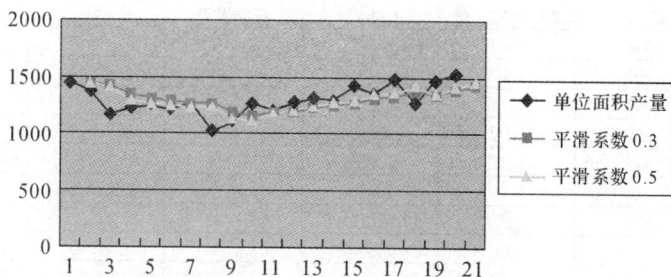

图 8-15　指数平滑法的预测序列

2.平滑法的工具调用

(1)移动平均法的工具调用

采用 Excel 进行移动平均时,单击"工具"→"数据分析"→"移动平均",并在对话框中输入数据区域和移动间隔即可,如图 8-16 至图 8-18 所示。

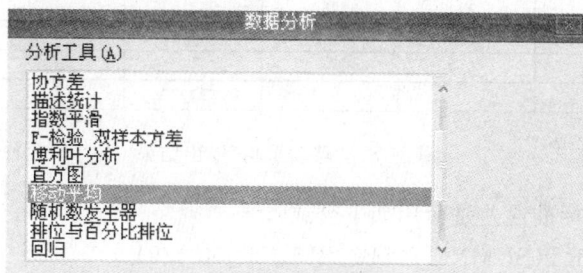

图 8-16　选择"移动平均"分析工具

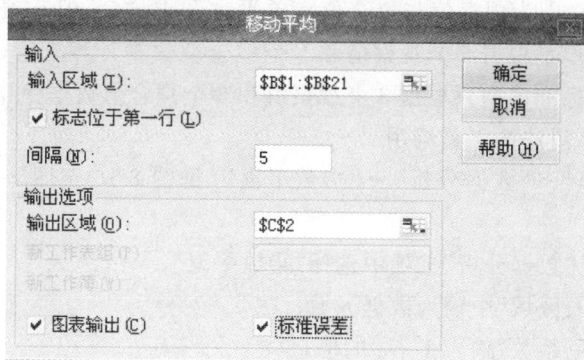

图 8-17　"移动平均"模块对话框

	A	B	C	D	E	F
1	年份	单位面积产量	5MA	标准误差	3MA	标准误差
2	1981	1451				
3	1982	1372				
4	1983	1168			1330.333333	
5	1984	1232			1257.333333	
6	1985	1245	1293.6		1215	96.42594549
7	1986	1200	1243.4		1225.666667	27.08354701
8	1987	1260	1221		1235	26.98010241
9	1988	1020	1191.4		1160	83.43416122
10	1989	1095	1164	89.33698003	1125	83.91463917
11	1990	1260	1167	96.11713687	1125	113.6148464
12	1991	1215	1170	96.26417818	1190	81.13774296
13	1992	1281	1174.2	106.0369747	1252	81.01645923
14	1993	1309	1232	80.95707505	1268.333333	32.2478825
15	1994	1296	1272.2	75.5985185	1295.333333	28.83991575
16	1995	1416	1303.4	80.7532538	1340.333333	49.59726695
17	1996	1367	1333.8	79.60236177	1359.666667	43.89254556
18	1997	1479	1373.4	79.2815237	1420.666667	55.32329226
19	1998	1272	1366	82.86712255	1372.666667	67.3061001
20	1999	1469	1400.6	87.68913274	1406.666667	76.20586154
21	2000	1519	1421.2	84.06307156	1420	89.10709329
22				86.54727745		64.75796262

图 8-18 "移动平均"输出结果

以上计算标准误差是套用如下公式：

D10＝SQRT(SUMXMY2(B6:B10,C6:C10)/5)

F6＝SQRT(SUMXMY2(B4:B6,E4:E6)/3)

容易发现,利用以上公式计算的标准误差与教材中所学公式不同。虽然结果依然为 MSE,即为观察值与拟合值离差平方和求均值,但 5 项移动平均序列对应的标准误差是根据 5 个观察值和 5 个拟合值数据计算求出,而 3 项移动平均序列对应的标准误差只根据 3 个观察值和 3 个拟合值数据计算求出。

(2)指数平滑法的工具调用

单击"工具"→"数据分析"→"指数平滑"(见图 8-19 至图 8-20),具体步骤如下：

① 选择在"数据分析"选项中选择"指数平滑"；

② 在"输入区域"中输入数据区域；

③ 在"阻尼系数"输入 $1-\alpha$ 的值；

④ 在"输出区域"中选择预测结果输出位置；单击"确定"即可。

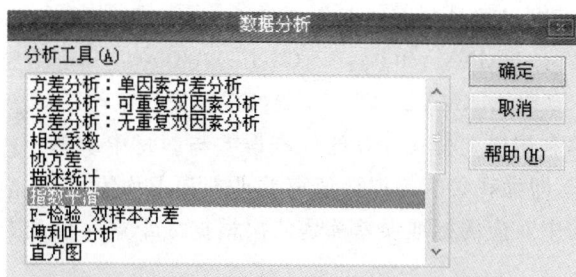

图 8-19　选择"指数平滑"分析工具

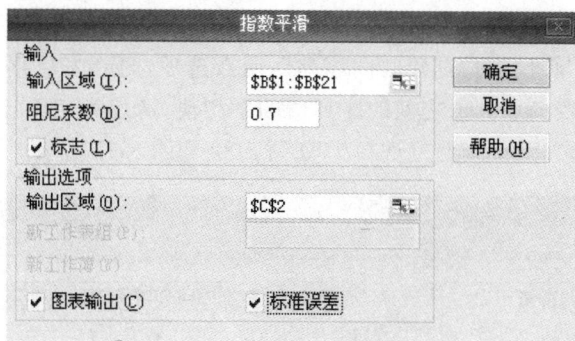

图 8-20　"指数平滑"模块对话框

	A	B	C	D	E	F
1	年份	单位面积产量	平滑系数0.3	标准误差	平滑系数0.5	标准误差
2	1981	1451				
3	1982	1372	1451		1451	
4	1983	1168	1427.3		1411.5	
5	1984	1232	1349.51		1289.75	
6	1985	1245	1314.257	170.5736303	1260.87	151.5127195
7	1986	1200	1293.4799	169.1563598	1252.9375	144.7749151
8	1987	1260	1265.43593	95.47010676	1226.46875	46.14996219
9	1988	1020	1263.805151	67.24228106	1243.234375	37.32175084
10	1989	1095	1190.663606	150.7857118	1131.617188	133.86599
11	1990	1260	1161.964524	151.2415578	1113.308594	132.0337701
12	1991	1215	1191.375167	161.4552896	1186.654297	155.662855
13	1992	1281	1198.462617	80.25088319	1200.827148	88.81190981
14	1993	1309	1223.223832	75.23630979	1240.913574	97.89370712
15	1994	1296	1248.956682	70.06688096	1274.956787	62.89389581
16	1995	1416	1263.069678	73.89867934	1285.478394	61.9307794
17	1996	1367	1308.948774	104.8146114	1350.739197	85.85737773
18	1997	1479	1326.364142	98.26953085	1358.869598	76.9049636
19	1998	1272	1372.154899	129.1708603	1418.934799	102.8455425
20	1999	1469	1342.10843	110.6023716	1345.4674	109.9781226
21	2000	1519	1380.175901	128.3617021	1407.2337	130.7433261
22				114.7872979		101.1988492

图 8-21　"指数平滑"输出结果

以上计算标准误差是套用如下公式:

D6＝SQRT(SUMXMY2(B3：B5,C3：C5)/3)

F6＝SQRT(SUMXMY2(B3：B5,E3：E5)/3)

容易发现,利用以上公式计算的标准误差与教材中所学公式不同。虽然结果依然为 MSE,即为观察值与拟合值离差平方和求均值,但无论平滑系数为多少,指数平滑法中对应的标准误差都是依次根据 3 个观察值和 3 个拟合值数据计算所求出。

例 8-4 针对例 8-3 数据,采用 SPSS 软件进行分析。

【实验步骤】

1.移动平均法的应用

点击菜单"转换"→"创建时间序列",函数选项选择"先前移动平均"。先前移动平均数为当前序列值之前的序列值的平均值,跨度为用于计算平均值的前面序列值的个数,此例中跨度选择 5,如图 8-22 和图 8-23 所示。

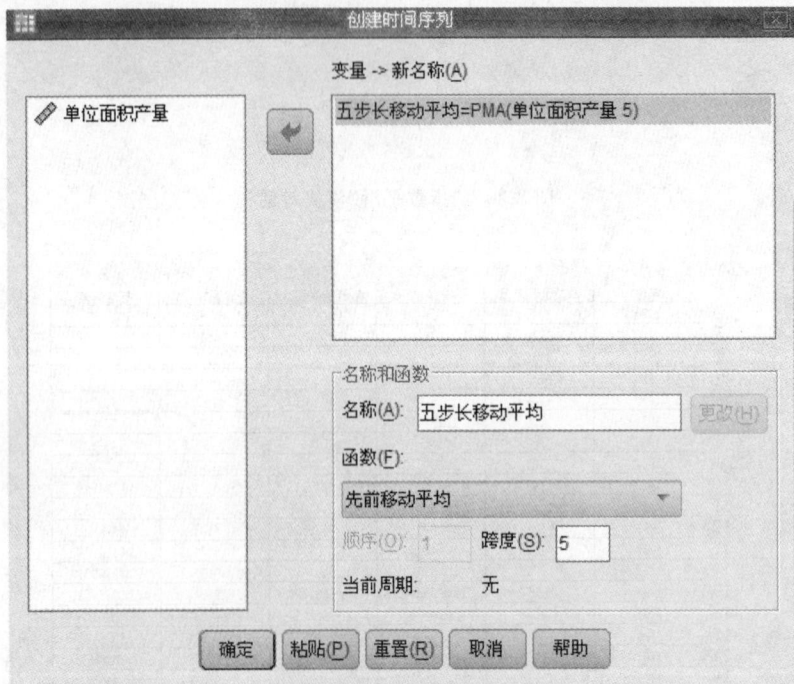

图 8-22　应用移动平均法

	单位面积产量	五步长移动平均	三步长移动平均
1	1451.00	.	.
2	1372.00	.	.
3	1168.00	.	.
4	1232.00	.	1330.33
5	1245.00	.	1257.33
6	1200.00	1293.60	1215.00
7	1260.00	1243.40	1225.67
8	1020.00	1221.00	1235.00
9	1095.00	1191.40	1160.00
10	1260.00	1164.00	1125.00
11	1215.00	1167.00	1125.00
12	1281.00	1170.00	1190.00
13	1309.00	1174.20	1252.00
14	1296.00	1232.00	1268.33
15	1416.00	1272.20	1295.33

图 8-23   移动平均的输出结果

2.指数平滑法的应用

点击菜单"分析"→"预测"→"创建模型",出现"时间序列建模器"对话框。因变量选择"单位面积产量",方法选择"指数平滑法",模型类型对于无季节性以及趋势不明显的平稳序列选择"简单"类型。对统计量、图表等的输出有多种选择。

应用指数平滑法如图 8-24 所示,指数平滑的条件选择如图 8-25 所示,统计量的选择如图 8-26 所示,图表的选择如图 8-27 所示。

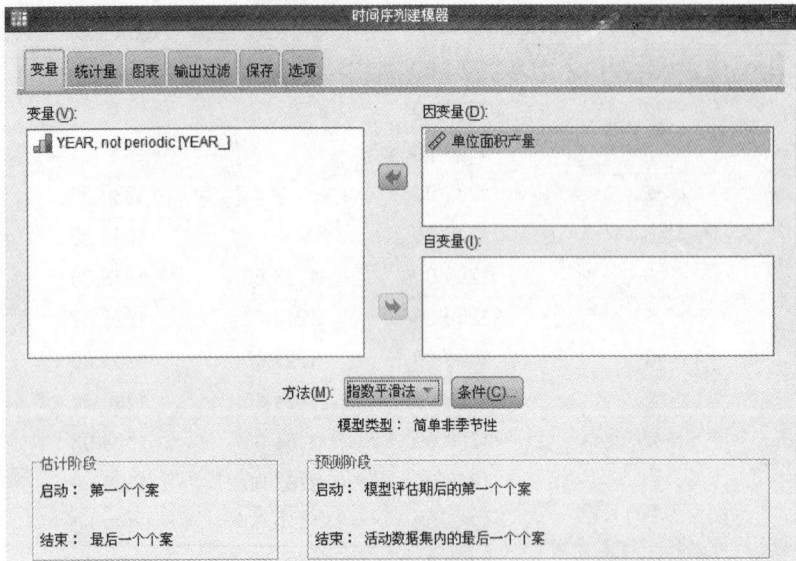

图 8-24　应用指数平滑法

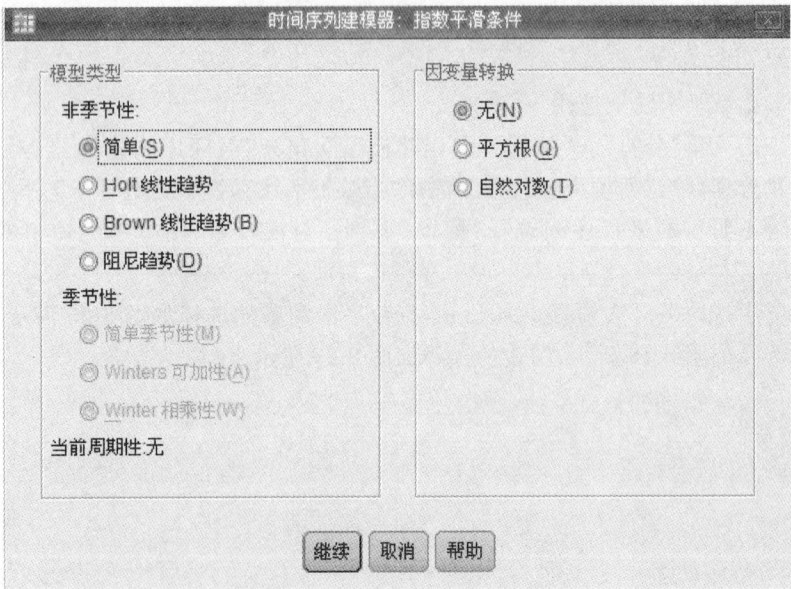

图 8-25　指数平滑的条件选择

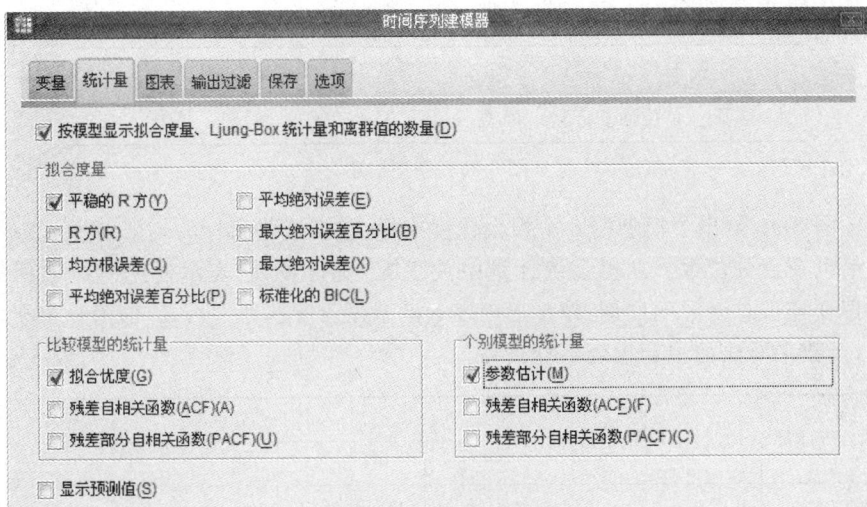

图 8-26　统计量的选择

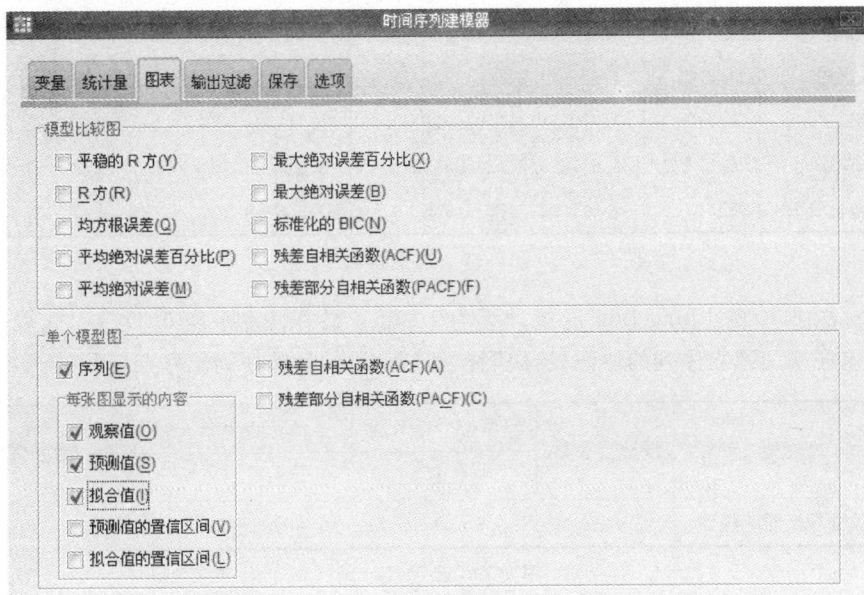

图 8-27　图表的选择

以下是模型调用自动输出的结果。可以看出，所建立的指数平滑模型的因变量标签是"单位面积产量"，模型名称为"模型_1"，模型的类型为"简单"。模型描述如图 8-28 所示。

	模型类型
模型 ID　单位面积产量　模型_1	简单

图 8-28　模型描述

图 8-29 给出了模型的 8 个拟合优度指标,包括这些指标的均值、最小值、最大值以及百分位数。在拟合统计量中关注 R^2 统计量,它表示模型所能解释的数据变异占总变异的比例,越接近 1 表示模型拟合度越好。从 R^2 值为 0.289 来看,指数平滑法的拟合程度不算很高。

拟合统计量	均值	SE	最小值	最大值	百分位						
					5	10	25	50	75	90	95
平稳的 R^2	0.167	.	0.167	0.167	0.167	0.167	0.167	0.167	0.167	0.167	0.167
R^2	0.289	.	0.289	0.289	0.289	0.289	0.289	0.289	0.289	0.289	0.289
RMSE	109.693	.	109.693	109.693	109.693	109.693	109.693	109.693	109.693	109.693	109.693
MAPE	6.610	.	6.610	6.610	6.610	6.610	6.610	6.610	6.610	6.610	6.610
MaxAPE	21.821	.	21.821	21.821	21.821	21.821	21.821	21.821	21.821	21.821	21.821
MAE	83.717	.	83.717	83.717	83.717	83.717	83.717	83.717	83.717	83.717	83.717
MaxAE	225.517	.	225.517	225.517	225.517	225.517	225.517	225.517	225.517	225.517	225.517
正态化的 BIC	9.545	.	9.545	9.545	9.545	9.545	9.545	9.545	9.545	9.545	9.545

图 8-29　模型拟合

图 8-30 的 Ljung-Box Q 统计量为 16.664,显著性水平为 0.477,因此接受残差序列为独立序列的原假设,说明模型拟合后的残差序列不存在自相关。

模型	预测变量数	模型拟合统计量	Ljung-Box Q(18)			离群值数
		平稳的 R^2	统计量	DF	Sig.	
单位面积产量　模型_1	0	0.167	16.664	17	0.477	0

图 8-30　模型统计量

图 8-31 中指数平滑模型的水平 Alpha 值为 0.566,P 值为 0.009,参数的检验结果是显著的。

模型				估计	SE	t	Sig.
单位面积产量	模型_1	无转换	Alpha（水平）	0.566	0.194	2.915	0.009

图 8-31　指数平滑法模型参数

图 8-32 给出了指数平滑模型的拟合值与观察值，可看出整体上拟合值曲线与观察值曲线变动具有基本一致性。

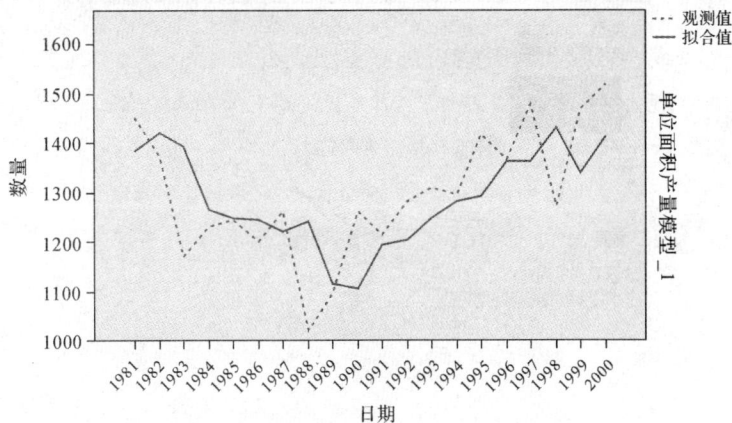

图 8-32　指数平滑模型拟合值与观察值

例 8-5　对图 8-33 的数据分别拟合线性趋势线 $\hat{Y}_t = b_0 + b_1 t$，二阶曲线 $\hat{Y}_t = b_0 + b_1 t + b_2 t^2$ 和三阶曲线 $\hat{Y}_t = b_0 + b_1 t + b_2 t^2 + b_3 t^3$，并对结果进行比较。

	A	B	C	D	E	F
1	时间T	观测值Y	时间T	观测值Y	时间T	观测值Y
2	1	372	13	367	25	356
3	2	370	14	365	26	356
4	3	374	15	363	27	356
5	4	375	16	359	28	359
6	5	377	17	358	29	360
7	6	377	18	359	30	357
8	7	374	19	360	31	357
9	8	372	20	357	32	355
10	9	373	21	356	33	356
11	10	372	22	352	34	363
12	11	369	23	348	35	365
13	12	367	24	353		

图 8-33　原始数据

【实验步骤】

用时间 t 为自变量,时序数值 y 为因变量,建立回归趋势模型,当有理由相信这种趋势能够延伸到未来时,赋予变量 t 所需要的值,可以得到相应时刻的时间序列未来值,即趋势外推预测法。本例可在绘制的时间序列折线图上直接添加趋势线,观察拟合效果,如图 8-34 和图 8-35 所示。

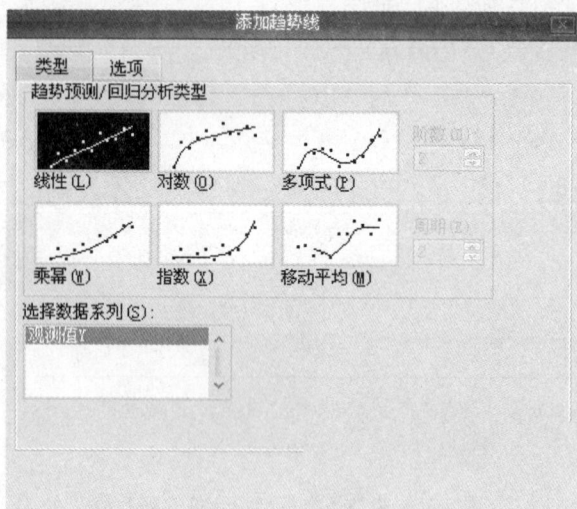

图 8-34　添加趋势线

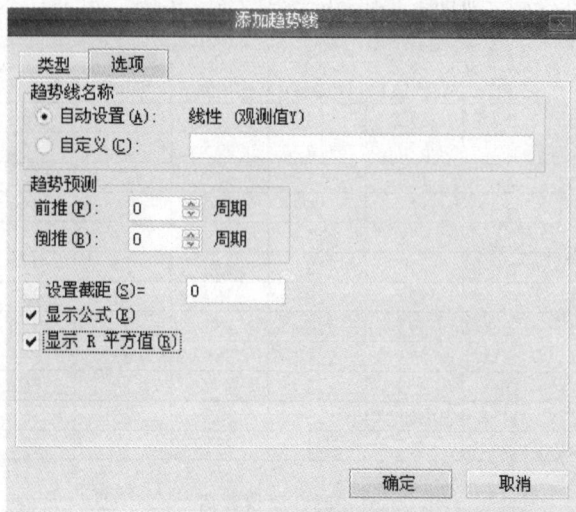

图 8-35　确定选项

根据判定系数 R^2 对多条拟合曲线进行选优,判定系数越接近 1 则表示曲线方程的拟合效果越好。在以下三条拟合曲线中(见图 8-36 至图 8-38),三次方程的判定系数 R^2 最大,因此三次方程对观察值的拟合效果相比一次方程和二次方程是最优的。

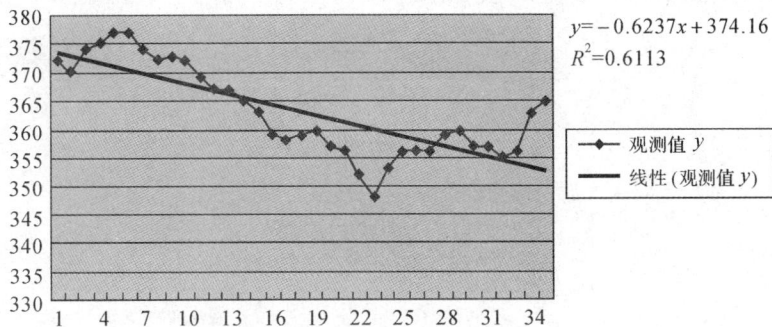

$$y = -0.6237x + 374.16$$
$$R^2 = 0.6113$$

图 8-36　一次方程拟合

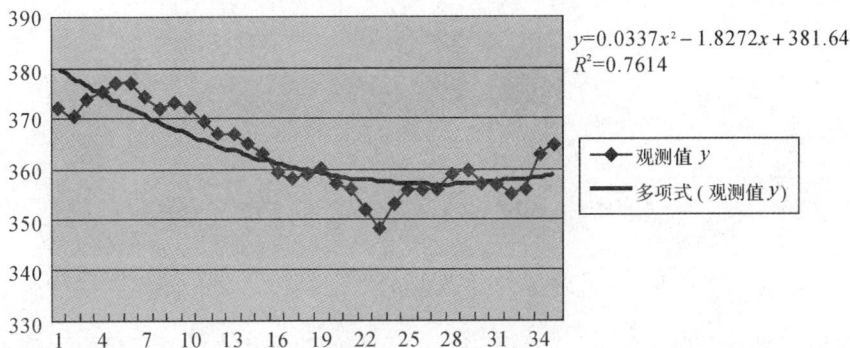

$$y = 0.0337x^2 - 1.8272x + 381.64$$
$$R^2 = 0.7614$$

图 8-37　二次方程拟合

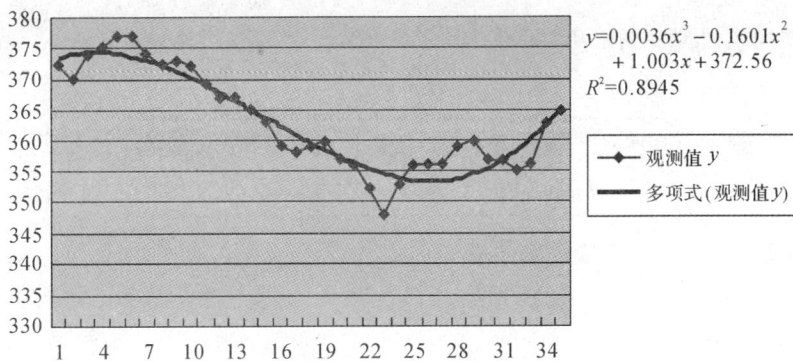

$$y = 0.0036x^3 - 0.1601x^2 + 1.003x + 372.56$$
$$R^2 = 0.8945$$

图 8-38　三次方程拟合

例 8-6 针对例 8-5 数据,采用 SPSS 软件进行分析。

【实验步骤】

点击菜单"分析"→"回归"→"曲线估计",如图 8-39 所示。

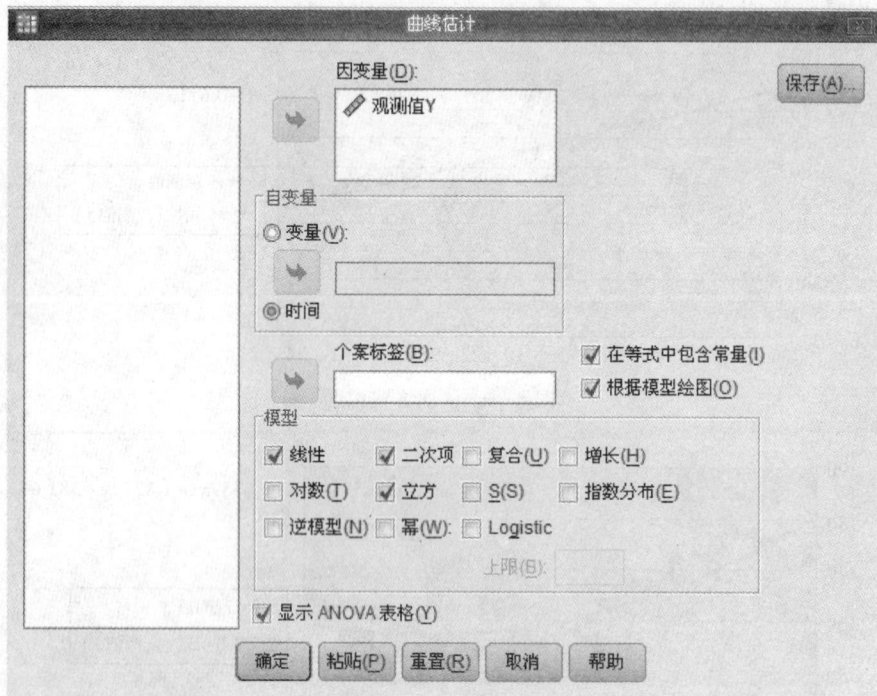

图 8-39 "曲线估计"对话框

以下是针对所选线性、二次项、立方三种模型进行拟合的自动输出内容。三条曲线从方差分析看对观察值 Y 的拟合都是显著的,进一步根据判定系数 R^2 进行比较,选择最大 R^2 对应的三次曲线,认为拟合效果最佳。

线性模型拟合的输出结果如图 8-40 所示。

模型汇总

R	R^2	调整 R^2	估计值的标准误
0.782	0.611	0.600	5.090

ANOVA

	平方和	df	均方	F	Sig.
回归	1344.673	1	1344.673	51.908	0.000
残差	854.870	33	25.905		
总计	2199.543	34			

系数

	未标准化系数		标准化系数	t	Sig.
	B	标准误	Beta		
个案顺序	−0.614	0.085	−0.782	−7.205	0.000
（常数）	374.161	1.758		212.811	0.000

图 8-40　线性模型拟合的输出结果

二次项模型拟合的输出结果如图 8-41 所示。

模型汇总

R	R^2	调整 R^2	估计值的标准误
0.873	0.761	0.747	4.049

ANOVA

	平方和	df	均方	F	Sig.
回归	1674.826	2	837.413	51.070	0.000
残差	524.717	32	16.397		
总计	2199.543	34			

系数

	未标准化系数		标准化系数	t	Sig.
	B	标准误	Beta		
个案顺序	−1.827	0.279	−2.328	−6.554	0.000
个案序列＊＊2	0.034	0.008	1.594	4.487	0.000
（常数）	381.644	2.177		175.340	0.000

图 8-41　二次项模型拟合的输出结果

三次项模型拟合的输出结果如图 8-42 所示。

模型汇总

R	R^2	调整 R^2	估计值的标准误
0.946	0.894	0.884	2.737

ANOVA

	平方和	df	均方	F	Sig.
回归	1967.400	3	655.800	87.574	0.000
残差	232.143	31	7.488		
总计	2199.543	34			

系数

	未标准化系数		标准化系数	t	Sig.
	B	标准误	Beta		
个案顺序	1.003	0.490	1.278	2.045	0.049
个案序列 ＊＊2	−0.160	0.031	−7.569	−5.096	0.000
个案序列 ＊＊3	0.004	0.001	5.745	6.251	0.000
（常数）	372.562	2.068		180.190	0.000

图 8-42　三次项模型拟合的输出结果

线性、二次和三次的拟合值与观察值比较如图 8-43 所示。

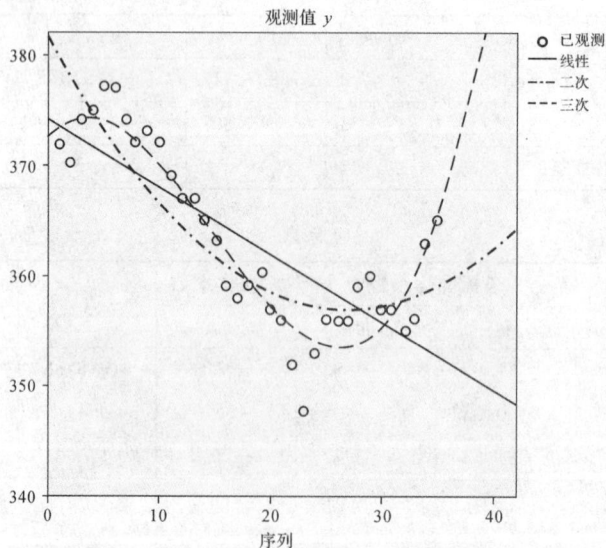

图 8-43　拟合值与观察值比较

例 8-7 1993—2000 年我国社会消费品零售总额数据如图 8-44 所示(单位:亿元)。要求:(1)绘制时间序列图,说明该序列的特点;(2)利用分解预测法预测 2001 年各月份的社会消费品零售总额。

	A	B	C	D	E	F	G	H	I
1	月/年	1993	1994	1995	1996	1997	1998	1999	2000
2	1	977.5	1192.2	1602.1	1909.1	2288.5	2549.5	2662.1	2774.7
3	2	892.5	1162.7	1491.5	1911.2	2213.5	2306.4	2538.4	2805
4	3	942.3	1167.5	1533.3	1860.1	2130.9	2279.7	2403.1	2627
5	4	941.3	1170.4	1548.7	1854.8	2100.5	2252.7	2356.8	2572
6	5	962.2	1213.7	1585.4	1898.3	2108.2	2265.2	2364	2637
7	6	1005.7	1281.1	1639.7	1966	2164.7	2326	2428.8	2645
8	7	963.8	1251.5	1623.6	1888.7	2102.5	2286.1	2380.3	2597
9	8	959.8	1286	1637.1	1916.4	2104.4	2314.6	2410.9	2636
10	9	1023.3	1396.2	1756	2083.5	2239.6	2443.1	2604.3	2854
11	10	1051.1	1444.1	1818	2148.3	2348	2536	2743.9	3029
12	11	1102	1553.8	1935.2	2290.1	2454.9	2652.2	2781.5	3108
13	12	1415.5	1932.2	2389.5	2848.6	2881.7	3131.4	3405.7	3680

图 8-44   我国社会消费品零售总额

【实验步骤】

1. 计算季节指数

	A	B	C	D	E	F	G	H	I	J
1	月/年	t	Y	12MA	2MA	CMA	剔除趋势	总平均	各季平均	季节指数S
2	1/1993	1	977.5					0.99872	1.042565	1.043903
3	2	2	892.5						0.99267	0.9939439
4	3	3	942.3						0.958033	0.9592626
5	4	4	941.3						0.93856	0.9397644
6	5	5	962.2						0.94268	0.9438897
7	6	6	1005.7						0.95765	0.9588798
8	7	7	963.8		1029	1029	0.9369145		0.92747	0.9286603
9	8	8	959.8		1049	1049	0.9150539		0.924893	0.9260807
10	9	9	1023.3		1070	1070	0.956765		0.980171	0.981429
11	10	10	1051.1		1088	1088	0.9656667		1.006205	1.007497
12	11	11	1102		1108	1108	0.99414		1.045898	1.0472403
13	12	12	1415.5	1020	1130	1130	1.2521562		1.267822	1.2694493
14	1/1994	13	1192.2	1038	1154	1154	1.0331806			1.043903
15	2	14	1162.7	1060	1179	1179	0.9857636			0.9939439
16	3	15	1167.5	1079	1209	1209	0.9659771			0.9592626
17	4	16	1170.4	1098	1241	1241	0.9434652			0.9397644
18	5	17	1213.7	1119	1276	1276	0.9513744			0.9438897
19	6	18	1281.1	1142	1316	1316	0.9734155			0.9588798
20	7	19	1251.5	1166	1355	1355	0.9238208			0.9286603

图 8-45   计算季节指数

对于有长期趋势的序列,计算季节指数时需要先得到中心化移动平均(CMA)。对序列进行项数为 12 的移动平均,再进行第二次的项数为 2 的移动平均可得到中心化移动平均。接下来用原序列除以 CMA 序列得到剔除长期趋势的序列,然后根据新序列计算季节指数。

2. 依次分解 S、T、C、I

按传统的统计学理论,时间序列通常可以分解为季节变动 S、长期趋势 T、循环变动 C 和不规则变动 I 4 个组成成分。这 4 个成分可以写成乘法模型或加法模型的形式。

在乘法模型中对季节性的时间序列进行分解的一般步骤是先计算季节指数;用剔除季节因素的序列拟合趋势方程分解出长期趋势;通过对剔除季节成分和长期趋势的序列进行移动平均获得循环变动;剔除前 3 个因素后的序列就是不规则变动。

用原始数据除以相应的季节指数得到的序列称为季节调整后的序列。一般来说对长期趋势和循环变动的分析都是以季节调整后的序列为基础的。用原始数据除以季节指数和长期趋势值可以得到一个只包含循环变动和不规则变动的新序列(C×I)。对这个新序列进行 3 项的移动平均消除不规则变动就可以得到循环变动(C)了。用(C×I)序列除以 C 序列就可以得到不规则变动序列 I。相应的计算过程如图 8-46 所示。

	A	B	C	J	K	L	M	N	O
1	月年	t	Y	季节指数S	Y/S	线性趋势	C*I	C	I
2	1/1993	1	977.5	1.043903	936.3897	1020.3731	0.917693		
3	2	2	892.5	0.9939439	897.938	1041.5806	0.862092	0.901356	0.956439
4	3	3	942.3	0.9592626	982.317	1062.7882	0.924283	0.903465	1.023042
5	4	4	941.3	0.9397644	1001.634	1083.9957	0.92402	0.923555	1.000503
6	5	5	962.2	0.9438897	1019.399	1105.2033	0.922363	0.925836	0.996249
7	6	6	1005.7	0.9588798	1048.828	1126.4108	0.931124	0.919276	1.012888
8	7	7	963.8	0.9286603	1037.839	1147.6183	0.904342	0.907392	0.996638
9	8	8	959.8	0.9260807	1036.411	1168.8259	0.886711	0.889072	0.997345
10	9	9	1023.3	0.981429	1042.663	1190.0334	0.876163	0.874735	1.001633
11	10	10	1051.1	1.007497	1043.279	1211.2409	0.86133	0.863771	0.997174
12	11	11	1102	1.0472403	1052.29	1232.4485	0.85382	0.868197	0.983441
13	12	12	1415.5	1.2694493	1115.05	1253.656	0.889439	0.879696	1.011075
14	1/1994	13	1192.2	1.043903	1142.06	1274.8635	0.895829	0.895943	0.999873
15	2	14	1162.7	0.9939439	1169.784	1296.0711	0.902562	0.907442	0.994622
16	3	15	1167.5	0.9592626	1217.081	1317.2786	0.923936	0.918987	1.005383
17	4	16	1170.4	0.9397644	1245.418	1338.4861	0.930468	0.933365	0.996896
18	5	17	1213.7	0.9438897	1285.849	1359.6937	0.945691	0.94789	0.99768
19	6	18	1281.1	0.9588798	1336.038	1380.9012	0.967512	0.958118	1.009804
20	7	19	1251.5	0.9286603	1347.64	1402.1087	0.961152	0.968102	0.992821

图 8-46　依次分解 S、T、C、I

3. 分析线性趋势——调用 TREND 函数

调用 TREND 函数得出线性趋势序列值，需要采用数组输出的方式。第一步必须选定数组输出的区域，第二步才是插入 TREND 函数，如图 8-47 或图 8-48 所示。

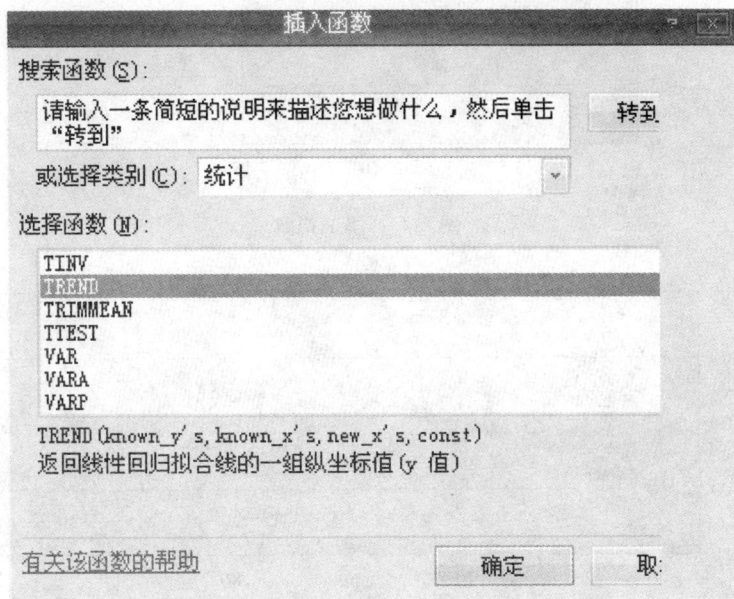

图 8-47　插入"TREND"函数

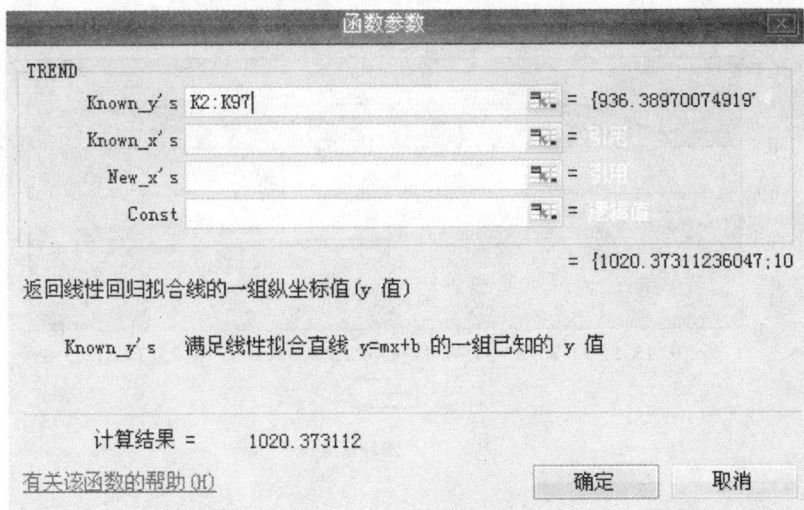

图 8-48　源数据输入

根据数组的输出规则,最后需要三键合一"Ctrl+Shift+Enter",即把这三个键同时按下,才能得到线性趋势的拟合序列值。

4. 各分解因素如图 8-49 至图 8-52 所示。

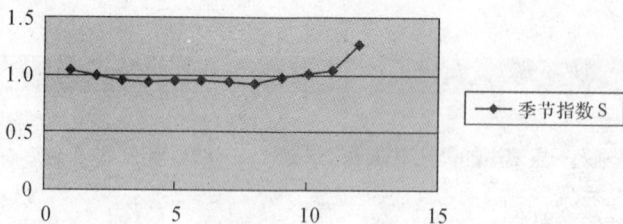

图 8-49　季节指数

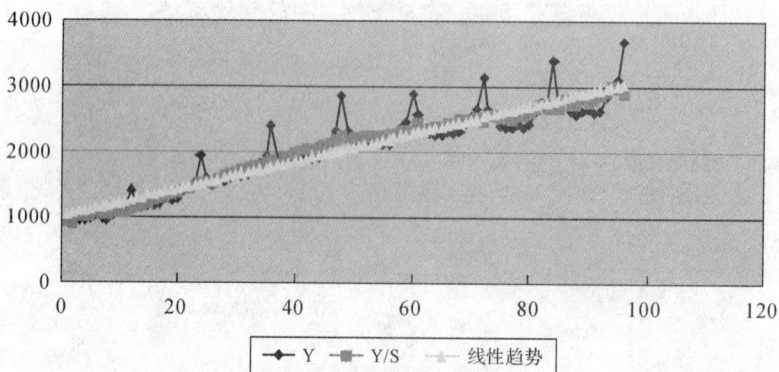

图 8-50　季节分离后的线性趋势

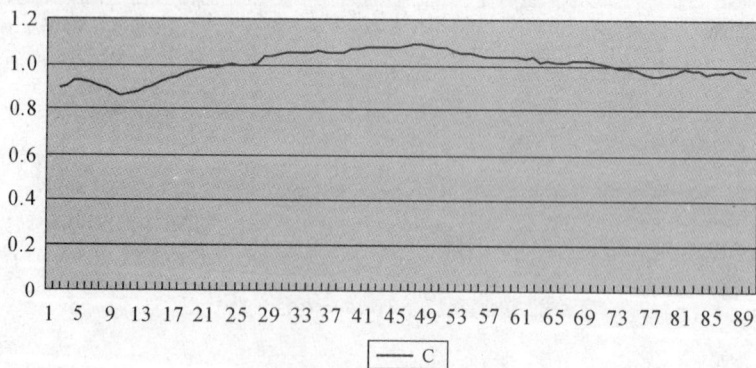

图 8-51　循环变动

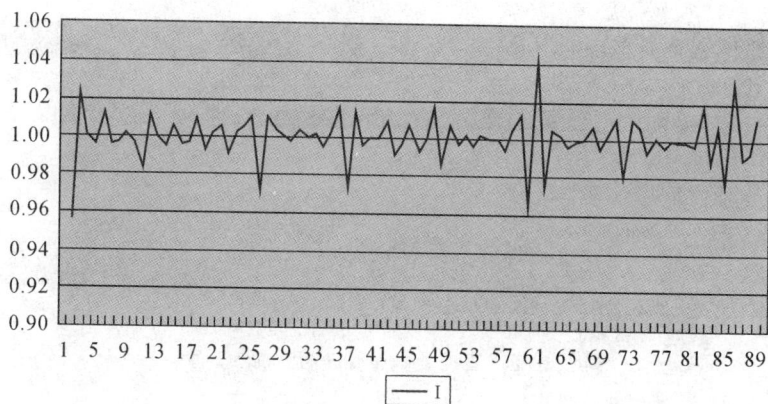

图 8-52　不规则变动

5.对未来一年各个月份的预测

把时间序列的各个组成成分分解出来,然后对每个组成成分进行预测,再把各个组成成分的预测结果组合起来就可以得到对原序列的预测结果。在时间序列的 4 个组成成分中,不规则变动和循环变动一般是不可预测的,在乘法模型中其取值一般设为 1。因此,用时间序列分解的方法进行预测时预测值一般等于长期趋势的预测值乘以相应的季节比率。其中趋势预测值序列调用 TREND 函数求出,如图 8-53、图 8-54 所示。最终预测值序列的计算如图 8-55 所示。预测值与观测值序列图如图 8-56。

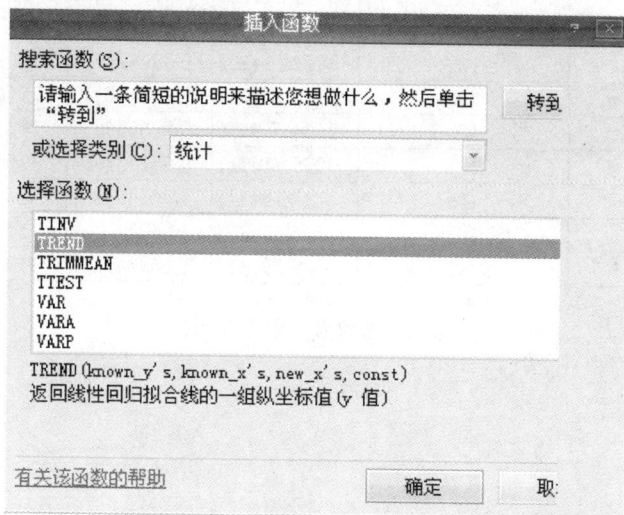

图 8-53　插入"TREND"函数

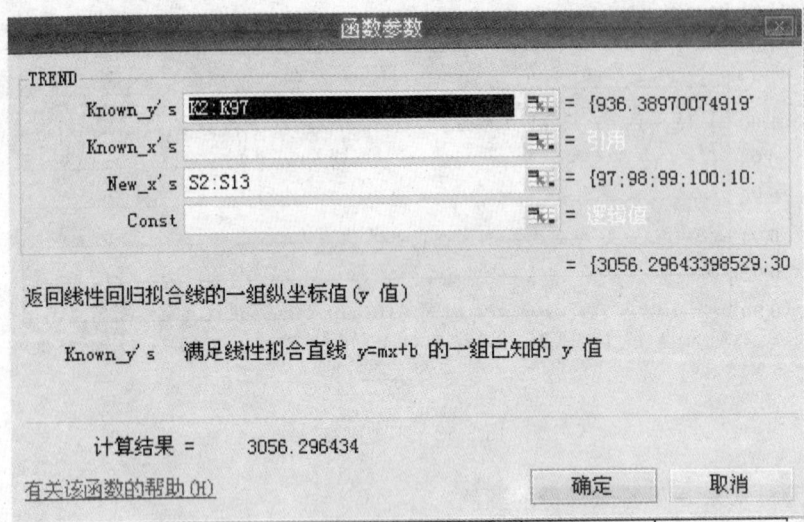

图 8-54　已知条件输入

R 月/年	S 2001年各月对应t	T 趋势预测值	U 季节指数	V 最终预测值
1/2000	97	3056.296434	1.043902981	3190.476958
2	98	3077.503969	0.993943916	3058.866347
3	99	3098.711503	0.95926263	2972.478145
4	100	3119.919038	0.939764448	2931.988991
5	101	3141.126572	0.943889676	2964.876942
6	102	3162.334107	0.958879773	3032.29821
7	103	3183.541642	0.928660342	2956.428869
8	104	3204.749176	0.926080696	2967.856346
9	105	3225.956711	0.981428984	3166.047418
10	106	3247.164245	1.007497006	3271.508255
11	107	3268.37178	1.047240268	3422.77054
12	108	3289.579315	1.269449281	4175.954095

图 8-55　最终预测值序列的计算

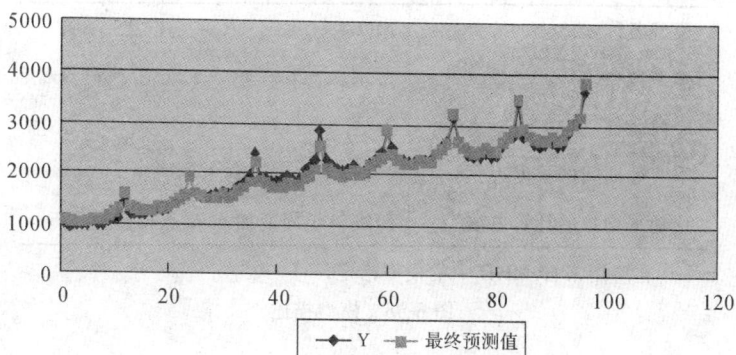

图 8-56　最终预测值与观测值序列图

例 8-8　针对例 8-7 数据，采用 SPSS 软件进行分析。

【实验步骤】

点击菜单"分析"→"预测"→"季节性分解"，如图 8-57 所示。

季节性分解的目的是根据季节指数进行季节调整，消除季节因素的影响，并通过调整前后的指标数据的比较，确定季节因素的影响程度，为预测决策提供科学依据。所以在进行季节分解的同时，在以下"周期性分解"对话框中选择"显示对象删除列表"复选项，可以得到详细的分解过程和季节调整值。

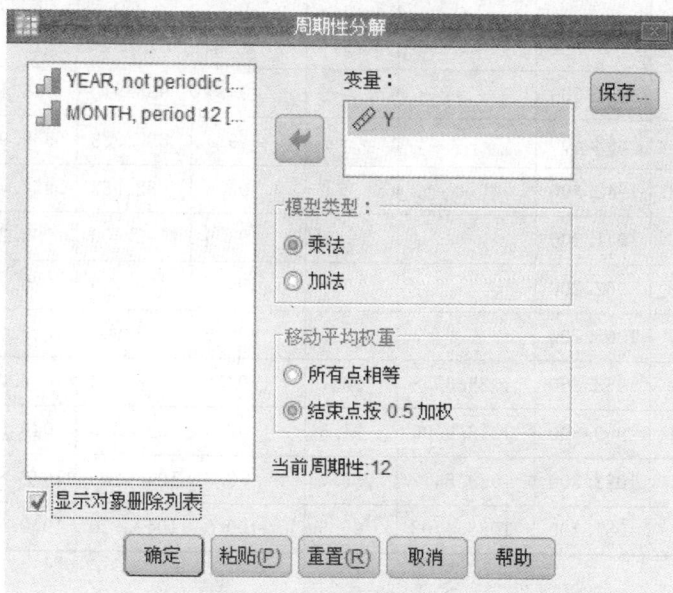

图 8-57　"季节性分解"对话框

模型名称	MOD_1
模型类型	可乘
序列名称　1	Y
季节性期间的长度	12
移动平均数的计算方法	跨度等于周期加 1,端点权重为 0.5

正在应用来自 MOD_1 的模型指定。

图 8-58　模型描述

注意:图 8-59 中第三列是时距为 12 个月的移动平均值,第四列是变量的观察值与移动平均值的比值的百分数,第五列是季节指数,第六列是季节调整值,第七列是平滑值,第八列是不规则变量。SPSS 中使用的分解方法是比例移动平均法(ratio-to-moving-average method,Census Method I),计算结果与传统统计方法并不完全一致,但一般差别不大。

序列名称:Y

DATE_	原始序列	移动平均数序列	原始序列与移动平均数序列的比率(%)	季节性因素(%)	季节性调整序列	平滑的趋势循环序列	不规则(误差)分量
JAN 1993	977.500	.	.	104.1	938.912	926.135	1.014
FEB 1993	892.500	.	.	99.4	897.833	939.909	0.955
MAR 1993	942.300	.	.	95.9	982.983	967.457	1.016
APR 1993	941.300	.	.	93.9	1002.400	995.286	1.007
MAY 1993	962.200	.	.	94.4	1018.789	1020.124	0.999
JUN 1993	1005.700	.	.	95.9	1048.995	1033.698	1.015
JUL 1993	963.800	1028.6958	93.7	92.8	1038.973	1039.016	1.000
AUG 1993	959.800	1048.9000	91.5	92.4	1038.370	1040.601	0.998
SEP 1993	1023.300	1069.5417	95.7	98.3	1040.705	1040.875	1.000
OCT 1993	1051.100	1088.4708	96.6	100.9	1041.950	1050.611	0.992

DATE_	原始序列	移动平均数序列	原始序列与移动平均数序列的比率（%）	季节性因素（%）	季节性调整序列	平滑的趋势循环序列	不规则（误差）分量
NOV 1993	1102.000	1108.4958	99.4	105.3	1046.143	1071.483	0.976
DEC 1993	1415.500	1130.4500	125.2	126.7	1117.587	1105.213	1.011
JAN 1994	1192.200	1153.9125	103.3	104.1	1145.136	1141.547	1.003
FEB 1994	1162.700	1179.4917	98.6	99.4	1169.647	1177.665	0.993
MAR 1994	1167.500	1208.6208	96.6	95.9	1217.906	1212.885	1.004
APR 1994	1170.400	1240.5333	94.3	93.9	1246.370	1250.109	0.997
MAY 1994	1213.700	1275.7333	95.1	94.4	1285.081	1287.500	0.998
JUN 1994	1281.100	1316.0875	97.3	95.9	1336.251	1323.865	1.009
JUL 1994	1251.500	1354.7000	92.4	92.8	1349.113	1356.379	0.995
AUG 1994	1286.000	1385.4833	92.8	92.4	1391.273	1386.635	1.003
SEP 1994	1396.200	1414.4250	98.7	98.3	1419.948	1414.400	1.004
OCT 1994	1444.100	1445.4292	99.9	100.9	1431.529	1444.598	0.991
NOV 1994	1553.800	1476.6792	105.2	105.3	1475.042	1477.574	0.998
DEC 1994	1932.200	1507.1083	128.2	126.7	1525.540	1504.061	1.014

图 8-59　"季节性分解"输出结果

学生实验

学生实验一

我国 1998—2001 年房地产行业投资总额如表 8-1 所示：

表 8-1

指　标	1998 年	1999 年	2000 年	2001 年
投资总额（亿元）I	3614.23			
累积增长量（亿元）D	—		1369.82	
环比增长率 Y	—	13.53%		27.29%

【实验要求】

1. 将上面的表格填完整。

2. 计算各年投资的定基增长率和环比增长率。

3. 计算投资额的年平均增长率,并根据平均增长率预测 2002 年和 2003 年的投资总额。

学生实验二

我国 1990—2001 年职工平均工资指数如表 8-2 所示:

表 8-2

年份	平均工资指数(环比)	年份	平均工资指数(环比)
1990	112.70%	1996	112.10%
1991	112.60%	1997	103.60%
1992	118.50%	1998	100.20%
1993	124.80%	1999	106.20%
1994	135.40%	2000	107.90%
1995	121.70%	2001	111.00%

【实验要求】

1. 试绘制时间序列图,并描述其变化趋势。

2. 分别采用 5 期和 3 期移动平均法描述该时间序列,选择拟合效果较好的移动步长。

3. 分别采用平滑系数为 0.2 与 0.4 的指数平滑法描述该时间序列,选择拟合效果较好的平滑系数。

学生实验三

某研究机构调查了某市人均旅游支出的年度数据,如表 8-3 所示:

表 8-3

年份	人均旅游支出	年份	人均旅游支出
1987	99.83	1995	516.32
1988	94.03	1996	539.86
1989	170.40	1997	665.70
1990	232.81	1998	883.99
1991	269.94	1999	908.57
1992	323.62	2000	1060.81
1993	284.78	2001	1405.23
1994	390.74	—	—

【实验要求】

1.绘制时间序列图,并说明其变化趋势特点。

2.选择恰当的方程对曲线进行拟合,并用拟合的曲线对2002年的旅游支出进行预测。

学生实验四

我国餐饮业 1997—2002 年各季度的销售额数据(单位:亿元)如表 8-4 所示:

表 8-4

季度	1997 年	1998 年	1999 年	2000 年	2001 年	2002 年
第一季度	538.1	629.97	732.4	873.76	1010.26	1176.74
第二季度	567.1	639.97	715.62	847.97	981.2	1132.09
第三季度	598.1	684.87	770.64	906.23	1049.95	1223.17
第四季度	730	830.97	958.82	1109.93	1293.02	1520.11

【实验要求】

1.绘制该序列的时间序列图,并观察其变化特点。

2.用分解预测法对该时间序列进行分析。

第三篇
统计综合实验

实验九　抽样调查实验

⇨实验目的

1. 了解抽样调查工作的全过程,包括制订调查方案、选取抽样框、设计调查问卷、问卷调查的组织实施、问卷审核、问卷编码、问卷数据登录、数据分析、调查报告撰写等,具备初步的调查分析能力。
2. 运用学过的统计学主要分析工具对大规模调查数据进行模拟计算与分析,训练学生运用统计工具分析解决实际问题的能力,以及选择恰当方法解决实际问题的能力。
3. 在教师指导下熟悉问卷设计过程,了解问卷设计的基本原则与技巧,具备初步的问卷设计能力。
4. 熟悉调查报告撰写规范,在模仿基础上撰写专业水平的调查分析报告。

一、调查方案设计

(一)选题

　　选题需要充分考虑学生的兴趣、问卷调查的可行性及选题的现实意义。选题采用学生课堂自由讨论结合教师引导的方式确定。可以选择以下选题中的一个作为抽样调查实验的题目,也可以自行选题。

　　选题一:股民投资状况调查

　　选题二:大学生恋爱状况调查

　　选题三:金融专业就业状况调查

　　选题四:用人单位对国贸学生的能力需求调查

　　选题五:消费者网络购物行为调查

　　选题六:杭州地区经济酒店客户特征调查

　　选题七:消费者手机购买行为调查

　　选题八:大学生寝室满意度调查

选题九:舟山东路的学生服装消费市场调查

选题十:大学生考证状况调查

选题十一:消费者的电脑品牌选择行为及其影响因素调查

选题十二:杭州大学生消费结构调查

选题十三:杭州市区农民工就业及生活状况调查

选题十四:大学生兼职状况调查

选题十五:消费者网上银行使用行为调查

选题十六:舟山东路餐饮业发展状况调查

选题十七:城市学院学生逃课现象调查

选题十八:大学生网络创业现象调查

选题十九:大学生信用卡使用状况调查

选题二十:股票投资者的信息需求调查

选题二十一:消费者对转基因食品的认知调查

(二)制订调查方案

1.调查目的。市场调查的目的是为了收集足够的、真实的和有效的信息为企事业单位的活动和策略服务,为管理部门提供参考依据。利用市场调查的部门可以是企业、公司、团体以及任何一切企事业单位的管理决策层或个人。市场调查的目的可能是为了制订长远的战略性规划,也可能是为制定某阶段或针对某问题的具体政策或策略,提供参考依据。市场调查研究可以是学术性的,也可以是实用性的。

2.调查对象。调查对象是指依据调查的任务和目的,确定本次调查的范围及需要调查的那些现象的总体。调查对象是由某些性质上相同的许多调查单位所组成的。例如,为了研究某市百货商场的经营情况及存在的问题,需要对该市的百货商场进行统计调查,那么,该市所有的百货商场就是调查对象,每一个百货商场就是调查单位。

3.调查方式。市场调查的方法主要有观察法、实验法、访问法和问卷法。

(1)观察法。是社会调查和市场调查研究的最基本的方法。它是由调查人员根据调查研究的对象,利用眼睛、耳朵等感官以直接观察的方式对其进行考察并搜集资料。例如,市场调查人员到被访问者的销售场所去观察商品的品牌及包装情况。

(2)实验法。将实验被试控制在特定的环境条件下,对其进行观察以获得相应的信息。控制对象可以是产品的价格、品质、包装等。实验在可控的条件下观察市场现象,揭示在自然条件下不易发生的市场规律。这种方法主要用于市场销售实验和消费者使用实验。

(3)访问法。可以分为结构式访问、无结构式访问和集体访问。结构式访问是实现设计好的、有一定结构的访问问卷的访问。调查人员要按照事先设计好的调查表或访问提纲进行访问,要以相同的提问方式和记录方式进行访问。提问的语气和态度也要尽可能地保持一致。无结构式访问的没有统一问卷,由调查人员与被访问者自由交谈。它可以根据调查的内容,进行广泛的交流。如对商品的价格进行交谈,了解被调查者对价格的看法。集体访问是通过集体座谈的方式听取被访问者的想法,收集信息资料。可以分为专家集体访问和消费者集体访问。

(4)问卷法。是通过设计调查问卷,让被调查者填写调查问卷的方式获得调查对象的信息。在调查中将调查的资料设计成问卷后,让接受调查对象将自己的意见或答案,填入问卷中。在实地调查中,以问答卷采用最广。

根据抽选样本的差异,抽样调查可以分为非概率抽样和概率抽样两类。非概率抽样不是按照等概率原则,而是根据人们的主观经验或其他条件来抽取样本,常用于探索性研究。概率抽样是根据随机原则来抽选样本,并从数量上对总体的某些特征作出估计推断,并对可能出现的误差从概率意义上加以控制。非概率抽样方法有:

(1)偶遇抽样。常见的未经许可的街头随访或拦截式访问、邮寄式调查、杂志内问卷调查等都属于偶遇抽样的方式。它的优点是花费小(包括经费和时间)、抽样单元可以接近、容易测量和合作。缺点是存在选择偏差,如被调查者的自我选择、抽样的主观性偏差等。

(2)判断抽样。判断抽样是基于调研者对总体的了解和经验,从总体中抽选有代表性的单位作为样本,这种方法的优点是发挥研究者的主观能动性,但受主观因素影响较大。

(3)配额抽样。配额抽样是根据总体的结构特征来给调查员分派定额,以取得一个与总体结构特征大体相似的样本。配额保证了在这些特征上样本的组成与总体的组成是一致的。

(4)雪球抽样。雪球抽样是先随机选择一组调查对象,访问这些调查对象之后,再请他们提供另外一些属于所研究的目标总体的调查对象,根据所提供的线索,选择此后的调查对象。

概率抽样方法有:

(1)分层抽样。分层抽样是将总体的 N 个单位分成互不交叉、互不重复的若干个部分,称之为层;然后在每个层内分别抽选若干个样本的一种抽样方式。分层的作用主要有三:一是为了工作的方便和研究目的的需要;二是为了提高抽样的精度;三是为了在一定精度的要求下,减少样本的单位数以节约调查费用。分层抽样是最为普遍的抽样技术之一。

(2)整群抽样。整群抽样是将总体中各单位归并成若干个互不交叉、互不重复的集合,称之为群;然后以群为抽样单位抽取样本的一种抽样方式。使用整群抽样方法时,要求各群有较好的代表性,即群内各单位的差异要大,群间差异要小。整群抽样的优点是实施方便、节省经费,特别适用于缺乏总体单位的抽样框。

(3)等距抽样。等距抽样是将总体中各单位按一定顺序排列,根据样本容量要求确定抽选间隔,然后随机确定起点,每隔一定的间隔抽取一个单位的一种抽样方式。等距抽样的最主要优点是简便易行。当对总体结构有一定了解时,充分利用已有信息对总体单位进行排队后再抽样,可提高抽样效率。

(4)多阶抽样。多阶抽样是指在抽取样本时,分为两个及两个以上的阶段从总体中抽取样本的一种抽样方式。其具体操作过程是:第一阶段,将总体分为若干个一级抽样单位,从中抽选若干个一级抽样单位入样;第二阶段,将入样的每个一级单位分成若干个二级抽样单位,从入样的每个一级单位中各抽选若干个二级抽样单位入样……依此类推,直到获得最终样本。其优点在于适用于抽样调查的面特别广,没有一个包括所有总体单位的抽样框,或总体范围太大,无法直接抽取样本等情况,可以节省调查费用。

4. 调查内容。市场调查的内容涉及市场营销活动的整个过程,主要包括:

(1)市场环境的调查。市场环境调查主要包括经济环境、政治环境、社会文化环境、科学环境和自然地理环境等。具体的调查内容可以是市场的购买力水平,经济结构,国家的方针、政策和法律法规,风俗习惯,科学发展动态,气候等各种影响市场营销的因素。

(2)市场需求调查。市场需求调查主要包括消费者需求量调查、消费者收入调查、消费结构调查、消费者行为调查,包括消费者为什么购买、购买什么、购买数量、购买频率、购买时间、购买方式、购买习惯、购买偏好和购买后的评价等。

(3)市场供给调查。市场供给调查主要包括产品生产能力调查、产品实体调查等,具体为某一产品市场可以提供的产品数量、质量、功能、型号、品牌等,生产供应企业的情况等。

(4)市场营销因素调查。市场营销因素调查主要包括产品、价格、渠道和促销的调查。产品调查主要包括市场上新产品开发情况、设计情况、消费者使用情况、消费者评价、产品生命周期阶段、产品的组合情况等的调查。产品价格调查主要包括消费者的价格接受情况、价格策略反应等的调查。渠道调查主要包括渠道结构、中间商情况、消费者对中间商的满意情况等的调查。促销活动调查主要包括各种促销活动的效果,如广告实施效果、人员推销效果、营业推广效果和对外宣传的市场反应等的调查。

(5)市场竞争情况调查。市场竞争情况调查主要包括对竞争企业的调查和分析,了解同类企业的产品、价格等方面的情况,对方采取了什么竞争手段和策略,做到知己知彼,通过调查帮助企业确定企业的竞争策略。

5.数据分析方法。统计分析方法可分为描述统计、推断统计及多元统计分析。

(2)描述统计。描述统计包括整理、显示和分析数据的一系列方法。调查或实验中所获得的原始资料往往是零乱和不系统的,需要经过一系列的统计处理,才能转化为人们可以直接阅读和理解的信息。

(3)推断统计。在有些情况下,人们获得的统计资料并非事物整体的状况,而是来自事物的一个局部。利用局部数据去推断整体的情况,以及这种推断的有效性和可靠性分析,是推断统计的研究内容。

(4)多元统计分析。在统计课程设计中,多元统计分析是一个独立的部分,主要涉及对多变量情况的研究。例如,描述一个人的能力,需要从科研能力、动手能力、组织能力等多个方面进行综合判断。对涉及多个变量的统计问题进行研究,即为多元统计。多元统计根据掌握信息的不同,也可分为多元描述统计和多元推断统计。

(三)调查方案的撰写

调查方案的撰写是非常重要的一项工作。调查方案的制订必须建立在对调查课题背景的深刻认识上。一般来说,调查方案的起草与撰写应由课题负责人来完成。调查方案原则上应该包含调查目的、调查对象和单位、调查项目、调查时间和调查方法、调查的组织实施计划等内容,但格式方面可以灵活,不一定要采用固定格式。调查方案的撰写可模仿以下案例。

案例:湘潭大学单放机市场调查方案①

1 前言

单放机——又称随身听,是一种集娱乐性和学习性于一体的小型电器,因其方便实用而在大学校园内广为流行。目前各高校都大力强调学习英语的重要性,湘潭大学已经把英语四级和学位证书挂上了钩。为了练好听力,湘大学子几乎人人都需要单放机,市场容量巨大。

为配合某单放机产品扩大在湘大的市场占有率,评估湘大单放机行销环境,制定相应的营销策略,预先进行湘大单放机市场调查大有必要。

本次市场调查将围绕市场环境、消费者、竞争者为中心来进行。

2 调查目的

详细了解湘大单放机市场各方面情况,为该产品在湘大的扩展制定科学合理的营销方案提供依据,特撰写此市场调研计划书:

1. 全面摸清企业品牌在消费者中的知名度、渗透率、美誉度和忠诚度;

2. 全面了解本品牌及主要竞争品牌在湘大的销售现状;

3. 全面了解目前湘大主要竞争品牌的价格、广告、促销等营销策略;

4. 了解湘大消费者对单放机电器消费的观点、习惯;

5. 了解湘潭大学在校学生的人口统计学资料,预测单放机市场容量及潜力。

3 调查内容

市场调研的内容要根据市场调查的目的来确定。市场调研分为内、外调研两个部分,此次单放机市场调研主要是外部调研,其主要内容如下:

3.1 行业市场环境调查

主要的调研内容有:

1. 湘大单放机市场的容量及发展潜力;

2. 湘大该行业的营销特点及行业竞争状况;

3. 学校教学、生活环境对该行业发展的影响;

4. 当前湘大单放机种类、品牌及销售状况;

5. 湘大该行业各产品的经销网络状态。

3.2 消费者调查

主要的调研内容有:

1. 消费者对单放机的购买形态(购买过什么品牌、购买地点、选购标准等)与

---

① 案例来自调查在线,http://www.data100.net

消费心理(必需品、偏爱、经济、便利、时尚等);

　　2.消费者对单放机各品牌的了解程度(包括功能、特点、价格、包装等);

　　3.消费者的品牌意识、对本品牌及竞争品牌的认知及品牌忠诚度;

　　4.消费者平均月开支和消费结构的统计;

　　5.消费者理想的单放机描述。

3.3 竞争者调查

主要的调研内容:

　　1.主要竞争者的产品与品牌优、劣势;

　　2.主要竞争者的营销方式与营销策略;

　　3.主要竞争者市场概况;

　　4.主要竞争者的经销网络状态。

4　调研对象及抽样

　　因为单放机在高校的普遍性,全体在校学生都是调查对象。为了准确、快速地得出调查结果,此次调查决定采用分层随机抽样法:先按其住宿条件的不同分为两层(住宿条件基本上能反映学生的家庭经济条件)——公寓学生与普通宿舍学生,然后再进行随机抽样。此外,分布在湘大校内外的各经销商、专卖店也是本次调查的对象,因其规模、档次的差异性,决定采用判断抽样法。

　　具体情况如下:消费者(学生):300名,其中住公寓的学生占50%;经销商:10家,其中校外5家,大型综合商场1家,中型综合商场2家,专卖店2家,校内5家,综合商场3家,专卖店2家。

　　消费者样本要求:

　　1.家庭成员中没有人在单放机生产单位或经销单位工作。

　　2.家庭成员中没有人在市场调查公司或广告公司工作。

　　3.消费者没有在最近半年中接受过类似产品的市场调查测试。

　　4.消费者所学专业不能为市场营销、调查或广告类。

5　调查员的规定与培训

5.1 规定

1.仪表端正、大方。

2.举止谈吐得体,态度亲切、热情。

3.具有认真负责、积极的工作精神及职业热情。

4.访员要具有把握谈话气氛的能力。

5.访员要经过专门的市场调查培训,专业素质好。

5.2 培训

培训必须以实效为导向。本次调查其人员的培训决定采用举办培训班集中讲授的方法,聘请有丰富经验的调查人员面授调查技巧,并对他们进行思想道德方面的教育,使之充分认识到市场调查的重要意义,培养他们强烈的事业心和责任感,端正工作态度和作风,激发他们的调查工作积极性。

6 人员安排

根据我们的调研方案,在湘潭大学及市区进行本次调研需要的人员有三种:调研督导、调查人员、复核员。具体配置如下:调研督导 1 名;调查人员 20 名,其中 15 名对消费者进行问卷调查,5 名对经销商进行深度访谈;复核员:1~2 名,由督导兼职或另外招聘;如有必要还将配备辅助督导 1 名,协助进行访谈、收发和检查问卷与礼品。

问卷的复核比例为全部问卷数量的 30%,全部采用电话复核方式,复核时间为问卷回收的 24 小时内。

7 市场调查方法及具体实施

7.1 对消费者以问卷调查为主

在完成市场调查问卷的设计与制作以及调查人员的培训等相关工作后,就可以开展问卷调查了。把调查问卷平均分发给各调查人员,统一选择中餐或晚餐后这段时间开始进行调查(因为此时学生们多刚好待在宿舍里,便于集中调查,能够节约调查时间和成本)。调查员在进入各宿舍时说明来意,并特别声明在调查结束后将赠送被调查者精美礼物一份以吸引被调查者的积极参与、得到正确有效的调查结果。调查过程中,调查员应耐心等待,切不可督促。记得一定要求其在调查问卷上写明学生姓名、所在班级、寝室、电话号码,以便以后的问卷复核。调查员可以在当时收回问卷,也可以第二天收回(这有利于被调查者充分考虑,得出更真实有效的结果)。

7.2 对经销商以深度访谈为主

由于调查形式的不同,对调查者的要求也有差异。与经销商进行深度访谈的调查者(访员)相对于实施问卷调查的调查者而言,其专业水平要求更高一些。因为时间较长,调查员对经销商进行深度访谈以前一般要预约好时间并承诺支付一定报酬,访谈前调查员要做好充分的准备,列出调查所要了解的所有问题。调查者在访谈过程中应占据主导地位,把握着整个谈话的方向,能够准确筛选谈话内容并快速做好笔记以得到真实有效的调查结果。

7.3 通过网上查询或资料查询调查湘大人口统计资料

调查者查找资料时应注意其权威性及时效性,尽量减少误差。因为其简易性,该工作可直接由复核员完成。

8 调查程序及时间安排

市场调研大致来说可分为准备、实施和结果处理三个阶段。

准备阶段:它一般分为界定调研问题、设计调研方案、设计调研问卷或调研提纲三个部分。

实施阶段:根据调研要求,采用多种形式,由调研人员广泛收集与调查活动有关的信息。

结果处理阶段:将收集的信息进行汇总、归纳、整理和分析,并将调研结果以书面的形式——调研报告表述出来。

在客户确认项目后,有计划地安排调研工作的各项日程,用以规范和保证调研工作的顺利实施。按调研的实施程序,可分8个小项来对时间进行具体安排:

1. 调研方案、问卷的设计   3个工作日
2. 调研方案、问卷的修改、确认   1个工作日
3. 项目准备阶段(人员培训、安排)   1个工作日
4. 实地访问阶段   4个工作日
5. 数据预处理阶段   2个工作日
6. 数据统计分析阶段   3个工作日
7. 调研报告撰写阶段   2个工作日
8. 论证阶段   2个工作日

9 经费预算

策划费	1500
交通费	500
调查人员培训费	500
公关费	1000
访谈费	1000
问卷调查费	1000
统计费	1000
报告费	500
总计	7000

10 附录

项目负责人:

调查方案、问卷的设计:待定

调查方案、问卷的修改:待定

调查人员培训:待定

调查人员:待定

调查数据处理:待定

调查数据统计分析:待定

调查报告撰写:待定

论证人员:待定

调查计划书撰写:待定

二、问卷设计

设计问卷的目的是为了更好地收集市场信息,因此在问卷设计过程中,首先要把握调查的目的和要求,其次应力求取得被调查者的充分合作,保证提供准确有效的信息。

(一)问卷设计步骤

1.根据研究目的和假设,列举所要收集的资料,并考虑如何统计分析。与调查项目相关的每个人都应当一起讨论究竟需要些什么数据。询问的目标应当尽可能精确、清楚。如果这一步做得好,下面的步骤会更顺利有效。

2.确定数据收集方法。获得询问数据可以有多种方法,主要有人员访问、电话调查、邮寄调查与自我管理访问。每一种方法对问卷设计都有影响。事实上,在街上进行拦截访问比入户访问有更多的限制。街上拦截访问有着时间上的限制。自我管理访问则要求问卷设计得非常清楚,而且相对较短,因为访问人员不在场,没有澄清问题的机会。电话调查经常需要丰富的词汇来描述一种概念以肯定应答者理解正在讨论的问题。相对而言,个人访谈中访问员可以给应答者出示图片以解释或证明概念。

3.建立问题库。首先检索以往资料,看相关调查选题是否有既存的题目或问卷,或是否有相关调查研究资料,从中发掘可资利用的调查项目。然后对调查项目进行调整。通常可使用两种方法:一是头脑风暴法,召集相关领域的专家,对已有的调查项目进行评价、修改、增补或调整;二是查对象访谈,可采用焦点小组法或个人深度访谈法,挖掘潜在调查项目,对已有调查项目进行调整。

4.设计问卷初稿。决定问题的词措、问卷答题形式(开放式问题、封闭式问题、量表应答式问题)、问卷的流程与编排、问卷初稿评价。

5.问卷小规模测试和修订。问卷小规模测试也应当以最终问卷调查的相同形式进行,通过测试调查,观察被调查对象的反应,发现问卷中语言表达问题,对问卷进行信度和效度检验。如果预先测试导致问卷产生较大的改动,应进行第二次测试。

6.形成正式问卷。根据小规模测试的结果,对问卷进行修改形成正式问卷,精心处理问卷排版、折叠和装订的方式。

(二)问卷结构

一份问卷通常由三部分组成:前言、主体内容和结束语。

问卷前言主要是对调查目的、意义及填表要求等的说明,包括问卷标题、调查说明及填表要求。前言部分文字须简明易懂,能激发被调查者的兴趣。

问卷主体是市场调查所要收集的主要信息,它由一个个问题及相应的选择项目组成。通过主体部分问题的设计和被调查者的答复,市场调查者可以对被调查者的个人基本情况和对某一特定事物的态度、意见倾向以及行为有较充分的了解。

问卷结束语主要表示对被调查者合作的感谢,记录下调查人员姓名、调查时间、调查地点等。结束语要简短明了,有的问卷也可以省略。

(三)问卷编写要点

1.避免应答者可能不明白的缩写、俗语或生僻的用语。比如,你对 PPO 的意见是什么? 很可能不是每个人都知道 PPO 代表优先提供者组织(Preferred Provider Organization)。如果这一问题以一般公众为目标应答者,研究人员可能会遇到麻烦。如果问题针对物理学家或医院管理者,那么缩写 PPO 很可能是可接受的。

2.要具体。含糊的提问得到含糊的答案。例如,您的家庭收入是多少? 当应答者给出此问题的数字答案时,其答案是各式各样的,如 2001 年的税前收入,2001 年的税后收入,2002 年税前收入,2002 年税后收入。

3.不要过头。当问题的要求过多时,人们是不会回答的,他们或者拒绝或者乱猜。例如,2003 年您读了多少本书? 需给出一个范围:①无;②1～10 本;③11～25 本;④26～50 本;⑤多于 50 本。

4.确保问题易于回答。要求过高的问题也会导致拒答或猜想。例如,请您以购买新车时考虑因素的重要性将以下 20 项排序。你正在让应答者做一次相当大的计算工作。不要让人们为 20 项排序,应让他们挑选出前 5 项。

5.不要过多假设,这是一个相当普遍的错误。问题撰写者默认了人们的一些知识、态度和行为。例如,您对总统关于枪支控制的立场倾向于同意还是反对? 这一问题假设了应答者知道总统对枪支控制有一个立场并知道立场是什么。

6.注意双重问题和相反观点的问题,将多个问题结合起来或运用相反观点的问题会导致模棱两可的问题和答案。例如,"您赞同在私人住宅而不在公共场所吸食大麻合法化吗?"如果此问题精确描述应答者的立场,那么就很容易解释"是"这种回答。但是回答为"不"可能意味着应答者赞同在公共场所吸大麻而不赞同在私人场所吸,或两者都反对,或两者都赞同。"警察总长不应该对市长直接负责吗?"这个问题模棱两可,几乎任何回答都可以。

7.检查误差。带有误差的问题会引导人们以某一方式回答,但这种方式不能准确反映其立场。有几种使问题存在偏向性的方式。一种方式是暗示应答者本应参与某一行为。例如,"今年看电影《狮子王》的人比看其他电影的人多。您看过这部电影吗?"为了不显示出"不同",应答者即使没有看过也会说是的。问题应该是"您曾看过电影《狮子王》吗?"另一种使问题具有误差性的方式是选择答案不均衡。例如,"近期我国每年在援助外国方面花费××万美元。您认为这个数字应:①增加;②保持不变;③稍减一点;④减少一点;⑤大量减少"。这套答案鼓励应答者选择"减少"选项,因为其中有 3 项"减少",而只有一项是增加。

8.预先测试。正式调查之前的试调查,"所有的修改和编辑都不能保证成功。事先测试是保证你的问卷研究项目成功而费用最低的方式"。事先测试的基本目的是保证问卷提供给应答者以清晰、容易理解的问题,这样的问题将得到清晰、容易理解的回答。

(四)问卷样本

调查问卷的设计可参考以下两个问卷样本。问卷样本一是一份规范、全面的调查问卷,但调查数据基本上是分类数据,只能进行频数统计、突变展示、数据的概括性度量等统计分析工作,许多应用统计分析方法无法使用。问卷样本二设计成李克特量表形式,获得的数据可视为数值型数据,适合各种统计分析方法的练习。

全国文明城市测评调查问卷(样本一)

城市名称:_____ 发放日期:_____ 问卷编号:_____

市民朋友,您好!

我们正在您市进行全国文明城市测评的问卷调查。您的意见将对文明城市创建、政府及其职能部门改进工作起重要的参考作用。请您配合填写以下的问卷内容,谢谢!

为了保证问卷信息的真实性,请提供以下基本信息(打"√"),以便我们对问卷的发放工作进行抽样核实:

您的性别:□男　　　□女

您的年龄:□16～35岁　　□36～55岁　　□56岁以上

您是:□本市居民　　□外地户籍在本市工作　　□外地临时来此地

您的职业:□党政机关人员　　□事业单位人员　　□军事武警人员

　　　　　□企业单位人员　　□专业技术人员　　□进城务工人员

　　　　　□下岗失业人员　　□离退休人员　　□在校学生

　　　　　□其他(请注明_____)

我们保证您的个人信息只用于本次文明城市测评,且不被泄露或不正当地使用。

一、对市民素质和社会风尚的评价

1.近年来,本市各社区开展了形式多样的科教、文体、法律、卫生进社区活动,您是否知道

A.知道　　　　B.知道一些　　　C.不知道

2.您是否参加过单位或社区举办的法制宣传教育活动

A.经常参加　B.有时参加　　C.没有参加

3.您每周参加文体活动的情况

A.经常参加(每周不少于三次,每次1小时左右)　　B.有时参加　　C.不参加

4.近2年来,您是否参加过单位或社区组织的种植、认养、保护花草树木等爱绿、护绿活动

A.经常参加　B.有时参加　　C.没有参加　　　D.想参加但没人组织

5.您对近年来评选出的道德模范人物了解吗

A.了解　　　B.了解一些　　C.不了解　　　D.不关心

6.在清明、端午、中秋等传统节庆日,您是否参加过本市组织的弘扬民族文化优秀传统的主题活动

A.经常参加　B.有时参加　　C.没有参加　　　D.想参加但没人组织

7.近2年来,您是否参加过单位或社区组织的以诚信为主题的教育实践活动

A.经常参加　　B.有时参加　　C.没有参加　　　D.想参加但没人组织

8.您认为本市宣传和践行社会主义荣辱观的实际效果如何

A.好　　　　　B.较好　　　　　C.不好　　　　D.不清楚

9.近2年来,您是否参加过单位或社区组织的倡导社会公德、职业道德、家庭美德、个人品德方面的教育实践活动

A.都参加过　B.部分参加过　C.没有参加　　D.想参加但没人组织

10.您知道本市"城市精神"的内容吗

A.知道　　　　B.知道一些　　　C.不知道　　　D.不关心

11.当别人遇到危险,需要帮助时,您的态度(未成年人不用作答)

A.见义勇为　　　　　　　　B.寻求其他援助(如打110等)

C.想帮助但能力有限　　　　D.一走了之

12.对于捐献骨髓等公益行为,您的态度是

A.积极支持　B.支持　　　　　C.不支持　　　D.无所谓

13.在社区组织的志愿服务、邻里互助、慈善捐助等活动中,社区党、团员是否能带头参与

A.都能参与　B.多数人能参与　C.少数人能参与　D.不清楚

14.邻里遇到困难时,大家是否会相互帮助

A.会　　　　　B.有时会　　　　C.不会　　　　D.不清楚

15.您所在单位同事或上下级之间是否有交流和沟通的机会

A.经常有　　　B.有时有　　　　C.没有　　　　D.不清楚

16.您或您熟悉的女性朋友求职就业时遇到过不公正的待遇吗

A.没有　　　　B.基本没有　　　C.经常有　　　D.不清楚

17.您所了解的同事或朋友是否有做同样工作而因男女性别差异所获报酬不同的情况

A.没有　　　　B.基本没有　　　C.经常有　　　D.不清楚

18.您认为"尊老爱幼、男女平等、夫妻和睦、勤俭持家、邻里团结"是每个市民都必须遵循的

A.社会公德　B.职业道德　　　C.家庭美德

二、对政府职能部门、"窗口"行业服务质量的评价

19.您在本市能方便地购买各地的食品、日用品吗

A.方便　　　　B.比较方便　　　C.不方便　　　D.不清楚

20.您在本市乘坐公交车出行方便吗

A.方便　　　　B.比较方便　　　C.不方便　　　D.不清楚

21.您对所在社区卫生服务中心(站)的服务质量满意吗

A.满意　　　　B.基本满意　　　　C.不满意　　　　D.不清楚

22.在本市目前的治安条件下,您觉得安全吗

A.安全　　　　B.比较安全　　　　C.不安全　　　　D.不清楚

23.您如何评价本市市政府、区政府及街道的工作

项目	满意	基本满意	不满意	不清楚
服务态度				
办事效率				
联系群众				

24.您是否知道社区遇到重大事务时要通过召开听证会、评议会或议事会进行决策

A.知道　　　　B.知道一些　　　　C.不知道　　　　D.不关心

25.您对本市各级政府所承诺的"实事工程"完成情况满意吗

A.满意　　　　B.基本满意　　　　C.不满意　　　　D.不清楚

26.您对本市各级政府开展的反腐倡廉工作满意吗

A.满意　　　　B.基本满意　　　　C.不满意　　　　D.不清楚

27.您认为通过新闻媒体或信访途径能对本市各级政府部门的工作进行监督吗

A.可以　　　　B.基本可以　　　　C.不可以　　　　D.不清楚

28.您对市民反映创建问题的渠道,以及市民所关心问题的处理、反馈情况满意吗

A.满意　　　　B.基本满意　　　　C.不满意　　　　D.不清楚

29.您对本市各级政府提供的下列公共文化服务满意吗

项目	满意	基本满意	不满意	不清楚
公共图书借阅				
公益性文艺演出				
公益性群众文化活动场所				

30.您对本市政府部门及时处置自然灾害、疾病传染、食品中毒等突发公共安全事件的能力满意吗

    A.满意   B.基本满意   C.不满意   D.不清楚

31.您对本市开展打击制作、传播影响未成年人身心健康的文化产品的工作满意吗

    A.满意   B.基本满意   C.不满意   D.不清楚

三、对城市形象的评价

32.本市正在创建文明城市,您认为

    A.很有必要   B.有必要   C.没有必要   D.无所谓

33.您对本市的市容环境满意吗

    A.满意   B.基本满意   C.不满意   D.不清楚

34.您对本市未成年人的成长环境满意吗

    A.满意   B.基本满意   C.不满意   D.不清楚

35.您认为本市的社会人际关系和谐吗

    A.和谐   B.比较和谐   C.不和谐   D.不清楚

36.您对本市近年来聚众赌博、卖淫嫖娼等社会不良现象的评价

    A.没有   B.比较严重   C.不严重   D.不清楚

37.您对本市未来5年的发展有信心吗

    A.有信心   B.比较有信心   C.没有信心   D.说不清

您是否同意本市申报参评全国文明城市

    A.同意   B.不同意

全卷答毕,再次表示感谢!

居民食品安全信息需求调查(样本二)

    感谢您在百忙之中抽时间回答这份问卷。本调查的所有资料,仅供学术研究使用,请根据您的实际情况或想法,在合适的"□"内打"√"。若有不清楚或不了解的问题,请空白不选。

浙江大学城市学院应用统计课题组

一、请选择您对下列食品安全信息问题的看法

	非常同意	同意	无意见	不同意	非常不同意
1. 我根据以往经验判断食品的安全性	☐	☐	☐	☐	☐
2. 家人、朋友和同事推荐影响我的食品安全性判断	☐	☐	☐	☐	☐
3. 我相信食品安全标志(绿色食品、食品安全标志、免检产品等)	☐	☐	☐	☐	☐
4. 购买食品时,我会听取市场促销人员的建议	☐	☐	☐	☐	☐
5. 我会仔细检查包装和标签上的食品安全信息	☐	☐	☐	☐	☐
6. 我习惯从报纸获取食品安全信息	☐	☐	☐	☐	☐
7. 我习惯看电视获取食品安全信息	☐	☐	☐	☐	☐
8. 我习惯听广播获取食品安全信息	☐	☐	☐	☐	☐
9. 我喜欢在互联网上搜寻食品安全信息	☐	☐	☐	☐	☐
10. 我习惯从杂志上获取食品安全信息	☐	☐	☐	☐	☐
11. 我相信商场宣传资料上的食品安全信息	☐	☐	☐	☐	☐
12. 我注意听取权威或专家的食品安全观点	☐	☐	☐	☐	☐
13. 我相信食品广告	☐	☐	☐	☐	☐
14. 我相信政府机构检测标志,如猪肉检疫章等	☐	☐	☐	☐	☐
15. 我相信卫生局发布的食品安全信息	☐	☐	☐	☐	☐
16. 我相信农业局发布的食品安全信息	☐	☐	☐	☐	☐
17. 我相信质量技术监督局发布的食品安全信息	☐	☐	☐	☐	☐
18. 我相信贸易局等市场管理部门发布的食品安全信息	☐	☐	☐	☐	☐
19. 我相信消费者协会发布的食品安全信息	☐	☐	☐	☐	☐
20. 我相信食品药品监督管理局发布的食品安全信息	☐	☐	☐	☐	☐
21. 我相信工商局发布的食品安全信息	☐	☐	☐	☐	☐

二、您的基本情况

1.您的性别为:□ 男　　　□ 女

2.您的年龄:□ 25 岁以下　　□ 26~45 岁　　□ 46~65 岁
　　　　　　□ 超过 65 岁

3.您目前的婚姻状况是:□ 未婚　　□ 已婚

4.您孩子的年龄段:　□ 无　　□ 中学及以下　　□ 大学及以上

5.您从事的职业是:_____,如果已婚,配偶的职业_____

6.您的文化程度:□ 高中及以下　　□ 大专及以上

7.您的家庭地址为:□ 城市　　□ 县及县级市　　□ 乡镇

8.您的年收入为:□ 3 万以下　　□ 3 万~6 万　　□ 6 万~9 万
　　　　　　　□ 9 万以上

三、调查报告撰写

(一)调查报告格式

1.题目。题目应以简练、概括、明确的语句反映所要调查的对象、领域、方向等问题,应能概括全篇,引人注目。

2.前言。又称引言或导语,是市场调查报告正文的前置部分,要写得简明扼要,精练概括。一般应交代调查的目的、时间、地点、对象与范围、方法等与调查者自身相关的情况,也可概括市场调查报告的基本观点或结论,以便使读者对全文内容、意义等获得初步了解。然后用一过渡句承上启下,引出主体部分。这部分文字务求精要,切忌啰嗦芜杂;视具体情况,有时亦可省略这一部分,以使行文更趋简洁。

3.方法。详细描述研究中采用的方法,使读者能评价资料收集方法是否恰当。这部分一般包括以下几方面:地点、时间、调查对象、调查对象的选择(抽样方法)、样本量的估计、调查方法(定性或定量)、质量控制等内容。

4.结果与讨论。结果与讨论可以放在一起写,也可以分开写。讨论反映了作者学术思想的深度和广度。要紧紧围绕结果,以及可能有争议的主要问题进行讨论。讨论时应注意把调查结果上升到理论,去粗取精,去伪存真,由表及里,揭示内在联系。与他人结果相矛盾的地方应讨论矛盾发生的原因。要有自己的看法和见解,论点明确。

5.结论与建议。结论用扼要的文句把论文的主要内容概括起来,切忌重复文章内容。文字结构应该准确、完整、精练,高度概括文章的主要目的和结果。

6.参考文献。

7.附录。在论文中只有局部使用或完全没有使用,但又与论文有关的具有科学价值的重要原始资料、数据,如调查问卷、访谈提纲、复杂的公式推导、计算程序、各类统计表、统计图等都可以放在附录中,有利于说明和理解调查报告,又可提供有用的科学信息。

(二)调查报告样本

以下调查是应用统计课程学生完成的调查报告,经指导教师修改,发布在《浙江大学教育研究》上。对初学者而言,调查报告的撰写,特别需要注意的是:第一,要在调查报告中通过图或表的形式展示经过整理的统计分析结果;第二,要对展示统计分析结果的图标中的注意内容进行文字上的分析解释。

用人单位对国贸人才的需求及启示(报告样本)

1.引言

随着高等教育的普及和大学生就业竞争的激化,越来越多的大学定位于应用型人才的培养,但我国大学尚未形成成熟的应用型人才培养模式。许多学校认为学生的应用能力应该体现在实际动手能力上,在培养计划中大量增加实习和实验等教学环节。但少数教师反对这种培养模式,认为应用型人才的能力更应该体现在运用所学理论知识解决实际问题的能力上,理论应用能力而非操作技能的培养应该处于教学活动的中心地位[1]。

应用型人才培养本质上是面向用人单位的,培养出来的学生应该满足用人单位对毕业生各方面能力的需要。但目前很少有学者研究用人单位对毕业生能力需求的,更没有对用人单位的需要做规范的调查研究的。因此,本研究计划以国际经济与贸易专业为研究对象,调查用人单位对学生能力的需求,在此基础上讨论应用型国贸学生的培养模式。

2.调查与数据

在教学实践中,国贸学生能力一般被分成两大类,一是一般能力,即经济管理类学生都应该具备的能力,二是与国贸专业密切相关的专业能力。调查问卷的设计沿用了这种能力分类,一般能力部分包括了17个调查项目,专业能力部分包括了15种选择。问卷设计成李克特五点量表,备选答案从非常重要(1)排列到非常不重要(5),调查用人单位对国贸人才各种能力重要性的评价。调查项目初始来源于杭言勇和朱巍[2]、王胜华和郭跃[3]等的研究。在他们研究的基础上我们设计了采访提纲,对国际贸易专业教师和国际贸易从业人员分别进行访谈,对调查项目进行调整和补充,形成问卷初稿。然后在杭州地区选择外贸公司、中介公司和出口型生产企业各一家对问卷初稿进行小规模测试,最后修改形成问卷正式稿。另外,问卷也包括职位、学历等被调查人信息和企业所属行业、企业规模等被调查企业信息,以及用人单位对国贸学生能力总体满意度等调查项目。

2007年8月,组织浙江大学城市学院商学院暑期实习的浙江籍学生20人返回家乡所在地选择国际贸易相关企事业单位开展调查,共发放问卷400份,回收有效问卷367份,有效回收率91.75%。

3.数据分析

对获得的调查数据采用SPSS13.0统计软件包统计处理,结果如下。

3.1 对国贸人才能力需求的总体状况

用人单位对国贸人才各方面的能力要求都比较高。对能力需求数据做单样本T检验,结果见表1。除了第二外语,其他调查项目都达到了"重要"等级(均值在0.01的显著性水平下低于2或与2无差异),部分能力还明显偏向"非常重要"的等级。均值最低的英语能力(1.4171),处于非常重要(1)和重要(2)等级的中间位置,均值最高的第二外语能力(2.1486),略微没有达到重要等级。用人单位对国贸人才能力的高要求可能与用人单位对国贸学生能力的失望有关。问卷也调查了用人单位对"国贸学生能力符合需要"这一表述的态度,数据均值2.6374,介于同意(2)和无意见(3)之间。可能由于用人单位对国贸学生能力满意度低下,从而对国贸人才各方面能力都产生了较高期望。

表1 国贸人才各类能力重要性排序

调查项目	排序	均值	调查项目	排序	均值
英语能力	1	1.4171	进出口成本核算能力	17	1.8171
口头表达能力	2	1.4368	外贸函电能力	18	1.8333
应变能力	3	1.4419	运用法规惯例能力	19	1.8686
团队合作能力	4	1.4828	市场调查分析能力	20	1.8736
独立工作能力	5	1.5029	组织管理能力	21	1.8800
分析判断能力	6	1.5714	信用证审核能力	22	1.8914
理论解决问题能力	7	1.5771	电脑能力	23	1.8966

调查项目	排序	均值	调查项目	排序	均值
人际交往能力	8	1.6149	国际市场开拓能力	24	1.9086
礼仪素质	9	1.6609	专业理论知识	25	1.9425
交易磋商能力	10	1.6724	制单结汇能力	26	1.9429
合同签订能力	11	1.6971	跨文化沟通能力	27	1.9538
环境适应能力	11	1.6971	货运保险能力	28	1.9713
书面表达能力	13	1.6977	跨学科知识交融	29	2.0747
跟单履行合同能力	14	1.7371	报检报关能力	30	2.0862
消除分歧达能力	15	1.7714	第二外语能力	31	2.1486
公关能力	16	1.7931			

3.2　用人单位对国贸人才能力的分类

对调查数据进一步做因子分析,检验用人单位对国贸人才能力的分类结构。因子分析前先检验变量间偏相关性的 KMO 统计量,发现其数值高达 0.813,表明各变量间的相关程度无太大差异;Bartlett's 检验值 $\chi^2 = 2972.034$,$p = 0.000$,表明球型假设被拒绝,指标间并非独立,因此调查数据非常适合做因子分析[4]。

采用主成分分析法,进行方差最大旋转法进行正交旋转,选取特征值大于 1 的 8 个公共因子,见表 2。因子一包括跨文化沟通能力、组织管理能力、人际交往能力、电脑能力、跨学科知识交融、礼仪素质和公关能力等项目,是从事经营管理活动普遍需要具备的能力,可以命名为经营管理基本素质。因子二包括环境适应能力、独立工作能力、应变能力、分析判断能力和团队精神等项目,为个人能力。需要注意的是,个人能力也包括与人合作的团队合作能力。因子三包括交易磋商能力、国际市场开拓能力、英语能力、消除分歧达成一致能力、第二外语能力和合同签订能力等项目,都属于交易发生前达成合同的能力,可以称为合同前能力。因子四解释包括信用证审核能力、货运保险能力和运用法规惯例能力,是和中介机构打交道保证交易顺利进行的能力,可以称为中介能力。因子五包括跟单履行合同能力、制单结汇能力、外贸函电能力、进出口成本核算能力和报检报关能力,是合同履行能力。因子六是表达能力,包括书面表达和口头表达能力。因子七为市场调查分析能力。因子八为理论能力,包括运用所学理论解决实际问题能力和专业理论知识能力。

3.3 用人单位能力需求的特点

基于以上数据分析结果,用人单位对国贸人才能力需求的特点可以归纳如下:

1.一般能力较专业能力更重要。国贸人才能力被用人单位分为八个类别,其中合同前能力、中介能力和合同履行能力属于专业能力,经营管理基本素质、个人能力、表达能力、市场调查分析能力和理论能力为一般能力。除了英语能力在国贸专业中占据特殊重要的地位外,其余重要性排序前八位的能力都属于经济管理类学生的一般能力。一般能力总体上比国贸专业能力更重要。

2.个人能力最受用人单位的青睐。个人能力包括的项目,包括应变能力、团队合作能力、独立工作能力、分析判断能力和环境适应能力,在用人单位眼里都是重要性排序非常靠前的能力。个人能力而非掌握的专业知识或技能,才是用人单位评判国贸人才能力的主要指标。

表2　国贸人才能力的分类

调查项目	因子一	因子二	因子三	因子四	因子五	因子六	因子七	因子八
跨文化沟通能力	0.754							
组织管理能力	0.677							
人际交往能力	0.666							
电脑能力	0.665							
跨学科知识交融	0.655							
礼仪素质	0.532							
公关能力	0.435							
环境适应能力		0.770						
独立工作能力		0.768						
应变能力		0.713						
分析判断能力		0.605						
团队合作能力		0.596						
交易磋商能力			0.813					
市场开拓能力			0.766					
英语能力			0.547					

续表

调查项目	因子一	因子二	因子三	因子四	因子五	因子六	因子七	因子八
消除分歧能力			0.539					
第二外语能力			0.452					
合同签订能力			0.434					
信用证审核能力				0.720				
货运保险能力				0.678				
法规惯例能力				0.517				
履行合同能力					0.765			
制单结汇能力					0.728			
外贸函电能力					0.646			
成本核算能力					0.533			
报检报关能力					0.428			
书面表达能力						0.753		
口头表达能力						0.735		
市场分析能力							0.760	
解决问题能力								0.800
专业理论知识								0.686

3.人际交往能力是国贸人才的必备素质。在经营管理人才基础素质中,人际交往能力、礼仪素质和公关能力等调查项目,明显比组织管理能力、电脑能力、跨文化沟通能力和跨学科知识交融重要。人际交往和沟通能力是国贸人才的必备素质。

4.市场调查分析能力的重要性凸现。市场调查分析能力是市场营销或工商管理专业学生应该具备的能力,对国贸学生来说,通常只在市场营销课程中接触到市场调查问题。可能随着中国经济开放度的上升,国际贸易与国内一般的市场营销活动的差异越来越小。在竞争日趋激烈的条件下,对市场进行调查,特别是运用规范的市场调查方法进行定量分析,在国际贸易活动中也变得越来越重要。从事国际贸易活动的用人单位可能比高校教师更早地感知到了这种趋势。

5.理论应用能力比理论本身更重要。用人单位认为学生运用所学理论解决实际问题能力远较专业理论知识的掌握重要。国贸专业学生仅仅熟练掌握理论知识是远远不够的,企业需要的是国贸学生运用所学理论知识解决实际问题的能力。

4.对国贸应用型人才培养的启示

综上所述,国贸学生的实际动手能力和运用所学理论解决实际问题的能力都不是用人单位最为看重的能力。这两种能力分别从属于专业能力和一般能力,其中国贸人才的一般能力远较专业能力重要。应用型国贸学生的培养重点是一般能力,其次才是国贸专业能力。具体需要处理好以下关系。

4.1 应该对国贸学生的一般能力进行选择性培养

不同类别一般能力的重要性存在显著差异。一般能力培养首先需要做好人际交往能力的训练,人际交往能力是国贸人才最重要的素质;其次需要做好市场调查分析能力训练,这是当前国贸学生培养计划中经常被忽视的环节;第三需要加强学生运用所学理论知识解决实际问题能力的训练,用人单位看重的是国贸学生的理论应用能力,理论基础扎实而不能很好运用的学生并不受用人单位的欢迎。另外需要特别注意的一个现象是,国贸人才的部分一般能力取决于先天禀赋。例如,个人能力包括了应变能力、独立工作能力、分析判断能力、团队精神和环境适应能力等,除了分析判断能力可以通过学习和训练得以提高外,在我国的教育体系中其他个人能力后天培养的效果十分有限。在某种程度上,选择合适的学生进入国贸专业学习,比后天教学更重要。

4.2 做好三个方面的专业能力培养工作

目前国贸学生培养计划基本上根据用人单位的反馈信息和国贸专业教师的经验判断制定和调整。培养模式的制定往往缺乏全面市场需求信息的支持,没有给国贸学生的能力发展提供一个符合市场需求的全面框架,培养出来的学生很可能并不符合用人单位的需要。例如,片面突出学生实际动手能力的训练并不能提高用人单位对国贸学生的满意度。另外国贸专业英语的重要性也被高估。英语能力是国贸用人单位最为看重的能力,在国贸专业的培养计划中英语也确实处于特别重要的地位。但英语能力仅仅是专业能力中合同前能力的一个组成部分,个人能力和经营管理人才基本素质等一般能力总体上远较合同前能力重要,因此只是学好英语对从事国际贸易业务是远远不够的。根据我们的调查结果,用人单位对国贸人才专业能力的需求具有三个清晰的维度,合同前能力、中介能力和合同履行能力。围绕这三类能力展开针对性训练,国贸学生的专业能力才能得到全面发展,才能更好满足用人单位的需求。

参考文献

[1]胡卫中,石瑛.澳大利亚应用型人才培养模式及启示.开放教育研究,

2006,(4):92－95.

[2]杭言勇,朱巍.构建实践教育体系初探——基于应用型国际经济与贸易人才培养研究.杭州电子科技大学学报(社会科学版),2006,(4):55－58.

[3]王胜华,郭跃.基于 KSAO 模式下的国际贸易专业课程整合与职业能力培养.武汉职业技术学院学报,2006,(6):90－93.

[4]马庆国.管理统计:数据收集、统计原理和 SPSS 应用.北京,科学出版社,2002.

学生实验

以应用统计课程教学班级为单位,学生在任课教师的指导下完成以下工作:

1.在指导教师的引导下,通过全班同学的讨论,选择一个多数学生可以接受的题目作为整个教学班的共同选题,但也允许部分小组坚持做自己的选题。

2.针对选择的调查主题,根据应用统计课程的实际情况,设计并撰写调查方案。

3.设计调查问卷,调查问卷的设计需要经过资料收集整理、产生调查项目、设计问卷初稿、问卷小规模测试等过程才能形成正式问卷。

4.开展市场调查,在学校所在地开展区域性的市场调查,原则上采用根据性别、年龄等因素的配额抽样方式获取调查样本。

5.录入调查数据,采用 SPSS 软件对调查数据进行分析,模仿上面提供的或本书的案例中的样本,撰写调查报告。

建议实验以小组形式开展,要求小组由 5 名左右的学生组成,指定一名小组长负责协调小组成员的工作,并与指导教师联系。小组长负责把小组的调查数据登录到 Excel 软件上,并把小组数据交班长汇总。然后,每小组根据班级的汇总调查数据建立 SPSS 数据文件进行分析,每小组需要在规定时间内上交一份调查方案、一份调查问卷及一份调查报告。

附　录

附录一 大学生网购现象调查

【调查方案】

在电脑和网络应用普的背景下,网络正在冲击着大学生的传统消费习惯和思维、生活方式。故特展开大学生网上购物现象调查。

一、调查目的

通过此次调查以了解大学生网上购物现状,从中分析大学生的消费构成以及对网购的接受程度和消费特征,并通过总结使大家能够正确对待网络购物,理性消费。

二、调查对象和单位

对象:浙江大学城市学院在校学生
单位:抽样获得的样本学生

三、调查程序

1. 设计调查问卷,明确调查方向和内容。
2. 分发调查问卷。随机抽取学校大一、大二、大三、大四在校本科生男女发放问卷,抽取的重点是大二和大三的同学。
3. 根据回收有效问卷进行分析。

大学生网购调查

随着互联网的不断发达与不断发展,网上购物已成为当代的时尚消费方式,尤其受大学生的欢迎。针对当代大学生的网购情况,我们设计了这份问卷调查,此问卷不涉及个人隐私问题,希望大家配合,谢谢。

您的性别＿＿＿＿＿　　您所在的年级＿＿＿＿＿

第1题：过去一年，您网购的频率如何？

A. 经常

B. 需要时会去

C. 很少

D. 从不

第2题：网上购物，您估计自己的月消费额为多少？

A. 100元以下

B. 100～200元

C. 200～300元

D. 300～400元

E. 400～500元

F. 500元以上

第3题：您会在网上购买哪些商品较多？（多选题）

A. 家用电器

B. 服装鞋帽

C. 床上用品

D. 美容护肤

E. 运动器材

F. 数码产品

G. 食品保健品

H. 书籍音像

I. 其他

第4题：如果您在网上购买商品，愿意使用哪种支付方式？（多选题）

A. 网上银行

B. 支付宝、安付通、财富通等

C. 邮局汇款

D. 货到付款

E. 其他

第5题：您认为网购有哪些优点？（多选题）

A. 方便，省时，足不出户实现购物

B. 支付安全，不会出现假钞

C. 价格比实体店便宜很多

D. 送货上门

E. 网上产品更加丰富

F. 其他

感谢您在百忙之中抽空帮助我们完成这份调查,我们将会认真地对待您所提供的信息!

【数据分析过程】

一、问卷发放与回收

本次调查采用分层抽样,对在校本科生各个年级男女生按比例发放问卷;在宿舍各个楼层共发放问卷 230 份,回收问卷 216 份,其中有效问卷 202 份。

二、网购现状分析

(一)对参与问卷的年级比例分析

表 1　有效问卷的年级比例

	大一	大二	大三	大四
男	10	45	31	3
女	13	55	38	7

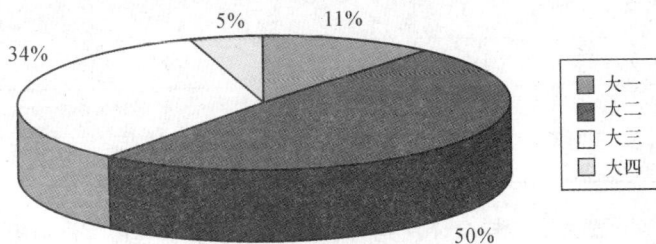

图 1　各年级有效问卷比例饼图

在发放的问卷当中,大一占 12%,大二占 50%,大三占 35%,大四占 3%。

由于这次问卷的内容是关于网购,鉴于学校规定大一年级不能携带电脑和大四年级多数在外实习的原因,本次统计年级比例,大二和大三的比例较高。

(二)网购投入分析

1. 网购时间分析

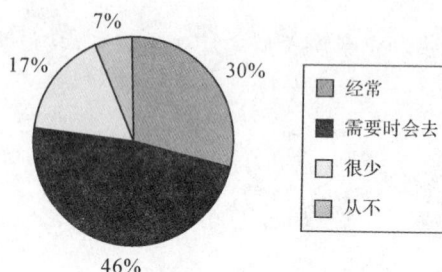

图 2　网购时间分析饼图

在调查对象中,从不和很少网购的人分别占 7％ 和 17％,需要时会去网购的人占 46％,经常网购的人占 30％,大学生参与网购的人群占了多数,可反映出大学生网购已经较为普及。

2. 网购月消费额分析

首先分析网购消费主体——大二年级的消费情况。

表 2　大二年级网购月消费额累计频数分布表

网购月消费额	男	女	合计频数	累计频率(％)
100 元以下	13	5	18	18
100～200 元	16	22	38	56.38
200～300 元	10	15	25	81.25
300～400 元	3	6	9	90.9
400～500 元	2	5	7	87.3
500 元以上	1	2	3	100.3
	45	55	100	

由表 2 可见,大二抽样全体网购月消费额 100～200 元所占频数最高,是月消费额的众数。

进一步分析月消费额的平均水平,得出结果见下表。

表3　大二全体网购月消费额置信区间的构造表

网购月消费额	频数	组中值		
100 元以下	18	80	样本数据个数	100
100～200 元	38	150	样本标准差	100.8
200～300 元	25	250	样本均值	213.4
300～400 元	9	350	置信水平	95%
400～500 元	7	450	抽样平均误差	10.8
500 元以上	3	550	误差范围	21.68
			置信下限	191.72
			置信上限	235.08

从表3可知,我们有95%的把握认为大二年级网购月消费额平均水平在191.72至235.08元之间。

再来看大三年级的消费情况。

表4　大三年级网购月消费额累计频数分布表

网购月消费额	男	女	合计频数	累计频率(%)
100 元以下	3	2	5	7.24
100～200 元	4	8	12	24.64～17.4
200～300 元	9	9	18	50.72～26.08
300～400 元	8	7	15	72.46～21.74
400～500 元	5	7	12	89.86～17.4
500 元以上	2	5	7	100～10.14
合　计	31	38	69	

由表4可见,大三抽样全体网购月消费额200～300元所占频数最高,是月消费额的众数。

进一步分析大三全体网购月消费额的平均水平,得出结果见表5。

表5 大三全体网购月消费额置信区间的构造表

网购月消费额	频数	组中值		
100 元以下	5	65	样本数据个数	100
100～200 元	12	150	样本标准差	148.42
200～300 元	18	250	样本均值	311.23
300～400 元	15	350	置信水平	95%
400～500 元	12	450	抽样平均误差	14.84
500 元以上	7	600	误差范围	29.10
			置信下限	282.13
			置信上限	340.32

从表5可知,我们有95%的把握认为大二年级网购月消费额平均水平在282.13至340.32元之间。

更进一步,在调查中发现,大二网购月消费额主要分布在300元以下,0～300元的累计频率为81%,大三网购月消费额主要分布在100～500元,累计频率为65.22%,在500元以上的区域也有10.14%的分布,由此可见,在学生中,大三年级的学生比大二年级的更具消费能力。

从性别上看,大二女生占大二被调查学生的55%,其月消费额集中在100～300元,男生的月消费集中在0～300元。大三女生占大三被调查学生的55%,其月消费额集中在100～500元,男生月消费额分布较为分散,在200～400元有一定集中。但是,男生网购分布比例与女生差距不大,男女学生网购消费特点相近。

3.网购商品类型分析

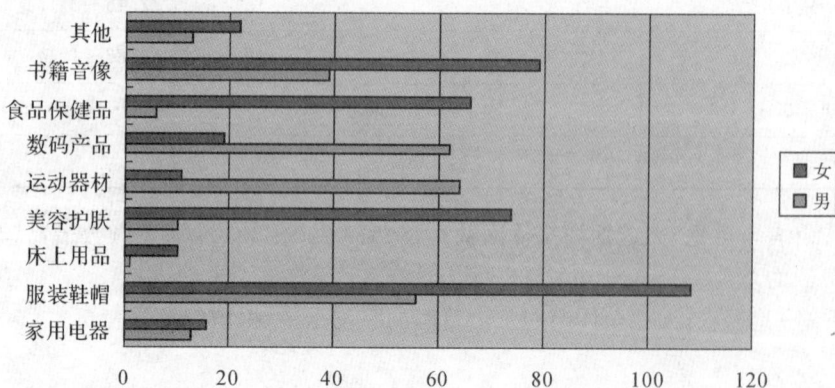

图3 商品类型分析条形对比图

从产品类型上看,女生倾向于网购书籍音像、食品保健品、美容护肤品以及服装鞋帽,男生倾向于数码产品、运动器材及服装鞋帽。由此可见,学生网购书籍音像、数码产品、运动器材等与学习有关的消费和购买服装鞋帽等与生活有关的消费占网购产品主体。此外,女生网购产品的数量明显多余男生,消费能力更强。如图3所示。

4.网购支付方式分析

由图4可见,以网上银行支付和借助支付宝等工具付款占了多数,邮局汇款及其他方式较少有人选择。由此可见,学生网购采用便利性支付工具频率较高。另外,有部分大学生愿意选择货到付款,也反映出这部分学生网购的风险管理意识较强。

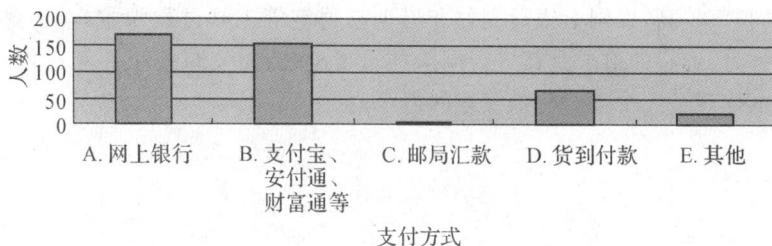

图4　网购支付方式条形图

(三)对网购评价的分析

根据学生对网购优点的评价,得到对比图5。

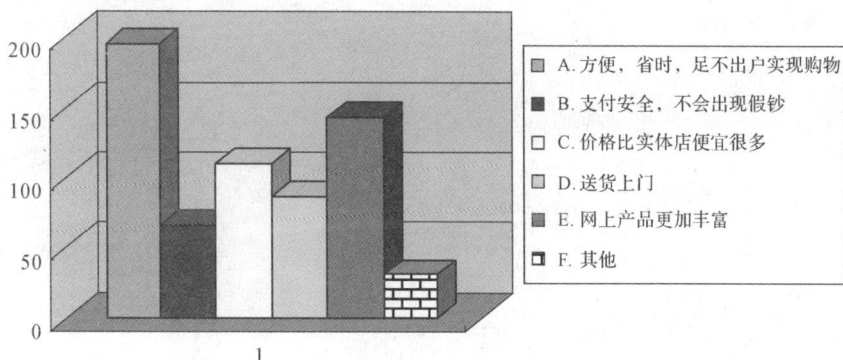

图5　网购优点分析

由图5可见,大学生对网购优点的评价以网购"方便、省时、产品丰富、价格便宜"占了多数,由此反映出大学生对省时、省钱、省力、省心的追求是其进行网购的重要动机。同时,对支付安全性和送货上门的认可,也体现了大学生对购物安全的追求。

【调查报告】

对调查数据的分析表明:大学生参与网购的人群占多数,反映出大学生网购已较为普及;大三年级的学生比大二年级的更具消费能力;男生网购分布比例与女生差距不大,男女学生网购消费特点相近;学生网购书籍音像、数码产品、运动器材等与学习有关的消费和购买服装鞋帽等与生活有关的消费占网购产品主体;女生网购产品的数量明显多余男生,消费能力更强;学生网购采用便利性支付工具频率较高,以网上银行支付和借助支付宝等工具付款为主;学生对省时、省钱、省力、省心的追求是其进行网购的重要动机;对支付安全性和送货上门的认可,也体现了大学生对购物安全的追求。

附录二　杭州地区农村公共品的满意度及需求调查

摘要　农村公共品供需不对接的原因之一是对农民真实需求的忽视，以及农民需求表达机制的缺失。通过对杭州地区所辖各县市145户农村家庭进行调查，了解他们对农村基础设施建设与公共服务的满意程度及未来需求，分析现阶段农村公共品的供需适应程度以及需求结构的变化趋势，为公共政策提供依据。

关键词　农村；公共品；需求；供给；满意度

农村公共品供给状况是衡量农村经济发展和城乡一体化水平的重要指标。中国进入工业化的中期阶段后，社会的经济发展实力已经具备城市反哺农村、工业反哺农业的条件[1]。党的十六届三中全会提出要按照"五大统筹"的要求全面建设小康社会，在"五大统筹"中将统筹城乡发展放在第一位，要逐步提高我国的城乡一体化水平。但从我国现阶段的实际情况看，城乡二元性问题依然突出，农村的公共基础设施建设与公共服务水平整体上跟城市相比差距依然很大。

1　农村公共品的特征及分类

以萨缪尔森为代表的福利经济学家认为，公共品的基本特点是具有非竞争性和非排他性。非竞争性是指增加一个消费者的消费不会减少前一个消费者对公共品的消费。非排他性是指无法将其他消费者排除在对公共品的无偿使用之外。农村公共品是专为农民、农业和农村发展所提供的具有公益性质的产品或服务，比如农村的道路、桥梁、水电、教育等都不同程度地具有公共品的性质。

理论上可根据是否具有竞争性和排他性将农村公共品分为四类：第一类既有排他性也有竞争性的，可称为私人品，如市场上售卖的化肥、农药等。第二类既无排他性也无竞争性的，可称为纯公共品，如农村的治安、环保等。第三类不具有排他性但有竞争性的，可称为公有资源，如水利灌溉设施、公共牧场等。第四类有排他性但没有竞争性的，可称为俱乐部物品，如农村的电力、电信等，它的特点是具有自然垄断性质。

2 农村公共品的需求分析视角

2.1 需求与供给不对接

如果地方政府未事先通过与潜在受益农民群体交流来决定供给方向,则可能造成供需脱节,从而提供并非当地农民最为迫切需求的公共品项目[2]。公共品的供给不能与农民真实需求对接的后果就是,造出低效率、重复性建设的公共项目,导致社会资源浪费,使得本就处于公共品匮乏的农村所需的公共品更加短缺。

现实中地方政府往往会对"硬"的公共品(如道路设施、水电建设等)投入较多,而对"软"的公共品(如公共卫生、环境治理等)则供给不足。所以,为避免农村公共品供给的低效甚至无效,必须充分考虑农民群体对农村公共品的一致需求,尽量详细了解农民对公共品的需求状况。

2.2 需求表达机制缺失

由于农村家庭居住地与劳动方式相对分散,农民组织化程度偏低,对农村公共品需求的集中表达存在障碍,农民在农村公共品供求谈判中处于弱势地位。随着农民文化素质的提高,农民对与其切身利益相关的农村公共品供给的参与和监督意识有所增强,逐渐演化出有组织的团体表达公共意愿。

这类农民合作组织能够对本地公共品集中表达真实需求,使得农民意愿能够在政府决策中得以体现。农民合作组织最好由农民自发成立,尊重当地的人文风俗和历史传统,并在实践检验中不断探索适合的方式方法。它一方面可以起到沟通的基本功能,让农民了解政府的政策导向,另一方面又能将农民意愿反馈给政府,让政府了解民意、体察民情。重点在于要充分发扬农村的民主,完善村民自治,让村民有表达自己利益的充分条件[3]。

3 杭州地区农村公共品的满意度及需求调查分析

公共品作为经济学理论上的概念,在现实中表现为一系列具体的基础设施建设及提供的公共服务。本次调查的范围包括杭州地区的萧山、余杭、临安、富阳、桐庐、建德、淳安七个区段的农村家庭。调查的目的是为了了解这些区段的农村家庭对其所在地的基础设施建设与所提供公共服务的满意程度及未来需求状况。采取随机抽样方式,发放调查问卷 158 份,回收有效问卷 145 份。

受现实条件所限,搜集的各区段样本点不太平均,萧山、余杭的样本点较多,淳安、建德的样本点较少(见图1)。从被调查家庭的收入分布看,约 2/3 的家庭年收入在 6 万~12 万元之间,年收入 5 万元以下的不到 10%(见图 2)。约一半被调查家庭对当地政府的总体评价为很好或较好,其余一半家庭的评价为一般或以下水平(见图 3)。

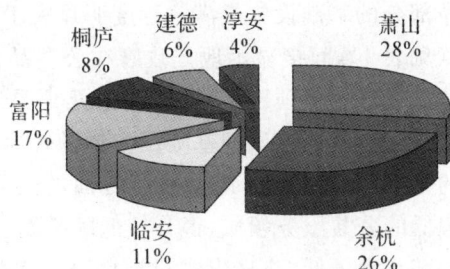

图 1 被调查家庭的居住区段分布

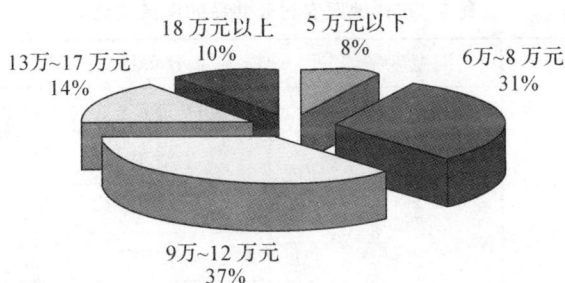

图 2 被调查家庭的年收入分布

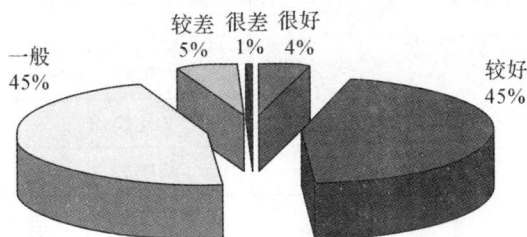

图 3 被调查家庭对当地政府的总体印象

3.1 对农村软、硬公共品的满意度比较

农村公共品的软、硬类别主要依据其基本特性进行划分,一般把基础设施类的公共品划为硬品性质,而把公共服务类的公共品划为软品性质。但这种划分也不绝对,例如划入硬品中的电视信号除了管线铺设也包含服务内容,而划入软品的文化娱乐也可能包含部分配套硬件设施。在调查问卷中设置的满意度按5分制计,其中非常满意5分,比较满意4分,一般3分,不太满意2分,很不满意1分。

被调查者对硬品部分的基础设施类满意程度明显大于软品部分的公共服务类,平均高出0.4分(见表1),间接显示地方政府在公共品供给中对硬品投入优先于软品投入。在基础设施各分项中,得分较高的几项是用电、生活用水、电视信号,可看出农村地区涉及水电、通讯的基础设施建设较为令人满意。硬件设施中得分满意度较低的是道路、灌溉水,说明这些方面的供给尚不能满足农民需求。而在总体得分偏低的公共服务领域,得分较低的又属医疗、卫生、文化娱乐。被调查家庭对医疗的满意度最低,凸显出农村地区公共医疗服务存在较大的供需缺口。

表1　杭州地区农村公共品的满意度比较

	满意度平均分	分项目	满意度平均分
基础设施类（硬件部分）	3.8	道路	3.66
		生活用水	3.9
		灌溉水	3.6
		用电	4.0
		电视信号	3.9
		通讯设备	3.8
公共服务类（软件部分）	3.4	卫生	3.4
		医疗	3.3
		文化娱乐	3.3
		基础教育	3.7

3.2 不同区段间农村公共品的满意度比较

对杭州地区的七个区段,用箱线图显示不同农村公共品的分项下被调查家

庭的满意度分值分布(见图4),可看出:平均满意度较高的是富阳与建德,较低的是余杭与淳安。各分项满意度分值相对较为集中的地区是萧山、富阳、桐庐,一定意义上说明这些区段的农村公共品供给结构相对均衡。建德、淳安两地的满意度分值离散程度较大,体现出公共品供给结构上的不均衡,但这两地搜集的样本点较少,也可能是数据分散程度较大的原因。淳安在医疗项目上得到最低分2.8,处于不及格水平,应该引起当地政府重视。建德在生活用水项目上得到最高分4.7分,体现出当地农民的高认可度。

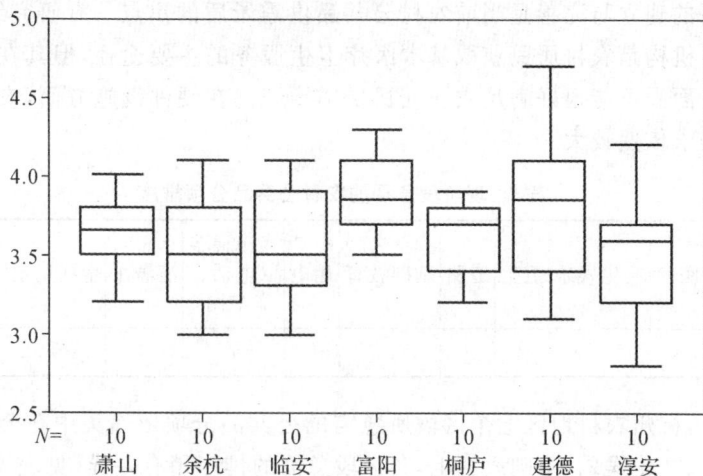

图4 杭州七区段对农村公共品满意度分布的箱线图

从描述性统计量看,杭州地区七个区段调查得到的满意分值存在一定差异,进一步采用方差分析方法检验差异是否显著。检验结果(见表2)显示,由于 P 值的结果为0.116,大于给定的显著性水平0.05,所以结论是不拒绝无差异的原假设,认为杭州地区七个区段的农村家庭对所在地公共品的满意程度不存在显著性差异,这在一定程度上体现出杭州农村地区整体发展的均衡性。

表2 方差分析表

差异源	SS	df	MS	F	P-value	F crit
组间	261.859	6	43.64316	1.742221	0.115657	2.164893
组内	3456.941	138	25.0503			
总计	3718.8	144				

3.3　对农村公共品需求的比较分析

通过以上对农村家庭进行的公共品满意度调查,可分析与需求之间的内在逻辑联系,正因为不太满意,所以存在内在需求。满意度分值较低的分项相应在需求调查的重要性排序中可能处于较前位置。结合表1与表3的调查结果可以印证这个推测。农村公共品供给体系中较为急切的需求集中在医疗、文化娱乐、卫生方面,而对公共服务的满意度打分偏低的正是这几项。可见,农村公共医疗服务体系的建立与完善是当前农村公共品供需矛盾的焦点。有研究结果表明:村级卫生机构是农村居民获取基本医疗卫生服务的主要途径,但其在人才和医疗设备方面尚不能很好满足农村居民的需要[4]。在硬件设施方面,农村对道路建设的需求依然较大。

表3　现阶段急需的农村公共品分项排序

公共品各分项	医疗	文化娱乐	卫生	道路	基础教育	用电	通讯设备(电话、宽带网)	灌溉水	生活用水	电视信号(有线电视)
急需排序	1	2	3	4	5	6	7	8	9	10

此外,杭州农村地区七个区段所急需的公共品分项依然集中在公共服务领域的医疗、文化娱乐、基础教育上,各区段急需的排序稍有差异(见表4)。余杭、临安、富阳、淳安最急需的是公共医疗服务,而萧山、桐庐、建德最急需的是文化娱乐。这可能一定程度上说明后几个区段的医疗公共服务做得较好,因而相对缓解了公共医疗的供需矛盾。

表4　各区段急需的前几位农村公共品分项

各区段	急需的公共品类别
萧山	文化娱乐,卫生,医疗
余杭	医疗,卫生,基础教育
临安	医疗,卫生,文化娱乐,基础教育,道路
富阳	医疗,卫生,道路
桐庐	文化娱乐,医疗,基础教育,道路
建德	文化娱乐,医疗,基础教育
淳安	医疗,基础教育

3.4 政府出资的责任分析

农村公共品供给所需的资金来源应主要由政府出资还是民间出资？从调查结果看基本出现一边倒的情况，约九成被调查农村家庭认为在生产、生活基础设施与公共服务提供上应主要由政府出资，相对而言在生态环境建设上的比例较低，但也过半（见表5）。这体现了公共品的外部性特点，由于存在"搭便车"现象，市场机制对公共品失效，提供公共品是政府的重要职责。从理论上说其实分为两种情况：对于纯公共品应完全由政府提供并出资，可通过税收方式回收成本；而准公共品由于兼具有公共品与私人品的性质，也可考虑由政府与民间共同出资的灵活机制[5]。

表5 政府对各类农村公共品的出资责任

公共品类别	被调查家庭中认为应主要由政府出资的比例
生产性基础设施（现代农业基地、水利建设等）	93.10%
社会发展基础设施（义务教育、文化、卫生等）	89.66%
生活基础设施（道路、水电、通讯等）	88.28%
生态环境建设（天然林保护、种苗工程等）	62.07%

综合以上分析得出基本结论：第一，杭州农村地区的农户对所在地的公共品供给满意程度较为均衡，没有明显落后的区段；第二，相比硬件的基础设施建设，需要更加重视公共服务类软品的投入比例，特别是公共医疗服务体系的建立与完善；第三，政府应该承担起公共品供给的主要责任，加大财政预算支出向农村倾斜的力度。

对农村公共品需求层面进行分析，最终目的是为了有效供给。要鼓励能切实履行为农民服务的农民合作组织的形成，表达农村公共品的自主需求和民情民意，从而提高农村公共品供给的有效性。在城乡统筹大背景下，新的公共资金流到农村能够获得更大的经济与社会效益，这是符合客观规律的过程。

参考文献

[1]刘荣增.城乡统筹理论的演进与展望.郑州大学学报（哲学社会科学版），2008(4).

[2]王明昊,赵阳.准公共品供给机制与需求满意度的实证研究——以农村公路为例.农业经济问题,2008(9).

[3] 贺雪峰. 新一轮农村改革与发展(笔谈)——土地与农村公共品供给. 江西社会科学. 2009(1).

[4] 张永梅,李放. 农村基本医疗卫生服务供给满意度分析——基于江苏省的调研数据. 南京农业大学学报:社会科学版. 2010(1).

[5] 朱建文,瞿晓强. 农村公共品有效供给研究综述. 华中农业大学学报:社会科学版. 2009(6).

附录三　外部信息对消费者态度影响的实验研究

摘要　本文采用实验方法研究了信息沟通对消费者转基因动物态度的影响。消费者转基因动物接受度的变化与信息内容相关,不同类型转基因动物的消费者接受度具有显著差异。负面信息对消费者态度的影响大于正面信息,确定性信息的影响大于模糊信息。信息沟通效果受消费者初始态度的影响,初始态度容易被强化而难以改变,但转基因知识水平不影响信息沟通效果。针对信息沟通的特点,文章最后讨论了消费者态度的引导策略。

关键词　转基因动物;接受度;信息沟通;消费者

1　问题的提出

消费者的转基因动物的接受度远低于转基因植物,转基因动物的商业化过程将面临更大的不确定性。对消费者态度进行合理引导,可以为转基因动物创造良好的市场环境。但如何有效开展消费者信息沟通工作,许多关键问题还有待解决。

首先,是否应该向消费者宣传转基因动物的科学知识。转基因知识与消费者态度之间的关系一直存在着争论,例如,Macer 和 Ng 发现转基因知识越多,消费者转基因食品的接受度越低[1],黄季焜等却认为随着转基因知识的增加,消费者转基因食品的接受度会提高[2],而 Lin 等则否认了转基因知识对消费者转基因食品接受度的影响[3]。近年来更有学者认为,转基因知识与消费者态度之间的关系应该倒过来,是消费者的转基因食品态度决定了信息沟通的效果而不是相反,消费者乐于信任与自己初始态度一致的信息,不一致信息难以改变消费者对转基因食品的态度[4][5]。

其次,应该向消费者传递怎样的转基因动物信息。单纯介绍转基因技术的科学知识并不能提高消费者对转基因动物的接受度。接受转基因知识后,消费者对不同类型转基因食品的接受度变得不一致,而转基因动物的接受是最低的[2]。信息传递还需要处理好正面和负面信息问题，Siegrist 和 Cvetkovich 认为负面信息影响消费者的食品安全态度，正面信息不起作用[6]，而 House 等[7]及黄季焜等[2]却认为正面和中性信息也能够提高消费者的转基因食品接受度。另外，转基因动物在安全问题上的模糊性对消费者态度的影响可能更大。迄今为止的科学研究没有发现转基因技术的安全问题并不意味着转基因动物是完全安全的，安全问题上的模糊性可能导致了消费者对转基因动物的排斥态度[5]。

本研究采用实验方法，通过比较实验对象接受不同转基因动物信息后的态度变化，分析不同信息内容对消费者态度的影响，及初始态度及转基因知识水平对信息沟通效果的影响，并在此基础上讨论了转基因动物的消费者态度引导策略。

2 实验方法与步骤

本研究包含两个实验，实验一调查消费者对不同类型转基因动物介绍信息的反应。使用的问卷分两页，首先调查实验对象者对转基因动物的认知和态度，"你是否听说过转基因动物？"（是非题）"你能否接受转基因动物"（备选答案为李克特七点量表）。接下来调查实验对象具备的转基因知识水平，沿用了黄季焜等[2]的六个判断题，分别为"污水中有细菌"、"孩子性别由父亲基因决定"、"普通番茄中不含基因但转基因番茄中有"、"人的基因将因为吃转基因食品而发生变化"、"不可能把动物的基因转移到植物上"、"转入鱼的基因番茄会有鱼味"。第二页分不同版本，分别介绍七类转基因动物，包括：提高动物抗病能力、提高肉类食品营养价值、改善肉质、食用转基因肉类食品增强人体抗病能力、在医药领域的应用、转基因宠物、提高动物生长速度，实验对象被随机分配到其中一组内容。阅读介绍信息后，再次调查实验对象的转基因动物接受度。

实验二比较消费者对假想的转基因肉类食品正面信息或负面信息的反应。问卷第一页与实验一相同，第二页介绍虚构的转基因肉类食品安全性方面的最新研究成果，分成四个版本：增加人体抗过敏性、不增加人体抗过敏性、不增加人体过敏性、增加人体过敏性，实验对象被随机分配到其中一组内容。信息阅读后，再次调查实验对象的转基因动物接受度。

实验对象从浙江大学城市学院非医药类专业学生中抽取。学生按学号排序，采用系统抽样方式抽出 880 名学生，随机分成人数为 80 人的 11 个小组。实验一于 2008 年 9 月进行，数据分析后对实验二方案进行了修正，实验二在稍后的 10 月进行，使用了剩余的 4 组样本。实验采用了进入学生寝室面对面调查的方法。对无法完成的调查，则按学号向下推延。

3　实验一数据分析

实验对象转基因动物初始接受度均值 3.59,显著低于中间值 4(无意见),总体上对转基因动物持不接受态度。听说过转基因动物的比例达 69%,但转基因知识六个测试题的答对率才 57.6%,仅比随机选择高了 7.6 个百分点。实验对象转基因知识匮乏,接受转基因动物信息后应该做出敏感反应[2]。实验对象转基因动物信息沟通效果具有以下特点:

第一,接受转基因动物信息后,实验对象的态度发生了变化,但变化方向与信息内容相关。如图 1 所示,接受转基因动物在医疗领域的应用或转基因宠物信息后,实验对象的转基因动物接受度大幅度上升。接受食用转基因肉类食品有利于人体健康或转基因动物营养价值改善信息后,接受度仅发生微小上升。接受转基因技术改善肉类品质或增加转基因动物的抗病性信息后,实验对象的态度没产生显著变化。接受转基因技术缩短动物生长周期信息后,实验对象的接受度大幅度下降。这一结果事实上也代表着实验对象对不同种类转基因动物接受度的不同。

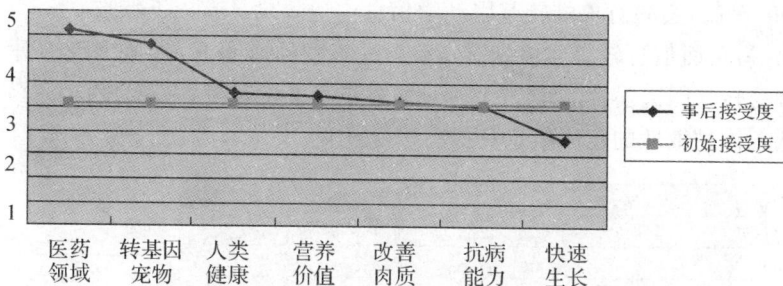

图 1　实验一:实验对象态度的变化

第二,实验对象态度的变化可以用转基因动物的利益和风险关系来解释。转基因动物在医药领域的应用给人类带来巨大好处,与其他医疗手段相比风险并不特别大,实验对象的接受度大幅提高。转基因宠物看起来只有好处,似乎不会给消费者带来安全风险,实验对象的接受度也显著提高。缩短动物生长周期可能产生食品安全问题,但没有给消费者带来明显的好处,转基因动物的接受度就下降。食用转基因肉类食品有利于人类健康、提高营养价值、改善肉质和增加动物抗病性等,同时转基因动物具有一定的食品安全风险,但消费者获得的好处有限,或者通过其他传统方法也能实现,其接受度仍保持在低水平。

第三,实验对象的转基因知识水平不影响信息沟通的效果。在七类转基因动物介绍实验中,以转基因知识六个测试题的平均得分为标准,把实验对象分成的高知识组和低知识组进行比较。在七个信息沟通实验中,初始转基因知识水平对实验对象接受信息后的态度变化都不产生显著影响。

第四,实验对象的转基因动物初始态度影响信息沟通效果。根据初始的转基因动物接受度,把实验对象分成接受组和反对组(无意见组人数少不作分析)。医药领域应用、转基因宠物和快速生长三个实验中,初始态度显著影响信息沟通效果,其余效果不显著。接受转基因动物医药领域应用信息后,接受组的均值上升幅度超过反对组1.31。接受转基因宠物信息后,接受组均值上升幅度超过反对组1.02。接受转基因动物快速生长信息后,反对组均值下降幅度超过接受组0.90。接受转基因动物知识信息后,实验对象的态度强化趋势明显大于逆转趋势。

4 实验二数据分析

实验对象的初始状况与实验一基本一致。实验对象的转基因动物初始接受度均值3.67,听说过转基因动物的比例为71%,转基因知识的六个测试题答对率仅59.7%。实验对象的转基因动物信息沟通效果具有以下特点:

第一,负面信息较正面信息对实验对象态度的影响更大。如图2所示,实验对象接受转基因肉类食品增加人体过敏性的负面信息后,接受度降低了1.87,而降低人体过敏性的正面信息只提高接受度0.21。

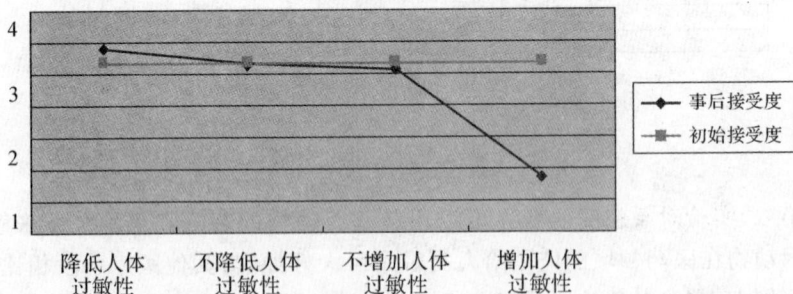

图 2 实验二:实验对象态度的变化

第二,确定性信息较模糊信息更能影响实验对象的转基因动物态度。增加人体过敏性的确定性信息,显著降低了实验对象的转基因动物接受度。不增加人体过敏性的模糊信息,没有对实验对象的转基因动物接受度产生显著影响。降低过敏性及不降低过敏性信息对实验对象态度的影响也类似。

　　第三,初始态度影响信息沟通的效果。根据实验对象对转基因动物的初始态度,把实验对象分成接受组和反对组(无意见组人数太少没有分析)。在降低人体过敏性的正面信息实验中,接受组均值的提高幅度超出反对组0.74。在增加人体过敏性的负面信息实验中,反对组降低幅度超过接受组1.74。实验对象更加信任与自己初始态度一致的信息,接受一致信息后,原有态度得到强化。而与初始态度不一致的信息对实验对象态度的影响明显小于一致性信息。

　　第四,与实验一结论一致,转基因知识水平不影响信息沟通效果。在四类信息实验中,根据对转基因技术的了解程度分别把实验对象分成高知识组和低知识组,检验信息沟通后实验对象对转基因动物态度变化的差异,发现四类实验中知识水平对信息沟通的效果都没有产生显著影响。

5　结论及启示

　　综上所述,转基因动物信息沟通具有以下特点:实验对象态度的变化与信息沟通的内容相关,实验对象对不同类型转基因动物的态度存在显著差异;风险和收益的均衡可以解释实验对象对不同转基因动物态度的差异;负面信息对实验对象态度的影响远大于正面信息;确定性信息对实验对象态度的影响远高于模糊信息;初始态度容易被强化而不容易改变;实验对象的初始转基因知识水平不影响信息沟通的效果。基于以上研究发现,转基因动物市场的培育应做好以下工作:

　　(1)在转基因动物的研究开发阶段,就应该注意引导消费者建立对转基因动物的积极态度。消费者对转基因动物的积极态度一旦形成就不易改变,而且随着时间推移和转基因动物知识的增加,积极态度趋向于进一步强化。

　　(2)选择医疗领域和转基因宠物作为转基因动物商业性开发的突破点。这两个领域消费者的转基因动物接受度高,市场推广的阻力小,同时也有利于逐步提高消费者对转基因动物的接受度。

　　(3)向消费者传递确定性的转基因动物正面信息。如果在信息沟通中仅仅强调科学研究没有发现转基因动物对人类产生危害的风险,此类信息由于内容上的模糊性,并不能有效改善消费者对转基因动物的态度。只有能够为消费者带来好处的确定性正面信息,如提炼药物、培养移植器官、更漂亮的观赏鱼等才能够有效提高消费者对转基因动物的接受度。

　　(4)加强转基因动物给消费者带来利益的宣传。一方面,收益超过潜在风险的转基因动物才容易被消费者接受,另一方面,影响消费者态度的是转基因动物给消费者带来的好处,而不是给整个社会或生产企业带来的利益。

(5)普及转基因动物的科学知识,促进消费者形成对转基因动物的全面认识,避免某一转基因动物可能出现的负面信息影响消费者对所有转基因动物的态度。

参考文献

[1] Macer D., Ng M. A. C. Changing attitudes to biotechnology in Japan, *Nature Biotechnology*. 2000, 9:945-947.

[2] 黄季焜等.中国城市消费者对转基因食品的认知程度、接受程度和购买意愿.中国软科学,2006,2:61-67.

[3] Lin W. et al. Consumer attitudes toward biotech foods in China. *Journal of International Food and Agribusiness Marketing*, 2006, 18 (1&2):177-203.

[4] 钟甫宁,丁玉莲.消费者对转基因食品的认知情况及潜在态度初探——南京市消费者的个案调查.中国农村观察,2004:1,22-27.

[5] White M. P. et al. Trust in risky messages: the role of prior attitudes. *Risk Analysis*, 2003, 23(4):717-726.

[6] Siegrist M., Cvetkovich G. Better negative than positive? evidence of a bias for negative information about possible health dangers. *Risk Analysis*, 2001, 21:199-206.

[7] House L. et al. Objective and subjective knowledge: impacts on consumer demand for genetically modified foods in the United States and the European Union. *AgBioForum*, 2004, 7(3): 113-123.

参考文献

[1] 贾俊平.统计学(第二版).北京:中国人民大学出版社,2006

[2] 贾俊平,何晓群,金勇进.统计学(第四版).北京:中国人民大学出版社,2009

[3] 李洪成.SPSS18 数据分析基础与实践.北京:电子工业出版社,2010

[4] 赖国毅,陈超.SPSS 中文版统计分析典型实例精粹.北京:电子工业出版社,2010

[5] 聂彩仁.SPSS 简明教程.昆明:云南大学出版社,2011

[6] 徐秋艳.SPSS 统计分析方法及应用实验教程.北京:中国水利水电出版社,2011

[7] 骆方,刘红云,黄崑.SPSS 数据统计与分析.北京:清华大学出版社,2011

[8] 薛薇.统计分析与 SPSS 应用.北京:中国人民大学出版社,2011

[9] 黄应绘.统计学实验.成都:西南财经大学出版社,2009

[10] 张焕明.统计学实验教程.天津:天津大学出版社,2009

[11] 肖智,钟波,高波.应用统计学实验.重庆:重庆大学出版社,2009

[12] 冯力.统计学.大连:东北财经大学出版社,2011

[13] 张虹,聂铁力.统计学实验教程.北京:社会科学文献出版社,2011

[14] 黄本春,李国柱.统计学实验教程.北京:中国经济出版社,2010

[15] 林亮.统计实验.北京:国防工业出版社,2006

[16] 王斌会.Excel 应用与数据统计分析.广州:暨南大学出版社,2011

[17] 朱建平,范霄文.Excel 在统计工作中的应用.北京:清华大学出版社,2007